Willi Butollo

Vom *Glück* und *Unglück* der *Familie*

Willi Butollo

Vom *Glück* und *Unglück* der *Familie*

Ursachen erkennen
und Verstrickungen lösen

HERBiG

Für Erik, Simon, Vera, Florian,
Maria-Asisa, Leopold und Manuel.

© 2015 F. A. Herbig Verlagsbuchhandlung GmbH, München
Alle Rechte vorbehalten
Komplett überarbeitete Neuauflage der 1993 erschienenen Ausgabe
»Die Suche nach dem verlorenen Sohn«, © Piper Verlag GmbH, München
Umschlaggestaltung: Wolfgang Heinzel
Umschlagmotiv: grafik*café* Jürgen Gawron
Satz: EDV-Fotzosatz Huber/Verlagsservice G. Pfeifer, Germering
Gesetzt aus: 10,75/14,3 pt. Minion Pro
Druck und Binden: GGP Media GmbH, Pößneck
Printed in Germany
ISBN 978-3-7766-2767-1

Auch als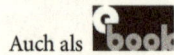

www.herbig-verlag.de

Inhalt

Vorwort
Kindliches Sehnen in zwiefacher Welt

Alle nannten sie Moica, nicht nur die Windischen, auch die Deutschen, und nur selten, wenn zum Beispiel Verwandte aus dem rein deutschen Norden das Landes zu Besuch kamen, wurde sie Mitzi »gerufen«. Sie lebte auf einem der leicht nach Süden abfallenden Hänge als ledige Tochter mit ihrer Mutter, ihrer Tante und dem alten Großvater. Sie hatten einen kleinen Bauernhof im damals noch klar slowenischen Landstrich, zwischen dem See und dem hinter einem Moränenhügel in weitem Schwung sich erstreckenden Tal. Die Anhöhe, auf der das Haus stand, erlaubte einen freien Blick über die zum Strom hin sanft abfallenden Hänge, direkt auf das am anderen Ende des Tales sich auftürmende schroffe Felsmassiv der südlichen Kalkalpen.

Das zum Leben Notwendige erhielten sie aus der Bearbeitung einiger weniger Äcker. Drei Kühe, Schweine, Hasen, Hühner, immer Katzen, nie ein Hund, und ein altes, bedächtig jede Bewegung setzendes, schier unendlich geduldiges Zugpferd bildeten den Viehbestand.

Das Gebiet, in dem seit über 1400 Jahren Slawen leben, war erst von West-, später von Südslawen im Zuge des Zerfalls des Römischen Reiches bevölkert worden. Über Jahrhunderte wohnte die slawische und die deutschsprachige Bevölkerung friedlich zusammen, galt als gemischtsprachig; alle, Deutsche wie Windische, sprachen einen durch seinen eigenartigen »Singsang« geprägten slowenischen Dialekt, das Windische, das auch der Volksgruppe den Namen gab.

Spätestens zu Beginn des 20. Jahrhunderts beendeten nationalistische Strömungen das friedliche Zusammenleben der Völker in diesem Gebiet, in dem romanische, slawische und deutsche Kulturkreise einander berühren.

So war es mehr als verwunderlich, dass Moicas deutschstämmige Mutter, damals, als sie jung war, sich in einen Windischen verliebte. Wie das überhaupt möglich war, lässt sich nicht mehr so genau rekonstruieren, denn nach dem I. Weltkrieg hatte sich tödliche Feindschaft in diesem Landstrich ausgebreitet, waren Verbindungen über die Grenzen der Volksgruppen hinweg längst ausgeschlossen. Und das, obwohl die Menschen dort rein genetisch ziemlich identisch sind, da sie sich über Jahrhunderte hinweg gemischt hatten.

Das Liebespaar hätte gerne geheiratet, doch der Vater der Mutter hat, so wurde berichtet, die Heirat verboten. Schließlich war er in das Land gekommen, um die deutschsprachige Präsenz zu stärken, und deshalb durfte so etwas nicht vorkommen. In der damaligen Zeit und auch in dem Dorf wäre es undenkbar gewesen, dass ein solches Verbot seitens der Liebenden gebrochen worden wäre.

Nationalistische Ziele und ethnische Loyalität wurden damals als Prinzipien verehrt, die das Überleben aller sichern sollten.

Als sichtbares Ergebnis der Liebesgeschichte kam jedoch ein Mädchen zur Welt, das ohne Vater aufwachsen musste. Diese Geschichte einer verbotenen Liebe ist eine von vielen damals und bis heute überall auf der Welt. Leiden wie die der beiden verhinderten Liebenden wurden tausendfach besungen, beschrieben, in Kunstwerken dargestellt. Erhält aber auch das Schicksal des Kindes und seine verhinderte Beziehung zum ausgeschlossenen Elternteil eine ähnliche Beachtung? Wer ahnt wirklich, was in dem Kind an Sehnsucht und Traurigkeit zu leben war?

Später, als erwachsene Frau, hat sie den in den Ferien auf dem Bauernhof lebenden Kindern in den Abendstunden, wenn sie die drei Kühe von der Weide zurückführte, von dieser Sehnsucht berichtet:

»So weit ich mich in meiner Kindheit zurückerinnern kann, war ich innerlich damit beschäftigt, dass ich keinen Vater hatte. Obwohl, es gab ja einen, aber der war nicht da, nicht bei uns, ein abwesender

8

Vater, über den zu Hause nicht gesprochen werden durfte. Heute scheint mir, dass der Kummer, den dieser Umstand für mich brachte, ständig um mich war. Wenn wir dort drüben über die Kuppe kommen, kann ich euch zeigen, wo er gewohnt hat; man sieht es von dort.«

»Als Kind«, sagte sie, »bin ich immer wieder auf diese kleine Erhebung heraufgeklommen, um hinüberzusehen. Ich wollte es einfach nicht wahrhaben, dass ich ihn und er mich nicht besuchen darf: Dort ist mein Vater und wir können doch nicht zusammen sein! Der Großvater hat mir und meiner Mutter gedroht, er würde uns »hinausschmeißen«, wenn wir uns nicht an sein Verbot hielten, diesem Mann jemals zu begegnen.

Meine Mutter hat mir nichts von der Beziehung zu meinem Vater erzählt, meine Tante aber war da ein bisschen barmherziger. So erzählte sie mir zum Beispiel, dass mein Vater viele Versuche unternommen hat, uns doch noch zu einer Familie werden zu lassen.

Mein Großvater hat aber aus Gründen, über die er zu niemandem gesprochen hat, alle diesbezüglichen Versuche ganz entschieden abgelehnt. Er drohte, meinen Vater umzubringen, wenn er nicht mit seinen Versuchen aufhören würde, die Ruhe des Hauses zu stören. Da, von dieser Stelle, wenn ihr in Richtung des auf der einen Seite schroff abfallenden Berges schaut, hinter dem Waldschopf da drüben, dort lag sein Haus. Niemand kann sich wohl vorstellen, wie sehr ich als kleines Mädchen gewünscht und in jedem Nachtgebet darum gebeten habe, endlich mit meinem Vater zusammen sein zu können. Leider hat mich meine Mutter dabei nicht unterstützt. Nur einmal, als wir ein Sommerfest besuchten, habe ich ihn von Weitem gesehen. Meine Mutter zeigte mir, wo er saß, doch wir waren beide viel zu aufgeregt, um hinzugehen und ihn zu begrüßen.

Später habe ich dann erfahren, dass er einige Jahre nach meiner Geburt eine andere Frau heiratete, Vater einen Sohnes wurde, bald nach dem Krieg ist er gestorben.

Und Gott, wenn es den denn gibt, hat der mich unterstützt? Er scheint sich um meine Bitten auch nicht gekümmert zu haben. Als Kind führte ich das darauf zurück, dass ich eben ein »falsches« Kind war, unehelich, quasi vaterlos, über dessen Entstehung man meinte besser nicht zu sprechen.«

Dieser Schmerz, gemischt mit dem Gefühl der Sehnsucht nach jener Ganzheit, die durch die Trennung vom Vater gestört war, hat ihre ganze Kindheit durchzogen, und manchmal spürte sie es auch als Erwachsene noch. Als Kind hatte sie sich sehr konkret mit dem Gedanken beschäftigt, allein zum Vater zu gehen. Einmal war sie sogar schon unterwegs gewesen. Auf halber Strecke wurde jedoch ihre Angst so stark, dass sie wieder umkehrte. Ich weiß nicht genau, was der Inhalt dieser Angst war. Sicherlich hatte ich Angst, als aufdringlicher »Fratz« wieder weggeschickt zu werden. Vielleicht war es aber auch nur die Angst vor der Intensität des so lange herbeigesehnten Kontaktes.

Ob sie Fantasien darüber hatte, fragte eines der Kinder, ob auch er an sie denken musste?

»Ich weiß es nicht, manchmal glaubte ich ziemlich sicher zu sein, dass auch er sich nach mir gesehnt hat. Ein Bekannter hat mir davon berichtet. So traurig das ist, macht mich diese Vorstellung doch irgendwie glücklich. Meine Sehnsucht, meine vage Liebe hatte eine Entsprechung, auch wenn diese Gefühle nie zur Erfüllung kamen, denn wir konnten sie einander ja nicht direkt zum Ausdruck bringen. Das gibt mir einen seltsamen Frieden.

Manchmal aber wurde mein kindlicher Frieden damals gestört. Denn ich fragte mich, warum kommt er nicht einfach her, warum sucht er nicht nach mir. Was ist an mir falsch, so dachte ich, dass er mich nicht für alle Welt erkennbar sein Kind sein lässt. An diesen Tagen siegte die Traurigkeit in mir wieder. Sie abzuschütteln fiel schwer, manchmal gelang es für kurze Zeit, wie in einem Aufruhr. Dann war ich wütend auf alle, den Großvater, den Vater, die Mutter und den Pfarrer, der ein gefürchteter slowenischer Patriot war und mich als Schulkind sonntags in der Kirche vor allen gedemütigt hat.«

Die Kinder liebten Moica, denn sie hatte ihnen ihre schmerzliche Geschichte anvertraut, ihnen zugemutet sie zu erfahren und zu »tragen«. Wie wohltuend unterschied sie sich damit von vielen Erwachsenen jener Zeit, die den Kindern gegenüber eine Haltung des Verleugnens, des Verniedlichens harter Fakten des Lebens einnahmen: Kinder, so meinte man, können nicht belastet werden, sollen nicht verstehen. Als wären Kinder Trottel!

Die Kinder, die bei ihr ihre Ferien verbrachten, lernten, dass das Gegenteil stimmt: Kinder spüren meist noch besser als Erwachsene eine gefühlsmäßige Wirklichkeit. Eine Wirklichkeit, die von den Erwachsenen durch ihre Sprache geleugnet, verdreht und schließlich scheinbar nicht-existent gemacht wird. Darin liegt, oft in der besten Absicht, letztlich eine subtile Form von Missbrauch von Kindern. Anstatt sie an die Wahrheiten ihrer Existenz heranzuführen, werden sie klein, unmündig und klischeehaft gehalten.

Die Schönheit, die im Benennen gefühlsmäßig auch schwieriger Ereignisse und Beziehungen durch eine angemessene Sprache liegt, wird verwirkt, zerstört durch eine vermeintlich kindgemäße Form des Lügens. Und ist es nicht schwerer zu ertragen, wenn Kinder aus Gewohnheit, aus Bequemlichkeit oder auch aus Angst, sie könnten die Wahrheit nicht verarbeiten, systematisch belogen werden? Natürlich gibt es dabei Grenzen, die Wahrheit darf nicht zum Instrument des Terrors werden, sie muss den Kräften des Kindes gemäß »verpackt« und zur rechten Zeit eröffnet werden. Gemeint ist hier die Verleugnung gegenüber dem Kind zum Schutze des Erwachsenen oder einfach aus Bequemlichkeit.

Man ist nun geneigt anzunehmen, solche Erfahrungen, wie sie das Kind zwischen den Volksgruppen gemacht hatte, würden Menschen verzehren, ihren Glauben an sich und die Welt ruinieren, sie irgendwie verkommen lassen. Mag sein, dass es vielen auch so geht; es gibt jedoch immer wieder Beispiele, dass gerade das Gegenteil eintritt.

Kaum war das hier beschriebene Mädchen der Kindheit entwachsen, wurde es zu einer kleinen, drahtigen, stets auch körperlich schwer arbeitenden Frau, die zugleich aber eine unglaubliche Schönheit entfaltete, mit deutlich slawischen Zügen. Sie war die eigentliche Kraft, die den Hof zusammenhielt. Das Sehnsüchtige ihres Wesens aber, es war auch später noch ständig präsent: Ist es die ungestillte Sehnsucht nach dem verlorenen Vater, die ihre Liebe aufrechterhielt? War es die Sehnsucht nach der Verbindung verfeindeter Völker, die in ihrer Seele, in ihrem Körper gleichsam aufeinanderprallten? Und deren Verschiedenheit von diesem drahtigen und doch zarten Wesen ge- und ertragen werden musste?

Vor allem aber: War dieses ständige Zehren das Feuer, das denen, die es überstehen, ein besonders geläutertes Wesen beschert? Denn sie, die Slawisches, Romanisches und Deutsches in sich zu vereinen gezwungen war, hat das in einer einmalig feinen Weise gelöst. Sehr praktisch war sie, dabei feinfühlig, kraftvoll und sehr klar in ihren zwischenmenschlichen Wahrnehmungen. Sicherlich war sie auch später von der harten Arbeit geschunden, aber die Schönheit ihres Wesens leuchtete überall durch. Betrat sie den Raum, begann die Härte zu schmelzen. Die Trostlosigkeit schier unüberwindlicher Lebensprobleme löste sich in ihrer Gegenwart, und selbst das hartnäckige Heimweh der zwangsweise in die Ferien verschickten Kinder verschwand im Kontakt mit ihr.

Aus der Fülle von erstaunlichen Eigenschaften stach jedoch eine hervor, die alle anderen ganz wesentlich überragte, ihre Fähigkeit zum Kontakt. Ein Großteil ihrer Familie, wie die meisten anderen Familien jener Zeit auch, war damit beschäftigt, Tabus zu stapeln und sie möglichst nicht mehr zu berühren. Sie hingegen war in einer Weise in der Lage, auch sensitivste Bereiche kon-takt-voll zu berühren, ohne zu überrumpeln, gemeinsam zu bereden und zu betrachten, nach allen Seiten hin auszuloten und die dazugehörenden Gefühle Wirklichkeit werden zu lassen. Sie war eben *da*.

Ihre Fähigkeit, in die Gegenwart buchstäblich einzutauchen und andere einzuladen, es mit ihr zu wagen, in dieses Gegenüber-Warten-Können, das vermittelte Momente von Berührung, von Geborgenheit auch angesichts katastrophal erscheinender Probleme. Momente, die Balsam für die geschundene, vor allem aber die sich selbst schindende Seele sind.

In solchen Augenblicken des Kontaktes gibt es kein Oben und Unten, kein Gefälle zwischen Kind und Erwachsenem. In diesen Augenblicken berührt ein Wesen sein Gegenüber, Existenz berührt Existenz. Die Beziehung ist eben, gegenwärtig, keiner hat einen Vorsprung, alle sitzen in einem Boot.

Mag dieser Zustand ursprünglich auch konkreten Personen gelten, der Mutter, dem Vater, den Geschwistern, der Heimat, später den Kindern, so liegt in ihm doch stets das Potenzial, in diesem Erinnern des stärkenden Kontaktes sich selbst zu erden. Damit ist die Fähigkeit gemeint, bei sich zu sein, sich anzunehmen. Die Bewegung, ausgehend von der Sehnsucht nach seelischer Ganzheit hin zu einer das fragile Selbst annehmenden Person, ist heilsam. Auch wenn sie zeit unseres Lebens – wenn überhaupt – dann wahrscheinlich nur für Augenblicke befriedigt werden kann: Gegenwart ist zwar nicht immer nur schön, aber kommt dem nahe, was man als lebendig bezeichnen mag.

Die Fähigkeit, angesichts schier unvereinbarer Gegensätze die Spannung zu ertragen, die sich aus der Sehnsucht nach dem Ganzen speist, ohne daran zu zerschellen, wird vielleicht zum wichtigsten Vehikel der seelischen Entwicklung. Mag sein, dass das Leid der getrennten Liebenden Menschen von der Korrumpierung durch den Alltag reinigen kann. Mag sein, dass die dem Leid entspringende Sehnsucht auch zum Vehikel für eine Annäherung an das wird, was wir Menschen als Wirklichkeit erfahren.

Das ehemalige Mädchen zwischen den verfeindeten Völkern hat sehr spät geheiratet, selbst eine Tochter geboren und wurde dann später vielfache und glückliche Großmutter. Die Fähigkeit zur Gegenwärtigkeit aber hat sie sich bis ins hohe Alter bewahrt, verbunden mit einer Schlichtheit und zugleich Heiterkeit des Wesens.

Wahrscheinlich hatten aber auch nicht so viele Kinder so eine Last zu tragen wie sie, jene unstillbare und dennoch nicht verdrängte oder verleugnete Sehnsucht. Ihre Spaltung war nicht nur die zwischen Vater und Kind bzw. Vater- und Mutterfamilie, es war auch die zwischen dereinst friedlich vereinten Volksgruppen, die im Jahrhundert des explodierenden Nationalismus zu Todfeinden wurden. Und wer kann schon von sich sagen, dass er die dort aufeinanderstoßenden drei gewaltigen Kulturkreise, den slawischen, den romanischen und den germanischen, ohne Weiteres in seiner Brust vereinen, ja integrieren kann?

Ob grundsätzlich jede verhinderte Liebesbeziehung zu so einer Feuertaufe werden kann, sei hier offengelassen. Trennung zwischen leiblichen Eltern und ihren Kindern ist möglicherweise nur ein Spezialfall eines allgemeineren Prinzips.

In einer Zeit, in der die Trennung von Kindern und zumindest einem Teil ihrer Eltern zur Regel zu werden scheint, verdient diese Frage besondere Berücksichtigung. Die lange Zeit bedauerliche Rolle der Väter in Scheidungsverfahren oder bei Vaterschaft ohne vorherige Eheschließung ist heutzutage deutlich besser geworden. Ohne die erheblichen Schwierigkeiten und Leiden der Mütter schmälern oder nicht würdigen zu wollen, scheint es jedoch noch immer so zu sein, dass die Pflege und der öffentliche Respekt der Vater-Kind-Beziehung zwar von Rechts wegen verbessert worden ist, in der Praxis aber nach wie vor allzu leicht unter die Räder kommt. Nun klagen beide Seiten, Väter wie Mütter, über unzumutbar erscheinende Anmaßungen des jeweils anderen Elternteils.

Dennoch, eine Trennung trifft immer alle Involvierten. Es ist schließlich kein Zufall, dass die Suizidrate frisch geschiedener Eltern unglaublich hoch liegt, über den Werten der meisten anderen Vergleichsgruppen. Vielleicht kann die Schilderung der Schicksale in diesem Buch dazu beitragen, eine erhöhte Sensibilisierung für den bislang verdrängend behandelten Bereich behinderter Eltern-Kind-Beziehungen zu bewirken. Und vielleicht können die Beispiele, die teilweise aus Begegnungen im Rahmen psychotherapeutischer Arbeit und teilweise aus anderen Lebensbereichen kommen, Anregungen dafür liefern, wie scheinbar hoffnungslos zerrüttete und im Hass verstrickte Menschen, die dereinst Liebende waren, schließlich neue Formen des Dialogs finden können.

Denn Dialog ist möglich, auch wenn die Sichtweisen dessen, was geschehen ist und geschehen soll, verschieden bleiben. Dialog setzt nicht Gleichheit und Gleichschritt, sondern grundsätzliche Akzeptanz der anderen Person und damit der zu den jeweils eigenen in Widerspruch stehenden Bedürfnisse des Dialogpartners voraus – eine Art von Respekt für die Menschenwürde. Denn auch der Hass enttäuschter, einst einander Liebender ist grundsätzlich dialogfähig. Der Mut, diesen Dialog zu versuchen, ist die wesentliche Voraussetzung dafür, dass der Dialog zwischen Kindern und denjenigen Eltern, die aus der Restfamilie ausgeschlossen sind, aufrechterhalten bleiben bzw. erst geschaffen werden kann.

Der Herstellung bzw. Wiederherstellung der Dialogfähigkeit in scheinbar aussichtslosen Fällen ist dieses Buch gewidmet. Angesichts der enormen Veränderungen, denen wir uns zu der Zeit, da diese Zeilen geschrieben werden, in Europa und der Welt gegenübersehen, mag das Thema, an dem der Wiederaufbau der Dialogfähigkeit veranschaulicht wird, klein und bürgerlich erscheinen. Was sind die Probleme geschiedener, getrennter und unehelicher Eltern und Kinder verglichen mit den Wogen der Grausamkeit, die Menschen einander im Gefolge des Einstürzens funktionslos gewordener Herrschaftsstrukturen und dem Errichten neuer geopolitischer Blöcke zufügen?

Aber war nicht die Voraussetzung für die Verkrustung solcher Herrschaftsstrukturen eben jene bequeme Haltung, mithilfe der Angst zu regieren und sich regieren zu lassen? Ist nicht die Unfähigkeit, den anderen als Kontaktpartner zu würdigen, ihn stattdessen zu benutzen, zu missbrauchen, zu foltern, eine späte Folge von Kontaktstörungen, früh in der Kindheit angelegt durch den auf Spaltung setzenden Umgang mit Konflikten? Schafft nicht der Missbrauch der Kinder für Ziele und Motive der Eltern, zur Rechtfertigung ihres Hasses, die frühe Weichenstellung für die Entwicklung eines besonders in der westlichen Kultur fatalen Konfliktentferners: des Kontaktabbruchs?

So betrachtet ist die Behandlung der verleugneten und unterbundenen Elternschaft auch ein politisches Thema, wenn es auch auf den ersten Blick nicht so ohne Weiteres als solches erkennbar sein mag. Hat nicht die Behinderung und Entstellung von Menschenwürde und Menschenrecht in den elementarsten zwischenmenschlichen Beziehungen langfristig ihre Auswirkungen auch auf die Realisierung von Menschenwürde und Menschenrechten in den sichtbaren großen politischen Entscheidungen?

Natürlich sind von den folgenden Berichten keine Rezepte zu erwarten; vielmehr geben sie Einblicke in Handlungen und Entscheidungen von Menschen, die den Dialog fördern bzw. behindern. Wohl aber kann der Einblick in die kritischen Phasen von Lebensläufen den Blick auf die eigenen Lebensgestalten schärfen, die Perspektiven erweitern und so zu neuen Lösungsansätzen anregen.

In der Absicht, die Dialogfähigkeit auch bei Leserinnen und Lesern anzusprechen, sind die folgenden Geschichten über weite Strecken dialogisch-erzählend angelegt. Die Begebenheiten sind hin und wieder in Form eines Gespräches wiedergegeben. Die Dialoge selbst sind jedoch nur nachempfunden, da die Gespräche in der Form so vermutlich nicht stattgefunden haben. Die gezeichneten Schicksale jedoch wurden tatsächlich gelebt.

Dieser literarische Kunstgriff erscheint gerechtfertigt, da gesprochene Sprache in der Regel nicht lesbar ist. Vor allem aber soll diese Form aufzeigen, dass Konflikte, die sich aus tabuisierter oder geleugneter Elternschaft ergeben, Beziehungswirklichkeit sind, auch wenn keiner darüber spricht. Wird diese Beziehungswirklichkeit totgeschwiegen, kostet das unmerklich Kraft, die dem Leben anderswo und ständig fehlt.

Je mehr Bereiche des vergangenen Lebens mit Kraftaufwand verbannt werden müssen, umso weniger Kraft bleibt dem Leben im

Jetzt. Im Extremfall besteht das gegenwärtige Leben überhaupt nur mehr aus dem Unterdrücken vergangener, unerledigter, jedoch in das Gegenwärtige mit Macht drängender Wirklichkeit.

Lassen Sie sich in die subjektive Welt von Menschen führen, die mit den Tabus ihrer Familie, ihrer Gesellschaft ringen, um ihre eigene Existenz zu verstehen. Die versuchen, ihre Identität zu klären, indem sie die Wahrheit ihrer Herkunft und damit ihrer Zugehörigkeit entziffern. Es geht dabei letztlich um die Wiederherstellung unterbrochener oder nie aufgenommener Dialoge. Meist machen die Kinder den ersten Schritt, manchmal aber, wie einige Beispiele zeigen, sind es auch die Eltern, die sich auf die Suche nach einem verlorenen Kind machen.

Die in manchen Passagen gewählte dialogische Form soll die Leserin, den Leser ermuntern, auch in ihrem/seinem Leben die Fäden abgerissener Kontakte wieder aufzunehmen und zumindest in ihrem Denken die direkte Rede wieder zu riskieren. Wenn wir dort, wo es um Beziehung geht, lernen, weniger in der dritten Person, sondern eher wieder direkt zu denken – in Gedanken anzusprechen –, also jemanden »anzudenken«, verändert sich auch unsere Beziehungswahrnehmung – und damit die Beziehungswirklichkeit in Richtung größerer Wahrhaftigkeit. Lassen Sie sich auch durch die literarische Form dazu anregen, dialogischer zu denken und zu leben.

Denn – in Anlehnung an Martin Buber – alles wirkliche Leben ist Begegnung.

Ein Ruf – Walter 1

Sie trafen sich jedes Jahr an Allerheiligen auf dem Friedhof im heimatlichen Dorf. Einmal im Jahr kamen die verbliebenen Mitglieder der Familie zusammen, auch die über's Jahr mittlerweile in alle Welt verstreuten Freunde und Bekannten aus früheren Zeiten. Allerheiligen war zu einem Treffen geworden, wie es früher vielleicht Weihnachten oder Ostern waren. Sie besprachen bei der Gelegenheit die Vorkommnisse des vergangenen Jahres, richteten die Gräber, zündeten Kerzen an und hörten dem Pfarrer zu.

Das Wetter in diesem Jahr ist schrecklich, nasses Schneegestöber, Windböen, morastiger Boden. Walter, mäßig beschäftigt damit, den Wortfetzen des Predigers zu folgen, kämpft noch mit den Folgen der Begrüßungsfeier vom Vorabend, nicht zu heftig war sie, aber wie meist von recht aufgeräumter Stimmung. Es gibt immer etwas zu erzählen, wenn die alten Gefährten und Schulfreunde wieder beim Wirt eintrudeln, und wenn alles sagbare Neue ausgetauscht wurde, werden die alten Streiche aufgewärmt, zu vorgerückter Stunde immer auch zum Heldenhaften neigend ausgeschmückt.

Während Walter also den etwas spät noch zu »ihren« Gräbern eilenden Bekannten zunickt, wird er von seinem neben ihm stehenden Cousin Samir leicht angestoßen. Ob er denn in letzter Zeit etwas von seinem Ältesten erfahren habe, wollte der wissen.

Was soll der Blödsinn, denkt Walter? Zwar weiß er nicht so genau, wo sich seine Kinder gerade herumtreiben, aber deshalb braucht sich doch der Cousin nicht auf Spurensuche zu begeben. Übertreibt der »studierte« Pedant wieder einmal seine Ordnung stiftende Fürsorglichkeit?

18

Der Pedant heißt eigentlich Samir Ferdinand, Samir nach seinem syrischen Vater und Ferdinand nach seinem hiesigen Großvater, der auch Walters Großvater ist. Aber alle im Dorf nennen ihn Sami. Er ist der Sohn von Walters Tante, der jüngeren Schwester von Walters Mutter. Die Tante lebt schon lange in der Stadt, hat ursprünglich Kindergärtnerin gelernt, arbeitet dort aber als Bibliothekarin.

Samir ist in der Stadt geboren, lebt aber seit geraumer Zeit auf dem verwaisten Hof der Großeltern, auf dem Berg, an dessen Fuße sich das Dorf erstreckt. Das Anwesen ist ein kleines Gehöft, von dem allein man heute nicht mehr leben könnte. Das gilt übrigens für die meisten Bauern in den Bergen.

Also nimmt auch Samir alle Arten von Arbeiten an, die in der Gegend gebraucht werden, arbeitet als ungelernter Mauer, Schreiner, Dachdecker, hilft in der Landwirtschaft benachbarter Höfe. Er schreibt aber auch für die Älteren Briefe mit seinem Laptop, hilft ihnen bei den bürokratischen Angelegenheiten und erklärt ihnen die Steuern. Er hilft, wo immer er gebraucht wird. »Schwarz« allerdings, wie es sich hier gehört, selbst wenn er für andere die Steuererklärungen erstellt.

Es wäre kein Wunder, dass ihn die Menschen deswegen in ihr Herz geschlossen haben. Der eigentliche Grund seiner Beliebtheit aber ist sein freundliches, warmherziges Wesen und seine hilfsbereite, zugewandte Art. Er sieht aus wie ein Araber, ist es zur Hälfte wohl auch, wird von der durchaus zu einer gewissen Fremdenfeindlichkeit neigenden Dorfbevölkerung aber als »Unsriger« verortet, einfach zu den Einheimischen gezählt. So lebt Samir Ferdinand irgendwie zwischen den Welten, als schon etwas überständiger Junggeselle, sich eine Existenz schmiedend, die heimisch ist und zugleich auch wieder nicht.

»Nein, nein«, insistiert Samir, »ich meine dein erstes Kind, das, mit dem seine Mutter Gerda damals spurlos verschwand, noch als sie mit ihm schwanger war. Sonderbare Aktion von ihr, als sie plötzlich alle Brücken hinter sich abbrach.«

Plötzlich verspürt Walter tief drinnen einen scharfen, hellen, lang anhaltenden Schmerz. Da ist er wieder, über Jahre begraben, fast vergessen, sorgfältig betäubt. Und jetzt, ungebremst, frisch wie am ersten Tag, unkontrollierbar und schneidend, wie damals.

Während er um Fassung ringt, schiebt er dem Cousin ein etwas zu heftiges »Nichts Neues« hinüber, fragt dann aber schnell nach, eher nur, um in der Routine des Redeflusses zu bleiben und sich darin wieder zu fangen, wie er denn um alles in der Welt darauf kommt, ihn auf diese Geschichte anzusprechen. Samir teilt ihm mit, dass er wiederum auf recht eigenartige Weise erfahren habe, dass Gerda, die damalige Freundin, mit dem mittlerweile wohl schon erwachsenen Kind als Teil einer größeren Familie im Ausland leben würde. Wo genau, das habe er leider nicht herausfinden können. Denn auch jetzt noch, fast zwei Jahrzehnte nach den damaligen Ereignissen, halte sie sämtliche Informationen sowohl über das Kind als auch über den Aufenthalt und die Lebensumstände der Familie wie hermetisch verschlossen.

Ja, die Ereignisse von damals hatte Walter lange Zeit sehr weit weggeschoben. Nicht wirklich vergessen war dieses Kind, die Trauer um seine ungelebte Beziehung mit ihm – und wohl auch mit seiner Mutter – war latent lange wirksam geblieben, auf eine Lösung wartend, aber bewusst zum Stillhalten gezwungen. Und jetzt, plötzlich, diese wuchtige Erregung, die ihn wie eine innere Sturzflut mitzureißen droht!

Die restlichen Stunden an diesem feuchtkalten Novembertag laufen für Walter sonderbar unwirklich ab. Phasenweise erlebt er sich, als würde er neben sich stehen, mühsam der Konvention im Gespräch gehorchend. Aber gleichzeitig ist er damit beschäftigt, die Flut an aufwühlenden, schmerzhaften Erinnerungen einzudämmen, zu sortieren, sich wieder zu sammeln.

Tags darauf macht sich Walter auf den Weg, um Samir auf dem Hof zu besuchen. Er will mit ihm reden, denn Samir hatte damals selbst eine sehr schwierige Zeit durchgemacht, als seine Eltern sich getrennt hatten. Auch hatte er die Ereignisse um Gerda hautnah mitbekommen, denn Walter hatte ihn über die Vorgänge eingeweiht, über die er mit anderen nicht sprechen wollte. Samir weiß, wie es um Walter damals bestellt war, und er wird, so hofft Walter, auch verstehen, wie es ihm an diesem Tag geht. Die aufgewühlte Stimmung vom Vortag hat sich etwas gelegt, als er den Hof erreichte.

Samir ist noch bei den Tieren, also wartet Walter in der Stube, während im Radio gerade Paul Simon *Graceland* singt. Walter hört tapfer zu und denkt an damals zurück. Gerda hatte systematisch jeden Kontakt zu gemeinsamen Bekannten abgebrochen, vordergründig wohl, um zu verhindern, dass Walter Kontakt mit dem Kind aufnehmen und dadurch den Aufbau ihres neuen Lebens stören, zumindest aber komplizierter machen könnte. Vielleicht wollte sie aber auch selbst nicht an die Umstände der Entstehung ihres Kindes erinnert werden.

Dabei waren diese Umstände gar nicht so ungewöhnlich gewesen, ereignen sich Jahr für Jahr zigtausendfach in ähnlicher Weise, schaffen dadurch eine Lebenswirklichkeit, die weitgehend tabuisiert ist: Natürlich, viele Kinder wachsen ohne Väter auf. Wie viele aber wachsen mit »falschen« Vätern auf, ohne es zu wissen?

Walter spürt, wie eine Hand sanft seinen Rücken berührt und eine Weile dort verharrt. Er war so in Gedanken versunken, dass er nicht bemerkt hatte, dass Samir von hinten an ihn herangetreten war. Seine Geste lässt Walters Traurigkeit noch einmal hochschwappen, bis sie sich dann etwas verläuft.

Eigenartig, dass gerade sein Cousin diese Verbindung quasi wieder zum Leben erweckte. War doch er damals derjenige gewesen, der ihn am stärksten dazu drängte, sich Gerdas Wunsch nach Gründung einer Familie zu widersetzen. Bis Walter schließlich Gerda einen Vorschlag machte, der ihren Rückzug einleitete.

Als sie sich in die Stube setzen, beginnt Samir zu sprechen. Er will erklären, warum er sich damals so weit aus dem Fenster gelehnt und Walter vor der Heirat gewarnt hatte. Er holt weit aus und beginnt, über seine eigene Krise zu sprechen, die er zum Ende seiner Kindheit

21

hin als Jugendlicher erlebt hatte. Sie hat seine spätere Einstellung zu festen Bindungen stark geprägt und letztlich auch sein aus heutiger Sicht vielleicht etwas zu heftiges Einschreiten gegen Gerdas Heiratspläne beeinflusst.

Samir erzählt, wie es für ihn damals war, in der kleinen Stadtwohnung, mit jenem Gewühl der Kulturen, die extremer nicht sein konnten. Erzählend taucht er ein in seine Welt als Jugendlicher zwischen den Kulturen, in jene sonderbare Stimmung vor dem Knall.

Liebevoll, spaltend, einsam – Samir 1

Die Katze, seine Mutter hatte sie einst aus Südspanien mitgebracht, grau schwarz getigert, stets etwas unruhig in Gesellschaft. Jetzt setzt sie sich auf, macht einen perfekten Buckel und reibt ihren Kopf an seinem Handgelenk. Doch kaum will er sie streicheln, beißt sie in seine Hand, nicht fest, aber deutlich abwehrend. Was will sie, fragt sich Samir? Nähe oder Abgrenzung? Wahrscheinlich beides, aber eben nicht gleichzeitig.

Wie mag wohl die Innenwelt so einer Katze beschaffen sein, grübelt Samir weiter. Sie hat ja keine Sprache, aber hat sie Gefühle? Wie erlebt sie wohl ihn? Wenn sie keinen Begriff, keinen Namen für »Mensch«, für ihn, Samir, hat, wie erlebt sie ihn? Kann er sich ihre Welt vorstellen, so wie die Katze sie erlebt? Vermutlich hat sie ein klares Bild von ihm, aber weiß sie, wer er ist, auch ohne dass sie für ihn einen Namen hat? Wer ist er, Samir, für sie in ihrer Welt?

Na ja, so viel erlebt sie auch wieder nicht, denn die meiste Zeit schläft sie auf dem Kissen. So ist sie, Isabella, die Katze, in seiner Welt, in der sie einen Namen hat, von dem sie selbst nichts weiß. Wenn sie allerdings nicht schläft, bewegt sie sich irgendwie vorhersehbar, also konsistent in ihrer Welt. Und auch in seiner.

In Samirs Erleben gibt es eben nur seine Welt, doch muss die Katze natürlich auch ihre Welt haben, in der er wiederum einen Platz haben muss und in der sie mit ihm interagieren kann – oder ihn katzengemäß schlicht ignorieren. Für sie ist er vermutlich kein sonderlich interessanter Kater.

Samir wundert sich, wie diese so extrem unterschiedlichen subjektiven Welten so zusammenpassen können. Im Grunde für alle Wesen. Als Baby lebte er in der Welt, wie sie sich ihm als Baby zeigte, wie sie mit ihm interagierte, samt aller Wesen, die es darin gab – Mama, Papa, Oma und Opa, Freunde der Eltern. Später, als Schulkind, »stimmte« die Welt auch, war weiter geworden, enthielt mehr menschliche und sonstige Wesen. Und obwohl sie deutlich anders war als damals, als er Baby war, gingen die Veränderungen unmerklich vonstatten. Und erst recht heute, da er als Jugendlicher kurz vor dem Abitur steht, ist alles anders als in der Zeit der Grundschule oder gar als Baby. Die erlebten Welten der Menschen und Tiere scheinen nahtlos ineinanderzugreifen und für jeden in sich stimmig zu sein.

Stimmige Welten? Lebt er selbst wie sie in einer stimmigen oder in mehreren Welten, simultan oder abwechselnd? Wie geht es ihm wirklich in seinen Welten? Passen die denn überhaupt zusammen? Wie sehen ihn seine Freunde in der Schule, wie seine Eltern? Und wie erlebt er sich selbst zwischen den Vorstellungen, die die verschiedenen Menschen um ihn herum von ihm haben? Wenn er zu Hause ist, einziges Kind, mit dem syrischen Vater und der aus heimischem bäuerlichen Milieu stammenden Mutter, fühlt er sich durchaus geliebt und geborgen. Seine Eltern sind nicht begütert, Mutter arbeitet als Bibliothekarin, Vater im Supermarkt. Als sie ihn heiratete, hat sie sich seiner Religion angeschlossen, etwas halbherzig, aber doch. Samirs Vater hat ihr versprochen, dass es für alle so besser wäre, denn, so argumentierte er, seine Religion wäre unverfälscht. Und eine dem Menschen angemessene, natürliche Religion, die nicht anstrengend wäre. Klingt sonderbar, bei dem, was man so in den Nachrichten hört, denkt Samir, aber seine Mutter hat es akzeptiert.

Mutter schweigt in der Regel, wenn dieses Thema hochkommt. Vielleicht macht sie dazu eine Bemerkung, dass der Herrgott schon wissen werde, wen er möge und wen nicht, egal was der Mensch so glaubte. Sie scheint die Feinheiten der Glaubens, die dem Mann so wichtig sind, nicht ganz ernst zu nehmen. Manchmal fügt sie dann hinzu, dass Gott, hätte er denn einen Kopf wie ein Mensch, diesen wohl permanent schütteln würde angesichts des lächerlichen Ehrgeizes der Religiösen, unbedingt die besseren, braveren, richtigeren Gläubigen sein zu wollen. Es stört sie, dass sich religiöse Gruppen gebärden, als wären sie Gottes Fanclubs, die sich für »ihren« Gott wie für eine Mannschaft im Fußball engagieren – und manchmal auch wie Hooligans aufeinander losgehen. Vermutlich leidet sie doch darunter, dass sie dem Glauben ihrer Kindheit den Rücken gekehrt hat, um ihrem Mann in eine Welt zu folgen, die ihr nach all den Jahren im Wesen letztlich doch fremd geblieben ist.

Ihr Mann nahm Samir als kleines Kind häufig mit in die kleine Moscheegemeinde, wo er von Männern und Frauen meist syrischer Herkunft warmherzig und großzügig behandelt worden war. Kellermoscheen wie diese gibt es viele in der Stadt, mehr Heimwehkämmerchen als Gebetszentren werden sie von nationalen Grüppchen betrieben, mit so gut wie keiner Verbindung zwischen ihnen und anderen Gemeinden. Samir störte das nicht, wusste darüber auch als Kind gar nicht Bescheid. Er spürte, dass er gerne gesehen und für die Anwesenden irgendwie wichtig war. Die meisten leben seit 30 Jahren hier, hatten damals Asyl erhalten, sich als Migranten der ersten Generation hier angepasst, wenn auch nicht wirklich integriert, das vielleicht auch gar nicht angestrebt.

Samir erinnert sich heute gerne an die Besuche, als er, noch Vorschulkind, über die betonierte Wendeltreppe in die eher sparsam beleuchtete, mit billigen Teppichen ausgelegte Kellermoschee im Hinterhof eines Supermarktes stieg. Die inneren Bilder von damals lösen bei ihm eine wohlige Stimmung aus, lassen auch heute noch Gefühle von Geborgenheit und Nähe zu den orientalischen Männern entstehen, die fern einer zerstörten Heimat hier, im Rückgebäude, dessen Zugang von entsorgten Obstkisten, abgestellten

Mofas, Mülltonnen und ausrangierten Stellagen gesäumt wird, enger zusammenrücken. Ein Gefühl, vergleichbar mit den sonnendurchfluteten Ferientagen auf dem Bauernhof seiner Großeltern in den Bergen, wo er von den Großeltern verwöhnt wurde, mit der landwirtschaftlichen Tierhaltung vertraut wurde und sonntags die sonderbar anmutenden Verhaltensweisen der Menschen in der Kirche beäugte. Wo es köstlich gebrutzelten Schweinsbraten oder Wollwürste zu Mittag gab und sie ihn kurz Sami nannten, auch da ganz daheim und dazugehörend.

Heute, mit fast 18 Jahren, ist die Lage für ihn in der Stadt viel komplizierter geworden, und seit der Großvater tot ist und die Großmutter den Hof nicht mehr alleine bewirtschaften kann, fährt er auch kaum mehr dort hin. Der nun auch deutlich älter gewordene Vater erwartet selbstverständlich, jede Lockerung unnachgiebig ablehnend, dass Samir seinen, des Vaters Weg, seine Lebensweise und natürlich seine Religion nahtlos übernimmt. Samir kann mit Vater über fast alles sprechen, sogar diskutieren. Er wird gehört, verstanden und akzeptiert. Außer wenn es um die zu den mitteleuropäischen Lebensformen doch recht verschiedenen religiösen Praktiken geht. Da bleibt sein Vater bestimmt und in keinem Fall kompromissbereit. Samir gibt dann nach, insistiert nicht, schließlich haben alle bisherigen Versuche aufzubegehren keinen Erfolg gebracht. Das Gespräch verliert sich dann einfach in ratlosem Schweigen.

Danach ist für eine Weile eher gespannte Ruhe in der Wohnung, man wendet sich den diversen Verrichtungen zu, wie Essen zubereiten, Flaschen wegräumen, Katzenstreu austauschen, Computer spielen. Vater bereitet sich für sein Gebet vor, verzichtet aber mittlerweile darauf, Samir einzuladen, das Gebet gemeinsam zu verrichten. Er wäscht sich davor stets rituell, langsam.

Während sein Vater betet, hämmert Samir in die Tasten des Computers. Er fühlt sich nicht wirklich gut, wenn er danebensitzt, während sein Vater sich, nachdem er die Suren gemurmelt hat, verbeugt und dann die doppelten Niederwerfungen ausführt. Wieder und wieder. Gewiss, Samir ist routiniert geworden in seiner Anpassung zu Hause, manövriert sich erfolgreich durch die Fallen und Abgründe, die im Kultur- und Generationenclash überall lauern, der beim Beten allein gelassene Vater aber lässt ihn, ohne dass der etwas dazu tut, sich elend fühlen. Als würde er seinen Vater verraten, ihm in den Rücken fallen, diesem freundlichen, warmherzigen, von wer weiß welchen Lasten gebeugten Mann.

Ihm, das aber hat er mittlerweile realisiert, kommt er trotz Warmherzigkeit und Freundlichkeit im Konfliktfall nicht wirklich bei. Da bleibt der Vater hart wie Stein, wie Eisenhände in Samthandschuhen.

Es fehlen Samir nicht die Argumente, aber er weiß, Vater bleibt unbeeindruckt, beruft sich freundlich auf die alten Regeln und die Notwendigkeit, »richtig« zu leben. Selten stehen sie sich bei solchen Gesprächen direkt gegenüber, meist reden sie, im Sitzen, seitlich aneinander vorbei. Wendet sich Samir dabei zu seinem Vater hin, kann er die lange Narbe sehen, die sich vom linken Auge quer über die Wange bis an die hintere Partie des Kieferknochens zieht. Nie spricht er darüber, auch wenn Samir nachfragt, was da passiert ist. Er schüttelt den Kopf, macht eine wegwerfende Handbewegung dazu, schickt vielleicht eine kurze abwiegelnde Bemerkung hinterher: »Krieg eben ...« oder »Nichts Wichtiges«.

In der Sache aber hat Samir resigniert, wie es seine Mutter längst getan hat. Vater lässt ihn gewähren, wenn Samir sich über sein Leben zwischen den Kulturen beklagt, wenn er den religiösen Ballast abwerfen will, um ein normaler deutscher Jugendlicher zu sein. Der Vater dagegen will, dass Samir ihm in den kulturellen Raum des Orients folgt. Das aber will er mit einer Beharrlichkeit, die unverrückbar ist. Gleichzeitig will er, dass er hier, mitten in Europa, ein erfolgreiches Leben aufbaut.

In Momenten wie diesen fühlt sich Samir nicht gesehen, nicht respektiert, als Mensch nicht ernst genommen. Dann will er nur weg, einfach abhauen, raus aus dem engen, freundlichen Zwang. Er hat es satt, als Jugendlicher immer wieder zwischen den Kulturen, im

Grunde zwischen allen Stühlen zu landen. Nur, wo sollte er hin? Er ist ein Fremder im Orient, ein Fremder in Europa und nun auch zunehmend ein Entfremdeter zu Hause.

In Momenten wie diesen beugt er sich gerne über die Katze, streichelt sie, lauscht ihrem Schnurren, freut sich daran, wie sie auf seinem Bauch einen bequemen Platz sucht und sich dann auf ihm niederlässt. Sie lebt einfach da, ist Katze und sonst nichts – und keiner verlangt von ihr, etwas anderes zu sein. Er sehnt sich danach, selbst auch einfach ein junger Mensch sein zu dürfen, der seine Welt erkundet, die da draußen ohnehin schwierig genug zu bewältigen ist. Er mag nicht mehr die Erwartungen seiner Eltern erfüllen müssen.

Immerhin, mit seiner Mutter hat er inzwischen ein unausgesprochenes Einverständnis darin, alles Religiöse nicht mehr gar so wichtig zu nehmen. Vater kommt da nicht mehr dazwischen, er mutierte zu einer Art Faktotum, das man zwar respektiert, auch möglichst nicht reizt und schon gar nicht kränkt. Aber den Vater seiner Kindheit liebt er immer noch, was wohl der Grund sein dürfte, dass ihn jetzt die sich vertiefende Spaltung so sehr quält. Nie hat sein Vater Gewalt eingesetzt, doch sein stilles Absacken in eine verletzte, deprimierte Einsamkeit ist für beide, Samir und seine Mutter, so bedrohlich, dass sie dem ausweichen, so oft es eben geht.

Sie lassen ihn allein, da er ihnen nur begegnen will, wenn sie seine Bedingungen dafür akzeptieren. Ein orientalisches Problem? Sind die Menschen aus dem Orient unbeugsamer, sturer im Kontakt? Wohl kaum, nur bei denen fällt es uns stärker auf, denkt Samir. Es ist eher die Angst, sich, seine Sicherheit, sein eigenes Bild von der Welt infrage stellen zu müssen, wenn man sich aufeinander wirklich einlässt.

Wie aber löst Samir sein Problem zu Hause? Einfach mitmachen, das klappt für ihn nicht mehr. Würde er sich beim Gebet zum Vater stellen, er müsste lügen und würde sich ebenso elend fühlen, wie wenn er gar nicht mit ihm betet. Das hat er ja oft genug versucht, hat sich eher aus Pflichtgefühl oder aus Loyalität zum so leicht zu kränkenden Vater dazugestellt und alles mitgemacht, Waschungen, Verbeugungen, Niederwerfungen, begleitet von arabisch gesprochenen Suren. Das Ergebnis beim anschließenden Händeschütteln, mit dem man sich einander zum gelungenen Gebet beglückwünscht, ist desolat. Es ist ihm dann, als würde er nicht den Vater, sondern sich selbst verraten.

Samirs Stimmung ändert sich, sobald er die Wohnung verlässt. Dann betritt er eine für ihn völlig andere Welt, ist zuerst einmal erleichtert, fühlt sich freier, tänzelt förmlich die Straße entlang, genießt das Leichte da draußen. Es ist nicht die Schmuddelecke der Stadt, eher »gehobenes« Ausländerviertel, mit allem, was dazugehört. Sein Freund aus der Grundschule, Cem, »Volltürke«, wie er sich selbstironisch nennt, arbeitet in dem Imbisslokal vorne an der Ecke, das einem türkischen Unternehmer gehört. Samir hockt sich gerne auf eine Limo zu ihm rein, am frühen Nachmittag. Ihre Gespräche, falls man das, was da zwischen ihnen läuft, als solche bezeichnen kann, bestehen auch heute noch eher aus einer Abfolge von Floskeln, hektisch aneinandergereihte, dennoch energievolle Begrüßungsformeln, Infos über Videos, Handytalk.

Seit Cem eine deutsche Freundin hat, ist er abends beschäftigt und Samir besucht ihn nur mehr tagsüber im Geschäft. Eher eine Art Ritual als ein freundschaftlicher Austausch. Was Samir bewegt, versteht Cem nicht und im Allgemeinen interessiert es ihn auch nicht wirklich. »Wie gehe ich damit um«, murmelt Samir eher vor sich hin als zu Cem gerichtet, während er Cem beim Füllen eines Döners zusieht, »dass ich meinen Vater nicht kränken will, es ihn aber ganz gewaltig kränkt, wenn ich ihm sage, was ich wirklich denke?«

Cem ist da pragmatisch: »Kipp ihn, den Alten! Verlorene Generation, nichts zu retten, hoffnungslos veraltet, lass ihn eben.«

»Du hast leicht reden, Cem. Er ist so gut und liebevoll zu mir. Er hat diese tiefe melancholische Schwere, die sein Leben, sein immer noch holpriges Deutsch, seine Bewegungen färbt. Ich bin der ganze

Sinn seines Lebens. Er will, dass wir eines Tages gemeinsam im Paradies hocken. Wenn ich aussteige, bricht er zusammen, davor habe ich Angst. Neulich sagte er mir, ich soll, wenn ich erwachsen bin und genug Geld verdiene, für ihn die Hadsch machen. Die Große Pilgerfahrt. Als Asylant darf er dort nicht hin, kann sich das finanziell auch gar nicht leisten. Als Moslem aber müsste er es wenigstens einmal im Leben tun, gehört schließlich zu den fünf Pflichten des Islam.«

»Hadschi Samir!«, höhnt Cem und gibt ihm zum Abschied drei Stück Bakhlava für seine Mutter mit, die, das weiß Cem, seine Bakhlavas besonders schätzt. »Und vergiss deinen alten ungläubigen Schulfreund Cem ja nicht, wenn du dann eines Tages im Paradies in der ersten Reihe hockst, unter all den Dauerbetern!«, ruft er ihm noch hinterher, als der feixende Samir sich schon auf sein Fahrrad schwingt.

Auf dem Weg zurück sinniert Samir, wie er aus der Situation rauskommen könnte. Einfach über Nacht verschwinden und sich, gewissermaßen »standesgemäß«, als Verkäufer in mobilen Kebab-Buden durchbringen? Das Abi schmeißen? Nie wieder in die Familie zurückkehren? So entlastend sich die Vorstellung im ersten Augenblick anfühlt, so elend wird sein Zustand, als er wieder das Haus betritt.

Das ändert sich schlagartig, als er die Wohnungstür öffnet. Besuch ist da, ein noch nie zuvor gesehener, sehr orientalisch wirkender Mann, Ende 40 vielleicht. Mit ihm ist eine junge, schlicht, aber europäisch gekleidete Frau, keine 30 Jahre alt. Sie kommen über den Libanon, Zypern, Griechenland, Italien hierher. Mit Unterstützung von Fluchthelfern.

Samir stutzt, denn Vater und Mutter sitzen irgendwie angespannt und schweigend da, so als würde ein Unheil in der Luft liegen. Schließlich stellt sich der Besucher zu Samir gewandt in einem etwas holprigen Englisch vor: Er ist Ahmad, der Schwager des Vaters, »beau-frere« sagt er, französisches Fragment, der Bruder der in Syrien lebenden Frau von Samirs Vater.

Frau von seinem Vater?

Das ist der Gau. Von der Existenz einer weiteren Frau seines Vaters hatten weder Samir noch seine Mutter je etwas erfahren.

Und die junge Frau daneben ist Amira, Vaters nie erwähnte Tochter, Samirs Halbschwester.

Samir verspürt einen riesigen Kloß im Hals, seine Erregung kann er kaum kontrollieren, sein Herz pocht, als wollte es zerspringen. Hilfesuchend blickt er zu seiner Mutter, will ihren Blick erhaschen. Doch die schaut, mit bleichem Gesicht, zum Fenster hin, als gäbe es dort draußen etwas höchst Interessantes zu sehen. Sie bleibt abgewendet, wie von allen abgeschnitten. So als wäre das hier nicht mehr ihr Territorium, als wäre sie die Fremde hier.

Samir ist außer sich vor Aufregung und hauptsächlich damit beschäftigt, diese zu dämpfen, seinen Affekt wieder in den Griff zu bekommen. Klar denken geht jetzt nicht, doch so viel ahnt er, dass mit einem Schlag sein Leben radikal verändert ist, nichts mehr sein wird, wie es war. Seine Familie, seine Beziehungen, alles, was so vertraut und gültig schien, ist jäh verändert. Keiner weiß, in welche Richtung das gehen wird. Alles ist auf einmal anders. Noch will er es nicht wahrhaben, etwas rebelliert in ihm gegen diesen plötzlichen Zusammenbruch der Welt seiner Kindheit. Doch das ist nicht das Schlimmste, was ihm so zu schaffen macht. Er fühlt sich einfach elend, elendiglich benutzt, hintergangen. Sein Leben, ein Vorwand für das Asyl für eine andere Familie?

Samir springt auf und mit der Wucht seiner inneren Aufregung stürzt er auf seinen Vater zu, stößt halb weinend, halb brüllend hervor: »Ich halte das nicht aus! Warum hast du uns davon nie was gesagt!?«

Nach einem Moment völliger Stille landet krachend die Ohrfeige an seiner linken Wange. Ansatzlos. Irgendwie von links unten kam sie daher, die rechte offene Handfläche. Zur Faust geballt wäre ein von unten nach oben gezogener rechter Schwinger daraus geworden, physisch mit noch mehr Wirkung. Psychisch reichte die flache Hand völlig. Hätte er sie kommen sehen, hätte er sich geduckt, doch dazu war der Schlag viel zu schnell und stark. Und viel zu unerwartet. Das linke Ohr klirrt und dröhnt, den Schmerz spürt er noch nicht. Fassungslos starrt er in das verzerrte Gesicht seines Vaters, registriert noch, wie die Narbe an seiner Wange sich in ein tiefes Rot verfärbt hat.

Ja, es ist wirklich alles anders. Buchstäblich schlagartig.

Schamesröte überzieht sein Gesicht. Er schämt sich? Was hat er Falsches getan? Keine Ahnung, doch er schämt sich zutiefst. Für den Vater? Für den Vater vor den für ihn, Samir, noch fremden Familienangehörigen? Über seine eigene Ohnmacht? Dafür, dass er ein Geschlagener ist? Über seine Fremdheit in diesem Raum, diesen Menschen gegenüber? Über die Fremdheit, die sich anfühlt wie ein Ausschluss aus der Menschheit, nun abgeschnitten zu sein von allem Familiären, allem Vertrauten in der Welt? Ist so der Tod? Isoliert sein, ausgesperrt sein von aller Welt?

Langsam wendet er sich zur Tür, verlässt den Raum, schleppend, wie unter tonnenschwerer Last. Ohne die Türe zu schließen, geht er wie in Trance durch das Vorzimmer, lehnt sich für einige Augenblicke von innen an die Wohnungstür, während es im Zimmer still bleibt. Sonderbar, fast unwirklich still, als würde er neben allem stehen, neben sich, neben der Wohnung, neben dem Leben. Es waren nur einige Sekunden des Zögerns, doch sie fühlten sich an wie ewig. Schließlich, die Katze, ach Isabella! Sie stößt mit dem Kopf noch einmal an sein Schienbein und streift mit ihrer Seite an seiner Wade entlang, dann rafft er sich auf, öffnet die Wohnungstür und geht. Gefühlt für immer.

Noch denkt er nicht daran, wie es weitergehen kann, will nur weg. Immer noch wie unter Trance macht er sich auf den Weg zu Cem. Der wundert sich erst, dass Samir schon wieder da ist, lässt sich alles erzählen, ist eher wenig gerührt von der dramatischen Geschichte, lässt zwischendurch einige Kommentare fallen, wie: Sag' ich dir nicht schon immer, nichts zu retten? Kipp ihn, den Alten! Verlorene Generation. Fick die mit ihren Religionen! Alles Lügner, doppelte Zungen, doppelte Hirne, doppelte Moral. Da jammern sie irgendwelche

Suren daher und machen, einmal um die eigene Achse gedreht, eine Schweinerei nach der anderen. Vergiss sie. Kannst bei mir einziehen, bis du was Eigenes hast. Kipp ihn und die ganze Sippe!

In das Schweigen danach singt einer aus dem Radio, dass es so viele verschiedene Welten, so viele verschiedene Sonnen wie Menschen gebe, dass zwar nur diese eine Welt existiere, wir aber in verschiedenen Welten lebten.

Walters Fragen

Samirs Erzählung von seinen schwierigen Jugendjahren lassen für Walter diesen Teil seiner eigenen Vergangenheit wieder sehr lebendig werden. Er versteht nun zwar einerseits, warum Samir damals so ablehnend gegenüber Gerda war, aber er will sich über seine eigenen Gefühle dem unbekannten Kind gegenüber klarer werden.

Walter ist immer noch wie elektrisiert, will mehr über die Lebensumstände der Familie wissen, in der sein Kind aufgewachsen ist, das ja gar kein Kind mehr ist, Walter will den mittlerweile erwachsenen jungen Mann kennenlernen, den Kontakt herstellen und damit etwas Unerledigtes beenden, irgendwie in Ordnung bringen. Es ist ihm, als wäre ein Schleier, der über Jahrzehnte auch in seinem Bewusstsein die Beziehung zu diesem Kind verhüllt hat, plötzlich von ihm genommen worden. Die latent immer vorhanden gewesene Verbindung beginnt plötzlich zu leben, drängt nach aufmerksamer Wahrnehmung und Zuordnung.

Er löchert Sami, ob er nicht doch etwas mehr über den Verbleib von Gerdas Familie herausfinden kann. Doch Samir winkt ab. Er bittet Walter, sich zu gedulden, nichts zu überstürzen, sich in Gedanken auch damit anzufreunden, dass es für sein Problem vielleicht keine gute Lösung, kein Happy End mehr geben kann.

Er, Samir, hat schließlich seinen Vater auch nur noch ein einziges Mal gesehen, nachdem er damals Hals über Kopf die Familie verlassen hatte. Es war beim Begräbnis der Oma, hier im Dorf. Samir war damals noch Student und seine Mutter vom Vater bereits geschieden. Plötzlich tauchten sie auf dem Friedhof auf. Walter war ja auch dabei und er wisse, wie holprig die Situation war.

Die Leute hier sagen, dass anlässlich eines Begräbnisses alle alten Streitigkeiten zwischen den Angehörigen für beendet zu erklären wären. Sie müssen quasi mit dem Toten begraben werden. Und bei einer Hochzeit müssen sie beim Feiern runtergespült und beim Tanzen weggetanzt werden.

So leicht war das aber mit Samirs Vater nicht. Der war mit seiner ersten Frau, traditionell muslimisch gekleidet, seiner Tochter, die auch dieses Mal wieder westlich gekleidet war, und dem Schwager da. Samirs Mutter schickte einen Freund hin, der sollte sie bitten, vom Kondolieren abzusehen. So verschwanden sie nach der Beerdigung gleich wieder, ohne einem Kontaktversuch zu unternehmen.

Walter fand die Situation damals schräg, irgendwie peinlich, fand das sehr schade, dass anlässlich der Beerdigung seiner und Samirs Großmutter die Sache nicht bereinigt werden konnte. Er war auch traurig für Samir, dass dieser, wohl aus Rücksicht auf die Gefühle seiner Mutter, die am offenen Grab ihrer Mutter stand, keine Bewegung auf seinen Vater hin unternommen hatte. Aber die Verletzungen lagen bei beiden wohl noch allzu offen da.

Zurück in der Stadt beginnt Walter, sich mit ganz anderen, eher allgemeinen Fragen zu beschäftigen: Gibt es eine Beziehung zwischen Vätern und Kindern, selbst wenn die beiden einander gar nie kennengelernt haben? Ist eine solche Beziehung, so es sie überhaupt gibt, lediglich ein Produkt der Fantasie dessen, der sie entwickelt, oder handelt es sich dabei um eine existenzielle Verbindung, die »beziehungswirksam« ist, auch wenn sie die Schwelle zum Bewusstsein beim uninformierten Kind nicht überschreitet?

Und wenn er noch einen Schritt weiterdenkt: Bekommt das Kind, das seinen wahren Vater nicht kennt, irgendetwas davon mit, wenn der sich plötzlich intensiv mit ihm beschäftigt, den Kontakt zu ihm sucht? Oder sind das alles nur innerseelische Vorgänge, die nie die Schwelle zu anderen Wesen überschreiten können, außer mit den üblichen Mitteln der bewussten Kommunikation?

Gibt es so etwas wie eine Kollision von biologischer und sozialer Vaterschaft? Kann es sein, dass die vorgetäuschte biologische Vaterschaft vom betroffenen Kind im Grunde seines Wesens abgelehnt wird, dass dadurch aber ein fundamentaler und – da unlösbar – die Entwicklung der Persönlichkeit hemmender Konflikt entsteht? Gibt es beim Kind eine Intuition, eine Ahnung davon, dass die wahre biologische Zugehörigkeit eine andere ist? Und falls ja, wie wirkt sich die relativ zur Ahnung vorgespielte, wenn man so will, die falsche biologische Zugehörigkeit auf die Entwicklung der Psyche aus? Erzeugt die Atmosphäre des Geheimnisses um die Person des Kindes eine Doppelbödigkeit in der Wahrnehmung seiner Beziehungen? Wird durch die Unterdrückung der biologischen Wirklichkeit im Bewusstsein aller Beteiligten eine Beziehungsrealität erzeugt, die auf eine Als-ob-Beziehung hinausläuft? Ändert sich daran etwas, wenn sich die Stiefeltern sehr um das Kind bemühen, oder verstärkt das eher noch die manipulative Grundstimmung in der Familie?

Das ganze Thema lässt ihn nicht mehr los, es setzt sich mit ungeheurer Macht in seinem Bewusstsein fest, kontrolliert auch tagsüber den Gedankenablauf, die Fantasietätigkeit, als wäre er fremdbestimmt. Wer das nicht erlebt hat, kann es sich vermutlich gar nicht vorstellen.

Der relativ diffuse Erregungszustand kommt erst wieder in gewisse Bahnen, als Walter sich auch bewusst entscheidet, mit der Suche zu beginnen. In Gedanken ist er ja schon längst unterwegs, wird aktiv, beginnt, einige Bekannte aus der damaligen Zeit anzurufen, was zum Teil auch gelingt, aber sie scheinen wie unter einem Bann zu stehen. Es ist, als hätten sie Gerda hoch und heilig versprochen, keinerlei Informationen weiterzugeben. Sie versichern Walter zwar ihr vollstes Verständnis, bitten ihn aber, sie in »diese Sache« nicht mit hineinzuziehen. Das heißt, er stößt auch heute, mehr als zwanzig Jahre danach, auf verschlossene Türen.

Und er fühlt sich ähnlich wie damals: aufgewühlt, zwischen Ohnmacht und Vernunft hin und her pendelnd, so als würde der damals unterbrochene Kampf neu beginnen.

Er will die Stimme seiner Vernunft wieder hören. Findet er sie nicht sofort, braucht er nur an Samir zu denken. Der würde zu Walter aus der Position des Vernünftigen, Distanzierten sprechen, was in Walters Fantasie so klingen dürfte: »Ich verstehe deine Aufregung nicht so recht. Gewiss, es ist etwas Besonderes, wenn die Vergangenheit, die über eine sehr lange Zeit scheinbar vergessen oder aus dem Bewusstsein verdrängt war, plötzlich wieder aufersteht, aber du hast doch zu diesem jungen Menschen keinerlei persönliche Beziehung. Was willst du von dem? Wozu brauchst du es, dass er dich kennt? Und willst du etwa hingehen und sagen: ›Hallo, ich bin dein richtiger Vater?‹

Oder willst du dich nur an der Frau dafür rächen, dass sie dich damals vor die Tür gestellt hat wie einen Kleiderständer, den man nicht mehr braucht? Damals, mit 21, warst du vermutlich zu sehr geschockt, um angemessen reagieren zu können. Vielleicht hast du dich auch zu schwach gefühlt gegenüber Gerda, die dich dann einfach aus ihrem Leben gestrichen hat. Aber heute, wo du dich stark wähnst, dich von den meisten dieser psychischen Wunden auch gut erholt fühlst, treibt dich da nicht einfach in erster Linie die Lust, diejenigen zu zerstören, die dich einst gekränkt haben?

Und bedenke die Situation des Kindes: Ist es wirklich deine Verantwortung, hier nach dem ›Rechten‹ zu sehen? Wer weiß, wie es lebt, wer weiß, wie stabil seine Persönlichkeit ist? Bist du sicher, dass du ihm etwas Gutes tust, wenn du jetzt plötzlich auftauchst und sinngemäß sagst: ›Was dir deine Mutter und ihr Mann vorgelebt haben, war falsch. Sie haben vor dir ein Geheimnis, er ist nur dein Stiefvater. Sie haben nur so getan ›als ob‹, haben dich in dem Glauben gelassen, er wäre dein Vater. In Wirklichkeit bist du mein Kind, und deshalb will ich jetzt mit dir eine Beziehung aufnehmen.‹?

35

Ist das nicht etwas albern?«

Während Walter so, den gestikulierenden Samir vor Augen, mit sich selbst spricht, fühlt er sich tatsächlich albern. Sein vernünftiges Ich scheint seinen Gefühlen nicht besonders wohlwollend gegenüberzustehen. Wenn er sich diesen selbstkritischen Gedanken nähert, bricht sein emotionaler Elan in sich zusammen. Es fühlt sich an, als würde er noch einmal ausgelöscht.

Natürlich hatte er derartige Gedankenabläufe hin und wieder. Aber dann fühlt er wieder diesen unerledigten Zustand. Gewiss, die Frage ist wichtig, ob ihn nicht letztlich die Rachsucht treibt. Walter nimmt sich vor, erst einmal nicht zu handeln, nicht bevor er hinsichtlich seiner Motive völlige Klarheit gewonnen hat.

Wahrheit kann zu spät kommen

Dazu passt die Geschichte von Heinrich, der erst nach dem Tode seiner Mutter, als er bereits etwas über 30 Jahre alt war, durch Zufall erfuhr, dass sein Vater nicht sein »wirklicher« Vater war. Als er diese Nachricht erhielt, war er unglaublich verzweifelt. Er entwickelte seiner toten Mutter gegenüber einen unglaublichen Zorn, machte ihr innerlich heftige Vorwürfe, die er auch Dritten gegenüber zum Ausdruck brachte.

Die zuvor recht positive Beziehung zur Mutter wurde durch die starken Wutgefühle im Nachhinein schwer belastet. Er setzte dann alle Hebel in Bewegung, um die Identität seines Vaters und damit seine eigene Identität doch noch zu erhellen. Er war damals in einem wirklich bedauernswerten Zustand, in ständiger Unruhe, gedanklich unablässig mit der Suche beschäftigt und wirklich verzweifelt darüber, dass seine Mutter alle Spuren gelöscht hatte.

Sein Ziehvater wurde von ihr während der Schwangerschaft übrigens auch im falschen Glauben gelassen, es wäre sein Kind, das heranwuchs. Wiederum durch einen scheinbaren Zufall kam Heinrichs Ziehvater dann jedoch dahinter, sprach Heinrichs Mutter darauf an und erfuhr von ihr die Wahrheit. Heinrich war also kein vorzeitig geborenes »Siebenmonatskind«. Die Schwangerschaft ging auf die Beziehung zu einem anderen Mann zurück, und die Geburt erfolgte ganz regulär nach den entsprechenden neun Monaten. Auch dem Ziehvater hat die Mutter jedoch den Namen des leiblichen Vaters nicht genannt. Heinrich fühlte sich in seinem Recht auf Klarheit über seine Identität im Stich gelassen, besonders von seiner Mutter. Er fühlte sich aber auch von seinem Ziehvater nicht ernst genommen.

Später, als Heinrich selbst geheiratet hatte und seine Frau dann mit ihrem ersten Kind schwanger war, wurde er noch einmal förmlich verrückt. Er hat sämtliche Standesämter durchstöbert, um irgendwo noch Hinweise auf die Identität seines leiblichen Vaters zu erhalten. Er wollte zur Geburt des ersten Kindes unbedingt einen »bereinigten« Familienstammbaum übergeben können. Es ist ihm nicht gelungen und für ihn seither ein sehr schmerzlicher Prozess, sich von der Erfüllung dieses Wunsches wohl für immer verabschieden zu müssen.

Wie sehr es Heinrich verletzte, dass seine Mutter ihm die Wahrheit nicht zumuten wollte! Vielleicht hatte sie Angst, er könnte das nicht verkraften. War aber das Entdecken nachher nicht viel schlimmer, als es eine reif und liebevoll vorgebrachte Klärung der tatsächlichen Familienverhältnisse jemals hätte sein können? Ist die Lücke in seiner Identität, die Verletzung durch das Vorenthalten der ihn betreffenden Wahrheit nicht ein ungleich größerer Schock? Was lässt Frauen davor zurückschrecken, ihrem Kind die Wahrheit über die Entstehung seines Lebens zu eröffnen?

Eine Art von Missbrauch

Wäre es nicht die Aufgabe der Mutter gewesen, das Kind rechtzeitig zu informieren? Bei adoptierten Kindern heißt es, dass man sie über den Umstand der Adoption in Kenntnis setzen soll, sobald sie nachfragen, möglichst schon zwischen dem zehnten und dreizehnten Lebensjahr. Sie wissen dann zumindest, dass sie Adoptivkinder sind, auch wenn die persönliche Identität der Eltern von den Gerichten nicht bekannt gegeben wird. Das gilt bei sogenannten geschlossenen Adoptionen. Mit Vollendung des 16. Lebensjahres hat das Kind allerdings das Recht auf vollständige Akteneinsicht, auch ohne Zustimmung der Adoptiveltern (davor nur mit deren Zustimmung). Sogenannte Inkognito-Adoptionen (einseitiger Schutz der Daten der Adoptiveltern vor dem Zugriff durch Dritte, z. B. Mitglieder der Herkunftsfamilie des Adoptivkindes) schützen die leiblichen Eltern und die Adoptiveltern. Schützen sie aber auch die Interessen des Adoptivkindes? Die meisten Adoptionsforscher sind selbst auch Adoptiveltern, kaum einer ist selbst Adoptierter! Sähe die öffentliche Meinung vielleicht anders aus, wenn die Adoptierten die Forschung und Gesetzgebung selbst in die Hand nähmen?

Die meisten Fachkräfte, die mit Adoptierten arbeiten, sind der Ansicht, dass der offene Umgang der Adoptiveltern mit der Tatsache der Adoption ihres Kindes allgemein gewährleistet sein sollte. Das sei für die psychische Entwicklung des Kindes von großer Bedeutung, etwa die Entwicklung der Selbstsicherheit, der Stabilität des Identitätsbewusstseins, um nur zwei Beispiele zu nennen. Man betrachtet den offenen Umgang mit existenziellen Fakten des Adoptivkindes und seiner Herkunft heute als selbstverständlich. Die Aufklärung des Kindes hat mit der rechtlichen Basis der Inkognito-Adoption nichts zu tun.

Heinrich, der seinen »vertuschten« Vater nicht kennen durfte, hatte gesagt, er habe das schon immer geahnt, ja, er habe es irgendwie gewusst. Er hatte den Eindruck, mit diesem Mann, der ihm als

Vater präsentiert worden war, nicht verwandt zu sein. Es gab einige Aspekte, in denen sie sich einfach sehr fremd waren, und zwar so fremd, dass er den Eindruck hatte, sie beide könnten nicht zusammengehören.

Das kann natürlich auch eine Falle sein. Söhne lehnen ja oft Eigenschaften der Väter ab, angeblich besonders jene, die sie an sich selber nicht akzeptieren würden, die sie aber im Ansatz irgendwo auch bei sich feststellen müssen. Über diese Ablehnung ihrer auf den Vater projizierten eigenen Eigenschaften erhoffen sie, sich diese Eigenschaften vom Leib halten zu können.

Im Falle von Heinrich war es aber so, dass er sich wirklich oft gedacht hatte, dass sein vermeintlicher Vater, der in Wirklichkeit sein Stiefvater war, in vieler Hinsicht zu anders sei, als dass er sein Vater hätte sein können. Ihm war, als wären sie schlicht nicht verwandt. Er sagte, dass es für ihn eine große Erleichterung gewesen wäre, wenn er schon früher dazu die entsprechende korrigierende Information bekommen hätte. Er meinte, es wäre für die Entwicklung seiner Persönlichkeit wesentlich gewesen, hätte er diese Intuition der Andersartigkeit des Stiefvaters nicht als falsch beiseiteschieben müssen. Damit aber würde ihm der Zugang zur inneren Sicherheit fehlen, da das, was er in seinem Inneren wusste, von außen als falsch abgestempelt worden war. So wäre sein Inneres selbst als falsch definiert worden, als etwas, worauf man nicht hören dürfe.

Und dennoch muss auch Heinrich sich fragen, ob das nicht alles nur Einbildung ist, die ihm insgeheim genehm ist. Vielleicht konnte er diese Ansicht über seine Entwicklung nur haben, weil er später die Wahrheit erfuhr. Benutzt er dieses Wissen, um Schuldige für seine aktuellen Schwierigkeiten zu finden? Etwas provozierend könnte man ihn einladen, sich auch aus einer anderen Position zu sehen: Wäre sein Leben nicht viel ruhiger und stabiler gewesen, wenn er die Wahrheit nie erfahren hätte? Und ist es nicht vielleicht doch übertrieben, wegen einer möglichen Verunsicherung seiner Selbstwahrnehmung so viel Aufhebens zu machen? Werden wir Menschen nicht ständig verwirrt und verunsichert und müssen damit leben? Und soll man wirklich so weit gehen, es als einen Missbrauch zu bezeichnen, wenn die Selbstwahrnehmung des Menschen nicht ernst genommen wird?

Heinrich hätte hier sicherlich einige Einwände: Es ist ja wirklich keine Kleinigkeit, wenn bei Anzeichen für sexuellen Missbrauch von Kindern zuerst einmal – zum Schutze des Systems, in dem sich der mutmaßlichen Täter befindet – davon ausgegangen wird, dass die Kinder ihre Angaben fantasierten. Da ist man heute, hoffentlich, sensibilisierter.

Nun ist Inkognito-Adoption im Vergleich dazu natürlich ein deutlich weniger dramatisches Ereignis. Aber auch hier besteht die Gefahr der Vertuschung des Problems. Eine Vertuschung, die vielleicht eine andere, wenn auch äußerlich gewiss nicht so schwerwiegende Form des Missbrauchs wehrloser Kinder darstellen kann.

Generell will er natürlich nicht gegen Verdienste von Stief- und Adoptiveltern vorgehen. Warum aber, so könnte er fragen, haben sie es nötig, den Kindern ihre wahre Identität vorzuenthalten? Ist es nicht auch für sie letztlich viel schöner, vom Kind als das anerkannt und gewürdigt zu werden, was sie in Bezug zum Kind tatsächlich sind, statt sich in eine Position zu drängen, die der Realität der Beziehung nicht entspricht? Die Information über die wahre Identität eines Menschen ist sein Grundrecht, daran darf auch nicht zugunsten eigener Sehnsüchte oder einfach einer bequemeren Erziehungssituation gerüttelt werden.

Solange die Dissonanz zwischen der Wirklichkeit der Elternschaft und der vorgegebenen Identität nicht durch eine klare Information aufgehoben ist, kann in der Grundanlage der Psyche eines Menschen etwas aus der Balance geraten, was, anders als im Falle von Heinrich, von ihm selbst meist nicht benannt werden kann. Erst später, wenn die Wahrheit ans Licht kommt, löst sich diese Dissonanz auf und die tatsächliche Bedeutung der biologischen und der sozialen Eltern kann vom betroffenen Kind gewürdigt und eingeordnet werden.

Wegen der starken Tabuisierung dieses Themas gibt es jedoch kaum Untersuchungen zu dieser Frage. Wie sollte man so subtile Vorgänge auch erfassen können? Im Wesentlichen sind wir wohl noch auf die sorgfältige Analyse einzelner Schicksale angewiesen, von denen es jedoch sehr viele gibt.

Im Zwiegespräch mit Gerda

Walter war damals etwas über 21, Gerda fast 26, informell verlobt mit einem anderen. Der »Verlobte«, der seit mehr als einem Jahr beruflich verreist war, hatte sie wohl im Unklaren darüber gelassen, wie es mit ihrer Beziehung weitergehen würde. Und so war Walter allmählich zum Zuge gekommen.

Einmal fragte sie, was er wohl machen würde, wenn der andere zurückkäme, um sie, wie vereinbart, zu heiraten. Walter ging darüber scheinbar locker hinweg und flachste, dass sie dann wenigstens eine Zeit lang eine schöne Romanze gehabt hätten. Innerlich war es für ihn zu diesem Zeitpunkt jedoch schon viel zu spät, er hatte sich zu weit vorgewagt und heftig in diese fast fünf Jahre ältere Frau verliebt.

Tatsächlich entwickelte sich dann eine zärtliche, erst noch etwas zögerliche, später sicherer werdende Bindung, wenn auch gleichsam auf Abruf.

Einige Monate danach kam es zur Schwangerschaft, die im Grunde beide gewollt hatten. Natürlich gab es ambivalente Gefühle, bei ihr ebenso wie bei ihm, zu viel war von den praktischen Dingen ungeklärt, aber im Grunde begrüßten sie diese Entwicklung. Ihren Lebensunterhalt bestritten sie durch Jobs, dann trieben sie irgendwo ein altes Loch als Mietwohnung auf und begannen, es einzurichten.

Gerda drängte darauf, bald zu heiraten. Doch er zögerte. Sie hat nie darüber gesprochen, ob und wie sehr sie dieses Zögern verletzt hat. Tatsache ist, dass sie in jener Zeit einen »Abschiedsbrief« an ihren früheren Verlobten schrieb, der wohl eher ein Hilferuf gewesen sein muss. Sie begann sich dann unmerklich zurückzuziehen, begründete das mit hormoneller Umstellung und auch damit, dass sie jetzt, wo es ernst wurde, merkte, dass sie sich von dem anderen noch nicht wirklich verabschiedet hatte.

Ihm schwante nichts Gutes, als der frühere Freund plötzlich wieder in die Stadt kam. Zu diesem Zeitpunkt aber war Gerda innerlich wohl schon entschlossen, jede sich bietende Chance für einen Absprung zu nutzen.

Und so geschah es auch. Die beiden einigten sich, das Kind sollte als ehelich angenommen werden. Gerda stellte Walter vor vollendete Tatsachen und verschwand. Von Freunden hörte er dann, dass Gerda den anderen Mann noch vor der Geburt geheiratet habe. Als dann das Kind zur Welt gekommen war, verschwanden sie an das andere Ende der Welt, ohne eine Spur zu hinterlassen.

Der Verlassene, Vater ohne Kind, tobte noch eine Zeit lang rum, belästigte Verwandte und Bekannte, weil er weiß Gott was erzwingen wollte, natürlich erfolglos. Bis er schließlich aufgab. Das Einzige, was er herausfinden konnte, war, dass Gerda einen Sohn bekommen hatte.

Mehr als ein Jahrzehnt später versuchte Walter, über Gerdas Geschwister und gemeinsame Bekannte die Spur wieder aufzunehmen, eher um festzustellen, ob sie irgendeine Art von Unterstützung brauchte. Diese Anfragen verliefen ergebnislos. Erst jetzt, mehr als zwanzig Jahre danach, tauchten die ersten Hinweise auf, über Samir, den Cousin.

Bei einem weiteren Besuch bei diesem wird Walter klar, dass sich Samir nicht so einfach auf Walters Seite ziehen lassen wird. Leicht ironisch lässt er Walter im Regen stehen:

»Ach, du Armer, wenn ich dich so sprechen höre, zerfließe ich fast vor Mitgefühl. Aber, Spaß beiseite, es ist wohl so, dass den Vätern üblicherweise wenig Mitgefühl entgegengebracht wird, wenn sie stehen gelassen werden. Die haben stark zu sein, können sich bestenfalls damit brüsten, dass sie nicht zu zahlen brauchen und dass ein anderer so blöd war, ihnen diese Aufgabe abgenommen zu haben. Aber das sind natürlich unsensitive Klischees, das ist mir klar. Es gibt aber noch einen anderen Grund, warum ich eher zögere, in das Mitgefühl mit dir einzutauchen. Du stehst mir in dieser ganzen Angelegenheit ein bisschen zu gut, zu edel, zu rein da, so als wolltest du mich als Verbündeten gewinnen.

Leider kann ich Gerda nicht persönlich fragen, wie das damals für sie war. Ich würde ihre Position gerne besser verstehen. Was käme wohl dabei heraus, wenn du dich einmal versuchsweise selbst in die Person von Gerda versetztest, zumindest in der Vorstellung? Wie erscheint ihr Teil in eurem Konflikt, wenn du nicht mehr über sie sprichst, sie also nicht als abwesende dritte Person behandelst, sondern sie selbst sprechen lässt, wenn auch mit deiner Stimme und aus deiner Erinnerung? Ist nicht für deine Lösung der Situation erst einmal wichtig, wie du Gerda erlebt hast und wie du dich an sie erinnerst? Wenn du sie innerlich sprechen hörst, hörst du schließlich ›deine‹ Gerda. Und die ist die erste Barriere, die es zu überwinden gilt. Die reale Gerda ist dann vielleicht heute eine ganz andere Person.«

Walter möchte sich jedoch gar nicht in Gerdas Lage versetzen, weder in die heutige noch in die von damals. Immer wenn er versucht, sich die Perspektive von Gerda anzueignen, reagiert er zuerst einmal mit einem heftigen Widerwillen. Nein, er will sich mit ihr überhaupt nicht identifizieren. Er ist einfach immer noch zu sehr gekränkt, ist sauer auf sie und will das nicht so ohne Weiteres loslassen, ohne dass sie eine Art von Gegenleistung erbringt, eine Sühne leistet oder von sich aus mit einer versöhnlichen Geste auf ihn zu geht. Diese Kränkung lässt sich nicht einfach aufheben. Deshalb fällt es ihm jetzt schwer, in ihre Rolle zu schlüpfen. Aber gut, er ist auch neugierig und versucht es nach einigem Zaudern. Er versucht sich vorzustellen, wie das Leben aus ihrer Sicht aussieht, so als wäre er Gerda, die zu ihm und dem Cousin Samir spricht:

»Ehrlich gesagt, auch ich bin ziemlich sauer darauf, wie du jetzt die damaligen Ereignisse darstellst.« Walters Version von Gerda fällt anfangs wenig überzeugend aus, doch er macht weiter: »Hast du vergessen, dass ich dich von Anfang an, in allen Stadien unserer Beziehung, immer wieder davor gewarnt habe, dass ich jemand anderem versprochen war und auch entschlossen war, dieses Versprechen zu halten? Hast du vergessen, wie sehr du mich umworben hast und meine Warnungen in den Wind geschlagen hast? In gewisser Weise war das die erste Missachtung, derer du dich mir gegenüber schuldig gemacht hast.

Gewiss, ich habe es genossen, wieder begehrt zu werden. Schließlich war ich sehr verletzt dadurch, dass mein Verlobter untergetaucht war und mich im Unklaren ließ, ob er eine andere Frau gefunden hat, ob er mich verlässt, ob er die Beziehung noch einmal aufnimmt. Ja, ich war verunsichert, aber ich war ihm im Wort und wollte nichts Neues anfangen, bevor die alte Sache nicht wirklich geklärt war. Du hast dich darüber einfach hinweggesetzt, so als wäre das, was ich dir sage, nicht maßgebend, als könntest du dich über mich einfach hinwegbegeben, über mich bestimmen. Ich finde, dass du meine damalige Verzweiflung und Verwirrung ausgenutzt hast.«

Walter, jetzt ganz gut eingetaucht in die Vorstellung, wie Gerda sprechen würde, legt noch etwas mehr Energie in »ihre« Attacke:

»Gut, ich akzeptiere, dass die Zeiten damals noch etwas anders waren, auch warst du deutlich jünger. Aber heißt das, dass du nicht verantwortlich bist für dein Handeln? Du hast dir praktisch das Recht herausgenommen, ›volle Kraft voraus‹ zu gehen, und mir die Aufgabe übertragen, dich zu bremsen. Nur weil ich etwas älter und etwas erfahrener war, brauchtest du nicht in dieses elende Stereotyp der »Männerrolle« fallen, wonach der Mann fordern darf und die Frau abwehren muss. Auch ich war bald verliebt und wollte dich nicht mehr verlieren. Aber im Hintergrund schwelte die offene Beziehung zu meinem Verlobten. Du hast mir vorgespielt, du würdest das auf die leichte Schulter nehmen. Aber du wusstest, dass ich von

Anfang an darauf eingestellt war, den anderen Mann zu heiraten und, so er es will, bei ihm zu bleiben.

Sicher war es unter diesen Umständen ein Fehler, dass ich mich so weit auf dich eingelassen habe, dass es aber überhaupt dazu kam, daran hattest du wohl auch beträchtlichen Anteil. Es war für mich wie ein lang gezogener schöner Seitensprung, und ich gebe zu, dass ich in dieser Zeit herzlich wenig an meinen Verlobten dachte. Eher begann ich, Pläne für eine gemeinsame Zukunft mit dir zu schmieden. Die unvollständige Ausbildung, die finanzielle Lage und auch der Altersunterschied hatten uns anfangs schon Schwierigkeiten bereitet. Aber ich hätte mir gut vorstellen können, mit dir zusammenzubleiben.

In dieser Zeit passierte folgerichtig die Schwangerschaft. Auch ich glaube, dass wir sie beide wollten, wenn auch aus verschiedenen Gründen. Du wolltest mich dadurch an dich binden, unsere ›auf Abruf‹ angelegte Beziehung stabilisieren. Das war die zweite Missachtung. Ich begann mich an dich zu gewöhnen, ganz gerne sogar, und vielleicht hatte ich auch irgendwo im Sinn, auf diese Weise Fakten zu schaffen. Die Ablösung von meinem Verlobten erschien dann als quasi von außen aufgezwungen und unvermeidlich. Ich sparte es mir, ihm ein Nein schreiben zu müssen.

Es war unfair, dass du mir die ganze Last der Ambivalenz zu tragen gabst, während du dich wie ein verträumter Junge gebärdetest. Ich versuchte dich wachzurütteln, indem ich verlangte, rasch zu heiraten. Wenn du die Bedingung für eine Familie geschaffen hättest, ich wäre dir eine gute Ehefrau gewesen. Und ich drohte dir: ›Wenn du noch länger zuwartest, wer weiß, wie das Ganze dann ausgeht.‹«

Walter, »ganz« Gerda geworden, spricht nun mit gekränktem Tonfall in der Stimme weiter:

»Du hast darauf verletzt reagiert, ziemlich trotzig und meintest, du könntest schon so lange warten, bis ich sicher wüsste, wo ich hingehöre. Du meintest auch, du wolltest nicht ein Leben lang mit einer

Frau verheiratet sein, nur weil du schnell Ja sagst, sie aber letztlich einem anderen nachweint. Was für ein schäbiger Schmarrn! So als wäre Liebe eine Frage der Gefühle!«

Und noch heftiger werdend, Walter jetzt ganz in seinem Bild von Gerda aufgehend:

»Du kennst den Unterschied nicht zwischen Verliebtheit und Liebe! Wusstest du wirklich nicht, dass Liebe einen Akt bewusster Entscheidung voraussetzt und sie dann erst erarbeitet werden muss? Als etwas, das der Mensch zu tun hat, das er durch sein Handeln und manchmal in leidvollem Annehmen der Schattenseiten des Partners allmählich stiftet? Menschen, die auf Gefühle der Liebe warten, um aus diesen heraus eine Basis zum Handeln zu bekommen, befinden sich auf dem Holzweg. Liebe ist etwas, wozu du dich zu entscheiden hast. Und an dem Punkt, mein Lieber, hast du versagt. Du hast gezögert, hast gezaudert, hast dich mächtig gefühlt, wissend, dass ich dir mit der Schwangerschaft wohl nicht so ohne Weiteres davonlaufen kann.

Du hast dich getäuscht! Und wie! Dein Zögern hat mich wahnsinnig verletzt, und damals beschloss ich, das mit mir nicht machen zu lassen. Egal, wie hoch der Preis war.

Denn das waren nicht die Bedingungen, unter denen ich bereit gewesen wäre, eine Ehe einzugehen. Die Wurzel allen Unheils ist der, der sich nicht entscheidet. War das nicht einer deiner gescheiten Sprüche, die du damals so locker von dir gegeben hast? In diesem Sinne bist du verantwortlich für alles, was danach kam. Ich habe gehandelt, so gut und so richtig ich das in diesen Wochen der Kränkung und der Verzweiflung eben konnte.

Als Erstes schrieb ich meinem Verlobten einen Brief, der auch wirklich als Abschiedsbrief gedacht war. Ich habe auch die eine oder andere Notlüge über den wahren Ablauf unserer Beziehung eingeflochten. Das gestehe ich mir in dieser Lage zu. Daraufhin ist er zurückgekehrt, hat mir einen Heiratsantrag gemacht, aber die Bedingung gestellt, dass ich dich nicht mehr sehen darf und dass das Kind als sein eheliches Kind in unserer Familie aufwächst. Niemand sollte erfahren, wer der richtige Vater ist.

Ich habe ihm dies alles zugesichert und dabei auf deine Wünsche und deine Gefühle keine Rücksicht mehr genommen. Und dass du es weißt, dich zu verlassen fiel mir ausgesprochen leicht. Du warst mir von da an gleichgültig, innerlich wünschte ich dir alles Gute für deinen Lebensweg, aber zu tun haben wollte ich mit dir nichts mehr. Dann habe ich ihn geheiratet, unsere Spuren verwischt, alle Brücken abgebrochen, die Verwandten auf Stillschweigen eingeschworen, und bald darauf sind wir auf Nimmerwiedersehen verschwunden.«

»Wow!«, sagt Samir, »So könnte Gerda sprechen? Was willst du der entgegnen? Kein Wunder, dass dir buchstäblich die Luft ausgeht, wenn du so eine Attacke mit dir herumschleppst! Die Frau ist klar und voller Energie. Mach' weiter.« Aber Walter reicht dieser gespielte innere Dialog, dieser Rollenwechsel jetzt. Er hat zur Genüge erfahren, wie sie die Dinge sieht. Würde er noch länger so weitermachen, läuft er Gefahr und wechselt tatsächlich noch die Fronten. Obwohl es ja nur seine, in sich selbst produzierte innere Stimme von Gerda ist und nicht die der wirklichen Gerda, die da spricht, hat sie immer noch unheimlich viel Kraft. Eine wirklich sehr entschlossene und pointiert vorgebrachte Version ihrer Position, wenn auch aus Walters Sicht.

Auch Samir war aufgefallen, dass Walters Sprache und Diktion viel kräftiger und bestimmter wurden, als er gleichsam in die Haut seiner Ehemaligen schlüpfte. So als hätte seine Position des verlassenen Opfer-Vaters nicht die Vitalität, die sie als die entschlossen handelnde Frau entwickeln konnte. Walter hat da deutlich weniger Substanz auf die Waagschale zu legen.

Die »Täter«, wenn man sie als Handelnde so bezeichnen darf, haben in der Erinnerung derer, die überrollt werden, stets die stärkere Position. Sie sind es, die den inneren, gedanklichen Diskurs in der Psyche der »Opfer« dominieren und deren Seite schwach und unterlegen erscheinen lassen. Und so fühlt sich der Teil des Selbst auch an, der sich als »Opfer« fühlt. Und Walter fühlt sich als »Opfer«, eine Rolle, in der er kraft- und saftlos ist.

»Opfer« zu sein ist zwar eine verhältnismäßig bequeme Position, denn er ist offiziell der Bedauernswerte, der zudem keine Verantwortung übernehmen musste und auch keine Arbeit mit dem Kind hatte. Aber dennoch ist etwas an dieser Position nicht ganz sauber.

Walter meint, er konnte den Teil, den er zu verantworten hätte, noch nicht wirklich zum Ausdruck bringen. Samir schlägt vor, er solle Gerda nun im »direkten« Gespräch seine Sichtweise erklären. Samir, der Bauer, er, der weder Zeitdruck noch Existenzangst zu kennen scheint, hockt auf seinem frisch gehackten Holz und genießt das sonderbare Geschehen insgeheim. Walter gibt sich einen Ruck und legt los, wenn auch deutlich zögerlicher als zuvor, als er seine Version von Gerda zum Besten gegeben hat:

»Ja, es ist richtig, so sicher, wie ich mich dir gegenüber gab, war ich nach Bekanntwerden der Schwangerschaft natürlich nicht. War ich vorher verliebt und übermütig, so wurde ich dann nachdenklich und zögerlich, wälzte immer wieder andere Lösungswege in meinem Kopf. So begann ich meinen Zweifel zu schüren, ob es mit uns auf Dauer wirklich gut gehen kann. Aus dem in der Gegenwart lebenden Jungen wurde plötzlich ein voraus denkender, Probleme wälzender angehender Vater.

Plötzlich ging mir alles zu schnell, ich war einfach noch nicht in der Lebenslage, um wirklich ans Heiraten zu denken, wollte mich schließlich doch noch der Verantwortung entziehen. Tief drinnen war mir schon klar, dass ich dich wirklich sehr gerne habe, aber musste ich deshalb sofort heiraten? Ich erinnere mich, manchmal daran gedacht zu haben, wie das wäre, wenn der andere zurückkäme und dich mitnäme. Manchmal schien mir der Gedanke grausam, manchmal aber auch recht verlockend. Meine Probleme wären, so dachte ich, mit einem Schlag gelöst. Ich könnte wieder »Jüngling« sein.

Auch vermute ich, dass die Sache zwischen uns beiden sehr mühsam geworden wäre. Deine Kraft war noch nicht frei, um unsere Beziehung wirklich durchzustehen und auszubauen. Erst wenn der Abschied von dem Ersten vollzogen und innerlich auch verarbeitet worden wäre, hättest du wirklich Platz für uns gehabt. Wir hatten ein zwar angenehmes, aber ebenso schlampiges Verhältnis im wahrsten Sinne des Wortes. Die Bedingungen unserer Begegnung waren nicht klar, wir sind beide Unschärfen eingegangen, die sich gerächt haben. Wir haben mit dem Leben gespielt.

Solange das ohne Folgen blieb, ging es ganz gut. Dann aber platzte diese Konstruktion.

Schade, dass wir als junge Menschen so wenig von der Liebe verstanden, wir glaubten Gesetzmäßigkeiten, die ihren Tribut verlangen, missachten zu können. Später kostet das dann bitteres Lehrgeld. Eine dieser Gesetzmäßigkeiten scheint zu sein, dass eine neue Liebe nicht wirklich mit Aussicht auf Bestand gestartet werden kann, wenn die Loslösung von der alten nicht abgeschlossen und gut verarbeitet ist.

Diese Loslösung wird vermutlich nicht erreicht, indem man sich in ein neues Abenteuer stürzt. So ein Abenteuer leistet bestenfalls den Abbruch, aber kaum den Abschied von einer unerfüllten Liebe, die seelisch unerledigt, d.h. irgendwo offen bleibt. Kann sie nur als Ganzes verdrängt werden? Sobald die Entscheidung dann wirklich gefallen, der alte Schaden irreparabel ist, zeigt sich erst dann die wahre Schwäche der neuen Beziehung? Fehlt ihr dann die Kraft, um die Unbilden einer lebenslangen Partnerschaft tragen zu können? Ist ihr Ende schon in der Anlage vorgezeichnet?

Vielleicht habe ich das damals auch für uns geahnt. Es stimmt, ich war ambivalent, zur Ambivalenz gehört aber auch, dass neben dem Nein eine ebenso starke Tendenz zum Ja da ist.«

Walter macht eine Pause, die Samir nutzt, um ins Haus zu gehen. Als Samir mit zwei großen Tassen Kaffee wiederkommt, fährt Walter in seinem als Dialog getarntem Monolog fort:

»Im Grunde meines Herzens habe ich mich dir zugehörig gefühlt, war – unabhängig von den praktischen Schwierigkeiten und den diversen Klischees, die sich querlegten – recht glücklich. Ich war frei für dich, du nicht für mich, das war mein und unseres Kindes Pech. Deshalb war ich damals, als du dann wirklich gingst, zuerst einmal bodenlos verzweifelt.

Natürlich ist da auch noch der gekränkte männliche Stolz, ein archaischer Selbstvorwurf, nicht in der Lage zu sein, eine geschwängerte Frau zu verteidigen und gegen den Raub durch einen Rivalen zu schützen.

Aber darunter breitete sich eine große Einsamkeit und Verzweiflung aus, eher das Gefühl eines verlassenen Kindes. So, als wäre nicht nur die zukünftige Frau, sondern auch die Mutter untreu geworden, als hätte die Mutter sich einem überlegenen Rivalen, einer Vaterperson, zugewandt und wäre mit einem neuen Baby verschwunden.

Gut, das ist die Sache zwischen uns. Ich glaube, dass damals vieles wirklich nicht erledigt war. Und dass deine dann folgende Kette von einsamen und harten Entscheidungen erst recht nicht zu einer Lösung beigetragen hat. Dass du mich aber dann als Vater des Kindes so vollkommen abschaffst, das eröffnet ein neues Kapitel. Das sieht für mich eher so aus, als wäre das eine späte Rache für die Kränkung, dass ich dich nicht gleich geheiratet habe. Die hermetische Versiegelung deiner Ehe und der hundertprozentige Ausschluss von meiner Vaterschaft waren die Fortsetzung unseres Machtkampfes, eines Schlagabtausches, der, so ist zu befürchten, wohl noch nicht zu Ende ist.«

Während Walter so zur imaginären Gerda spricht, fühlt er sich etwas weniger als Opfer. Was er sagt, klingt auch nüchterner, fast versöhnlich. Aber was will er denn eigentlich, wozu braucht er wirklich den Kontakt zu dem unbekannten, erwachsenen Sohn, und wozu braucht er dabei die Mitarbeit von Gerda?

Seine Wünsche und seine innere Haltung dazu sind nicht konstant. Da ist einmal der Wunsch, dem Sohn zu begegnen, zu wissen, wie er ist, und vielleicht auch mit ihm über die Bedingungen seiner Entstehung zu sprechen. Dann aber kommt, wie in einem Vexierbild, das Bedürfnis wieder in den Vordergrund, den Kontakt mit Gerda zu klären. Es ist, als würde sich diese unerledigte Sache wie ein Schleier über die sich Bahn brechende Beziehung zum Sohn legen, dadurch die Entstehung dieser Beziehung immer wieder behindern.

Indem Gerda die Beziehung durch Abbruch offenließ, blockiert sie die Verbindung zum Sohn. Was natürlich in ihrem Interesse ist, denn sie will ihrem Kind eine Familie bieten, die keine Schrammen hat. Vermutlich müsste erst die Beziehung der leiblichen Eltern geklärt werden, bevor Walters Beziehung zum Sohn in Gang kommen kann. Die Ambivalenz und so gar nicht ritterliche Haltung des damals blutjungen Vaters zu der Schwangerschaft ist eine Sache; der radikale Schnitt, mit dem Gerda seine Vaterschaft eliminierte, ist eine andere.

Durch die Existenz des Kindes kommt ein völlig neuer Aspekt hinzu, der dieser Beziehung gleichsam nachträglich noch eine Vitalität verleiht, die der Partnerschaft allein nicht entsprechen dürfte.

Kann es sein, dass durch die Geburt eines Kindes wirklich eine völlig neue reale Dimension dazukommt, durch die eine existenzielle Verbindung prinzipiell geknüpft wird, auch wenn die üblichen sozialen und emotionalen Aspekte der Beziehung durch die Trennung und Verleugnung der Vaterschaft nicht zur Entfaltung kommen konnten?

Es wäre vermutlich interessant zu klären, ob diese existenzielle Dimension auch beziehungswirksam ist, wenn keine emotionale Bindung durch vergangene Begegnungen aufgebaut werden konnte. Anders formuliert: Bekommt das Kind etwas davon mit, was in Walters Leben, in seinen Gefühlen stattfindet? Hört er den Ruf, spürt er das Suchen seines Vaters auf irgendeiner Ebene seines Wesens?

Die Heftigkeit der Gefühle, die jetzt auftreten, und der starke Drang, sich auf die Suche zu machen, stellen sich so dar, als müsste Walter in der Vorstellung die Ereignisse einer sozialen Vaterschaft nachholen. Vielleicht muss das bis hin zu dem Punkt der Wiederloslösung der Bindung erfolgen. Dann könnte eine tatsächliche Begegnung mit dem mittlerweile ja bereits erwachsenen Sohn stattfinden, wirklich frei von indirekten, unerledigten Auseinandersetzungen mit Dritten, in diesem Falle mit Gerda und ihrem Mann.

Die Beziehung zu Gerda wurde für ihn durch die Existenz des Kindes gewissermaßen in Abwesenheit vertieft, obwohl sie eine scharfe Trennung gezogen hatte. Klingt paradox, aber bedeutet, dass eine Bindung, auch ohne gelebte Beziehung, durch ihren Abbruch vertieft werden kann.

Das würde von Gerda wohl kaum anerkannt werden, eine gemeinsame Lösung bei der Information des Kindes würde also eher vergeblich angestrebt werden. Und wenn sich Gerda auch jetzt, da der Sohn bereits erwachsen ist, weiterhin weigert, dürfte ihm der Alleingang wohl kaum erspart bleiben. Auf Gerdas Alleingang damals würde er jetzt mit seinem antworten müssen? Ein Rückzug scheint nicht mehr möglich. Sieht es so aus, als würde ihm, nach einer Phase intensiver innerer Beschäftigung, in der die Existenz des Kindes sich erst eine psychische Wirklichkeit schaffen muss, eine Phase der realen Beziehungsaufnahme bevorstehen?

Vorläufig weiß Walter aber noch immer nicht genau, wo sich die »gegnerische« Familie überhaupt befindet, ob der Sohn überhaupt noch lebt, welchen Beruf er erlernt hat, ja, er weiß nicht einmal seinen Vornamen. Er weiß, dass es sich um einen Sohn handelt und wann er geboren wurde, das ist alles. Mehr war damals von Gerda nicht zu erfahren. Ihre Härte im Umgang mit der Informationssperre, diese Unnachgiebigkeit im Ausschluss lässt in ihm heute noch Bitterkeit hochkommen. So richtig erklären kann er sich das bei dem, was vorher zwischen ihnen war, nicht. Hat diese Feindschaft bei aller Härte und Konsequenz nicht doch auch etwas Festhaltendes, das wirkliche Lösung verhindern soll? Eine Art Bindungssicherung durch Pseudofeindschaft, wie sie auch bei Scheidungspaaren häufig entsteht?

Und ist es nicht eigenartig, dass das Thema für Walter fast exakt zu der Zeit wieder aktuell wird, zu der sein Sohn in etwa das Alter erreicht, das er damals hatte, als er geboren wurde? Von Eltern, die ein Kind weggegeben oder nicht anerkannt haben und sich deswegen dem Kind gegenüber schuldig fühlen, wird gesagt, dass sie später von sich aus den Kontakt nie wieder suchen können. Die Schuldschranke ist zu mächtig. Wenn, dann müsste der Kontakt vom Kind geknüpft werden. In seinem Fall würde das heißen, dass er sich nicht als der Elternteil wahrnimmt, der das Kind abgegeben hatte. Nicht er ist es, der sich schuldig gemacht hat. Er sieht es so, dass ihm das Kind geraubt wurde.

Nun handelt es sich dabei vielleicht um eine eher seltene Konstellation. Viel häufiger ist vermutlich eine Situation, in der sich ein Elternteil um das Schicksal des Kindes nicht mehr kümmert, da er es war, der die Beziehung beendet hat. Den Kindern fällt dann später die extrem schwierige Aufgabe zu, sich auf die Suche nach dem unbekannten Elternteil zu machen.

Das Ringen des Kindes um den Kontakt zum Vater ist eine Facette der nächsten Geschichte von einer Tochter, die sich vom Vater abgelehnt fühlt. Die andere Facette dabei betrifft die Frage, wie der Vater mit der Situation einer ihm völlig unbekannten Tochter umgeht, die er nie kennen wollte. Hatte er Impulse, auf sie zuzugehen? Wann ist man als Vater bereit, den Kontakt herzustellen? Hängt das in der Regel auch von den Umständen der Trennung ab?

Oder hängt es davon ab, wie man sich später die Geschichte dieser Umstände »zurecht«-legt. Ob man sie so hinbiegt, dass man selbst unschuldig erscheint, sich als Opfer der Handlungen der anderen Beteiligten fühlen kann?

Was dabei ist lediglich Spiel von Vorstellungen im Erleben der betroffenen Personen und was ist real wirksame Beziehung jenseits von erlebter Bindung und Vorstellung von Bindung? Wie wirklich ist die erlebte Beziehungswirklichkeit jenseits unserer Vorstellungen und Konstruktionen?

Vaterbild statt Vater

»Ich bin heute eine 34-jährige Frau, lebe alleine, arbeite in einem Sozialberuf.

Das Thema ›Vater‹ ist in meinem Leben ein Dauerbrenner. Nicht immer gleich belastend, aber es ist ständig gegenwärtig.

Meine Mutter war neunzehn, als sie mich zur Welt brachte – meinen Vater hatte sie nur kurz gekannt. Als sie schwanger wurde, wollte sie von ihm nichts mehr wissen – und wohl auch er nichts mehr von ihr. Durch Beschluss des Gerichts wurde er gezwungen, Alimente zu zahlen – für eine Tochter ›wider Willen‹. Ich selbst habe meinen Vater nie gesehen, nur einmal mit ihm telefoniert, wegen eines Stipendiums. Er muss wohl ziemlich bald nach meiner Geburt geheiratet haben, wurde Vater eines Sohnes, der etwa so alt wie mein ältester Bruder aus der späteren Ehe meiner Mutter sein dürfte.

Meine Mutter heiratete, als ich neun war. Sie bekam dann noch vier Kinder, von denen ein Junge starb. Meine Geschwister sind heute zwischen 13 und 23 Jahre alt und mir sehr wichtig. Auch mein ›anderer‹ Bruder wäre mir wichtig. Immer wieder überlegte ich, ob ich die Beziehung zu ihm aufnehmen soll, habe es aber bisher nicht getan. Ich weiß auch nicht, ob er von meiner Existenz etwas ahnt.

Vor der Verheiratung meiner Mutter erhielt ich von ihr kaum Informationen über meinen Vater. Lediglich, dass er blond ist, blaue Augen hat, groß, charmant war – mehr nicht. Sie sprach weder negativ noch positiv von ihm, wahrscheinlich, weil sie selbst auch nicht viel mehr von ihm wusste. Für mich war es ein Glück, dass sie nicht schlecht von ihm gesprochen hat, denn so konnte ich die Vorstellung pflegen, dass er irgendwo lebt und sich mit mir beschäftigt. Solange ich zurückdenken kann, habe ich mir immer gewünscht, irgendwann einmal von ihm zu hören. Ich hoffte, er würde mir einmal zum Geburtstag schreiben oder sonst irgendein Zeichen der Verbundenheit von sich geben. Mein Bild von ihm war schon sehr positiv.«

Sonja, mittlerweile eine selbstständige, wenn auch nicht sonderlich selbstbewusste Frau, die nun schon gut 15 Jahre älter ist als ihre Mutter damals war, zum Zeitpunkt ihrer Geburt, beschäftigt sich innerlich immer noch und fast ständig mit dem unbekannten Vater. Dennoch hat sie kaum jemals Fragen über ihn gestellt. Sie kann sich an eine Szene erinnern – damals war sie etwas über sechs –, als der spätere Mann ihrer Mutter das erste Mal zu ihnen zu Besuch kam. Sie lebten auf einem großen Bauernhof, als Großfamilie, und sie war irgendwo beim Spielen.

Sie kann sich heute noch genau an diese Begebenheit erinnern und schildert sie im Detail: »Dann kam die Oma und sagte, voreilig wie sie war: ›Dein Vater ist da!‹ Ich lief sofort nach Hause. Als ich ihn sah, dachte ich jedoch gleich, dass der nicht mein Vater sein kann. Der hat ja kein Interesse an mir, sondern sieht nur meine Mutter. Wäre er mein »richtiger« Vater, wäre ich es, die ihm am wichtigsten wäre.

Ich war wohl sehr aufgeregt, muss auch unheimlich schnell gerannt sein. Und dann die Enttäuschung, wieder nichts – er war eben wieder nicht da. Mein Vater blieb eine Art Luftblase, ein Gespenst. Zum Glück ein gutes Gespenst. Ich konnte mir weiter ein wohlwollendes Bild von ihm machen, ohne es an der Wirklichkeit meines realen Vaters überprüfen zu müssen.

Innerlich war ich ständig mit ihm beschäftigt. Ich wünschte, die Väter von ledigen Kindern, die zu ihnen keine Kontakte pflegen, wüssten, was in den Kindern praktisch täglich vor sich geht. Sie würden sie nicht so ohne Weiteres ›vergessen‹.«

Äußerlich war Sonjas Kindheit sehr glücklich. Sie wuchs mit ihrer Mutter auf einem großen Hof auf, den ihr Onkel geerbt hatte. Ihr

Urgroßvater lebte noch da, bis sie drei Jahre alt war. Er war, glaubt sie, sehr wichtig für sie, war wohl auch sehr freundlich und hat sich viel um sie gekümmert – im Sinne von aufmerksam sein und doch gewähren lassen. Von ihm hatte sie zum Glück etwas Positives bekommen.

Sonja hatte manchmal das Gefühl, dass ihr Onkel sie etwas misstrauisch anschaute, so als wollte er prüfen, was aus der da jetzt wohl werde, weil man ja schließlich den Vater nicht kannte. Dieses Gefühl hatte sie bei ihrem Opa nicht so sehr und schon gar nicht bei ihrem Urgroßvater.

Sonja erzählt weiter: »Wenn ich unsere damalige Familie vor meinem inneren Auge vorüberziehen lasse, bekomme ich allerdings den Eindruck, dass mein Vater damals gar keinen Platz in dieser Familie gehabt hätte. Die leiblichen Verwandten auf dem Hof standen zueinander in so einem engen Verhältnis, dass ein neuer Erwachsener keine Chance gehabt hätte, partnerschaftlich, also wirklich auf Augenhöhe, wie man heute sagen würde, anerkannt zu werden. Und meine Mutter dachte überhaupt nicht daran, des Mannes wegen vielleicht ihre Eltern und den Hof zu verlassen. Vielleicht hat mein Vater gewittert, dass sie nicht wirklich bereit war, mit ihm eine neue Familie, außerhalb des Bauernstandes, zu gründen.«

So wurde das Mädchen gewissermaßen zum Opfer ihrer noch nicht zur Ablösung von der Familie bereiten Mutter. Als Kleinkind scheint das zuerst noch kein Problem für sie gewesen zu sein, sie war in der verflochtenen Familie gut integriert. Erst später begann sie sich fremder zu fühlen, als die Alten gestorben waren und der Onkel, Bruder der Mutter, Chef auf dem Hof wurde. Sie entwickelte eine Art Sonderstellung, ein Leben wie in einem Niemandsland, stets auf der Hut und es dennoch erwartend, eines Tages vom Hof gejagt zu werden.

Als Sonja dann in die Schule kam, wurde der Eindruck stärker, dass sie anders war als die anderen Kinder. Sie kann nicht genau sagen, in welcher Weise, aber sie fühlte sich eher abgesondert, obwohl sie in dem kleinen Dorf Spielkameraden hatte. Aber wenn sie die Schule betrat, da fühlte sie, dass irgendetwas, nicht genau beschreibbar, aber doch schleichend, anders wurde. Später, als sie fast erwachsen war, hat sie es dann schon als eine Art Urschande empfunden, keine »richtige« Familie zu haben. Das war etwas, was sie von anderen Menschen absolut trennte.

Als Kind hatte sie nur da und dort das Misstrauen der anderen gespürt, auch dass sie anders war; das Gefühl der Schande kam erst später dazu, als sie etwa 20 Jahre alt war. Es war, als wäre sie mitverantwortlich, es hing an ihr fast wie eine körperliche Behinderung. Heute hat sie sich damit einigermaßen arrangiert.

Eine Bruchlandung

Vor einigen Jahren aber gab es eine ziemlich schwierige Zeit, als Studentin hat Sonja sich wieder einmal damit beschäftigt und dann schließlich auch dazu entschlossen, Kontakt mit ihrem Vater aufzunehmen:

»Ich hatte noch zwei Jahre zu studieren, bekam kein Stipendium und musste irgendwie überleben. In dieser Situation schrieb ich meinem Vater. Daraufhin rief er mich an und sagte, er würde mir alles geben, was ich will, aber er möchte dann nichts mehr von mir hören. Telefonate können grausam sein. Wie unter Trance willigte ich in den Kuhhandel ein. Wir einigten uns dann auf eine Summe, die mir den Abschluss des Studiums ermöglichte. Später tat es mir leid, dass ich in dieser Not gleichsam mein Recht verpfändete, an meinen Vater heranzutreten. Es hat mich noch lange beschäftigt, ob ich mich damit abfinden soll, denn schließlich hat er mich ja überrumpelt, als er plötzlich anrief und diesen Handel vorschlug.

Heute bin ich zu dem Schluss gekommen, seinen Wunsch zu respektieren. Gut fühle ich mich damit jedoch gar nicht. Und der Gedanke quält mich, was ich mir denn noch von ihm erwarte. Schließlich kann ich mich jetzt selbst ernähren und bin auf niemanden angewiesen.

Ich dachte mir immer, ich sei ihm sehr ähnlich, auch als ich seine Stimme hörte, dachte ich, wir würden uns sehr gut verstehen. Einmal fuhr ich zum Standesamt und holte mir seine Geburtsurkunde. Das ging völlig problemlos. Ich wollte wissen, wer er ist. Ja, meine Stimme wird zittrig, und ich fühle mich ein bisschen traurig, wenn ich darüber spreche, dass ich gerne mit ihm Kontakt gehabt hätte. Es war nie meine Absicht, ihn finanziell auszunehmen, aber wahrscheinlich war das seine Angst.

Meine Mutter sagte einmal, dass seine Frau sehr eifersüchtig wäre, ihn unter Druck setzen und ihm keinen Kontakt zu mir erlauben würde.

Dadurch war er natürlich wieder sehr elegant entschuldigt, und ich konnte meine Illusionen aufrechterhalten. Meine Mutter hätte gegen einen Kontakt nichts einzuwenden gehabt, auch später nicht, als sie verheiratet war.

Ich habe mich lange damit beschäftigt, weil ich nicht verstehen kann, wieso Väter nichts von ihren Kindern wissen wollen.

Vielleicht hatte er Angst, ich könnte seine Familie zerstören, wenn er sich mit mir abgibt. Aber wie sollte ich denn seine Ehe zerstören? Ich hatte gewiss niemals vor, mich da einzumischen, wollte Rücksicht nehmen, tat das auch damals, als ich ihm versprach, mich nicht mehr zu melden. Darum nehme ich auch keinen Kontakt zu meinem Bruder väterlicherseits auf. Er weiß noch immer nichts von meiner Existenz. Das kränkt mich, tief drinnen, ganz gewaltig. Und ich frage mich, warum ich ihn und seine Familie so sehr schone? Und warum mache ich das auf Kosten meines Lebensgefühls, meines Selbstwertes?

Ich bleibe sein Geheimnis

Vielleicht ist es ja auch ganz gut, denkt sie, etwas Besonderes zu haben. Es macht so viel von ihrer Identität aus, die geprägt ist von ihrer ganz besonderen Art von Beziehung zu ihm: »*Ich bin sein Geheimnis.*«

Allerdings scheint es wohl so zu sein, dass ihr Vater mit ihr erheblich weniger glücklich ist als sie mit ihm. Er weiß vermutlich, dass er mehr hätte handeln müssen, wird deshalb vielleicht Schuldgefühle haben. Seine Angst vor ihr wird sehr wahrscheinlich daher rühren. Die Verachtung, die er für sich selbst hegt, legt er in sie hinein. Sonja kontert in ihrer Fantasie:

»Aber er weiß nicht, wie nett ich bin. Dennoch, das Wissen darum gibt mir irgendwo auch eine heimliche Macht, und ich werde auch ganz energievoll, wenn ich an diese Möglichkeit denke. Auch wenn ich es nicht machen würde: Die Vorstellung, seine Idylle hochgehen zu lassen, erheitert mich, baut mich in einer grimmigen Weise irgendwie auf. Es gibt etwas, bei dem ich auch ein kleines Stückchen Macht habe, auf deren Umsetzung ich zwar verzichte, die ich aber habe. Eine Macht zur Destruktion, die wirksam wird, wenn ich aus seiner Versenkung verschwinde und in sein Leben trete. Es ist wie eine Art Unterpfand: Ich kenne dein Geheimnis, du bist auf meine Kooperation angewiesen, du bist mir dafür Dank schuldig, denn du bist an mir schuldig!«

Gewiss überwiegt die Befürchtung, von ihm zurückgestoßen zu werden, wenn sie in sein Leben treten würde – doch mehr und mehr verliert dieser Gedanke seinen Schrecken. Stattdessen wächst das Bewusstsein, über eine Art statische Macht zu verfügen. Die Macht zu zerstören, liegt in ihrer Hand, auch um den Preis der Selbstzerstörung. Um da einen Schritt weitergehen zu können, müsste sie mit allen anderen innerlich Schluss machen, sich abkoppeln von der Verantwortung für andere und deren Lebenslügen. Es ist, als würde sie eine Art von erweitertem familiären Suizid begehen, einen Amoklauf, bei dem sie selbst auch alles verliert, aber eben nicht wie bisher, nämlich als Einzige, völlig einsam und allein. Doch so weit ist sie nicht, noch nicht.

Sonja stört es sehr, dass ihre Eltern nicht zu ihrer früheren Beziehung stehen. »Es wäre besser, meine Eltern würden anerkennen, dass es sich um eine Katastrophe handelt. Eine Katastrophe, mit der man dann aber offen umgehen kann. Erst Katastrophen öffnen manchmal die Herzen füreinander, aber man müsste dazu stehen. Leider tut das mein Vater nicht, das ist es, was mich kränkt, und zwar im Grunde leider jedes Mal, wenn ich daran denke. Ich will doch nicht, dass er mit meiner Mutter wieder auf ›heile Familie‹ macht, aber es wäre schön, wenn er wenigstens mir in die Augen sehen und dabei zu seinem Teil der Verantwortung stehen könnte. Dann, so stelle ich mir das vor, wäre es auch mir möglich, das alles wohl eher ruhen zu lassen, traurig zwar, aber eben abgeschlossen.«

Was will Sonja noch von ihm?

Es ist ja gar nicht so viel, was sie und wahrscheinlich Millionen Kinder aus unvollständigen Familien oder unehelichen Verhältnissen vom fehlenden Elternteil wollen. Geht es letztlich nur darum, die unbekannte Seite der Vergangenheit, auch die Ahnenreihe, kennenzulernen?

Sonja will auch ein gewisses Stück Anerkennung. ›Ich bin dein Vater, und du bist mein erstes Kind.‹ Dazu soll er stehen. Und aus irgendeinem Grund, den sie nicht kennt, über den er nicht spricht, kann er das nicht. Das tut ihr weh, immer wieder.

Sie brauchte sehr lange, bis ihr klar bewusst wurde, dass er nicht dazu steht. Davor lebte sie wie in einer Seifenblase, hatte die Illusion, dass er irgendwann schon kommen würde. Als die Illusion dann zu Ende ging, war sie erst einmal in einem schlimmen Zustand. Dann sind die Fragen aufgetaucht. Sie fand ihn feige, dachte auch, dass es nicht besonders schön sei, von jemandem abzustammen, der so feige ist. Sie mag seine Feigheit nicht, fragte sich bange, ob sie diese Eigenschaft vielleicht doch auch von ihm geerbt hat? Vielleicht wäre das ein Punkt, an dem sie den Kontakt knüpfen könnte, eine gemeinsame Schwäche?

»Ich möchte auch wissen, wie er aufgewachsen ist und aus welcher Familie er kommt, möchte etwas über seine Eltern, Geschwister, Großeltern und sonstige Verwandte wissen. Ich stelle mir vor, dass wir uns alle gut verstehen. Ich brauche nicht wirklich etwas von seiner Ehe zu wissen. Oder vielleicht doch? Ich zensiere mich schon wieder, mache mich klein, hoffe, eher Zugang zu ihm zu finden, indem ich keine Ansprüche stelle. Die alte Geschichte. Wahr ist, dass ich auch gerne wissen würde, ob es zwischen mir und meinem Bruder Ähnlichkeiten gibt.«

Über allem aber steht für Sonja, dass sie anerkannt sein möchte. Dieser Wunsch durchdringt alle anderen Gedanken, Fantasien und Gefühle über den Vater und seine Familie. Ohne diese Anerkennung bliebe alles andere schal.

Auch der Wunsch, dass sie gerne jemanden treffen würde, der ihr ähnlich ist. Sie hat die Vorstellung, dass ihr Vater ihr ähnlicher ist als ihre Mutter. Vielleicht geht dieses grundsätzlich positive Gefühl ihm gegenüber auf ihren Urgroßvater zurück, der starb, als sie drei Jahre alt war:

»Es gibt da irgendwo einen, körperlich zwar nicht mehr vorhandenen, väterlichen Mann, der mich sehr gern hat, der da irgendwo, vielleicht im Himmel, sitzt und mich von da aus beschützt. Das vermischt sich mit der Vorstellung von meinem Vater, ich kann es nicht mehr trennen. Vielleicht profitiert der reale Vater davon, dass dieser Urgroßvater da war, ohne dass er dazu selber jemals etwas beigetragen hätte. Im Gegenteil.

Dieses positive Bild gefährde ich möglicherweise, wenn ich hier nachbohre, indem ich versuche, den Kontakt zwischen uns zu erzwingen«

Es war ein schwerer Weg, bis Sonja es akzeptieren konnte, dass der Vater an einem Kontakt mit ihr nicht interessiert ist. Als Kind träumte sie manchmal, dass er durch blöde Umstände von ihr getrennt ist und sie eines Tages wieder zusammenkommen.

Sie fühlte sich mit ihm immer verbunden. Erst später musste sie erkennen, dass das wohl immer nur eine Illusion war, mit der sie ihr Selbst als liebenswert retten wollte. Die Illusion, obwohl von ihm getrennt, irgendwie immer verbunden und nur im Moment eben nicht zusammen zu sein, verschaffte ihr wenigstens phasenweise ein positives Selbstwertgefühl. Und wenn die Zeit der Trennung vorbei ist, so hoffte sie, dann wird er eben wiederkommen:

»Dass er sich nach mir sehnt, das habe ich selbst damals nicht zu denken gewagt. In der Großfamilie, in der ich aufgewachsen bin, gab es keinen Mangel an vaterähnlichen Personen, die auch in gewisser Weise Vaterstelle eingenommen haben. Dennoch gab es nie einen Zweifel daran, dass keiner von denen mein Vater *war*. Man hat nie versucht, mir einen falschen als Vater vorzusetzen. Mein Urgroßvater ist zwar von allen ›Vater‹ genannt worden, aber das war eher ein Ehrentitel, der Vater von allen, ›da Vota‹.«

Der Stiefvater

»Meine Oma und meine Mutter wünschten manchmal: ›Sag doch Papa zum Mann deiner Mutter.‹ Aber es war stets völlig klar, dass er das nicht war.

Als sie heirateten, wurde es für mich kritisch, denn wir zogen um. Offensichtlich war meine Mutter jetzt in der Lage, sich von ihrem Elternhaus zu lösen. Damals habe ich viel verloren, auch die ganze große Familie, ein wirklich sehr einschneidendes Datum; ich war gerade neun Jahre alt: Verlust der Freunde, der anderen täglichen Familienbeziehungen und schließlich auch des Namens. Ich wurde nicht gefragt, ob ich den Namen haben wollte. So wie mich meine

Mutter auch nicht fragte, ob ich mit ihrer Heirat einverstanden war. Sie hat einfach geheiratet, und sie fand es richtiger, dass ich denselben Nachnamen bekam.«

Sonjas Mutter und der neue Stiefvater setzten Fakten, die ihr Leben einschneidend veränderten und über die sie keine Kontrolle hatte. Das gab ihr schon am Anfang der Beziehung zum Stiefvater das Gefühl, ein Anhängsel zu sein, mit dem eben so zu verfahren ist, dass möglichst wenig Reibung entsteht. Mit dem Stiefvater gab es dann dennoch, trotz der Versuche, einander aus dem Weg zu gehen, immer wieder Spannungen. Sie spürte einfach, dass er an ihr nicht interessiert war. Als Kind konnte sie sich nicht wirklich äußern, aber sie fühlte sehr deutlich, dass dieser Wechsel für sie eine erhebliche Verschlechterung brachte und dass sie auch den neuen Namen nicht wollte.

Kinder können sich in solchen Situationen vermutlich nur äußern, wenn sie vorher und während des Konfliktes als Person ernst genommen und unterstützt werden. Die Äußerung konflikthafter Bedürfnisse und Gefühle ist in so einem unausgewogenen Familiensystem unglaublich riskant und macht sehr verletzlich, besonders, wenn zu der Person, mit der man einen Konflikt hat, ein Abhängigkeitsverhältnis besteht. Wenn ein Kind die Erfahrung gemacht hat, dass sein Erleben willkommen ist, dass es die Wahrheit wirklich sagen kann, auch wenn sie den anderen so nicht gefällt, dann bleibt es frei im Ausdruck. Das ist in vielen Familien leider nicht die Regel, da wird den Kindern eher eine bequeme Lösung als Wahrheit schmackhaft gemacht und Druck erzeugt, sich dieser Wahrheit anzupassen. Freiheit ist oft zu umständlich für die mächtigen anderen.

Zum Glück gab es keine erotischen Schwierigkeiten. Gerade die Position einer vor der Pubertät stehenden Stieftochter ist in den Familien manchmal auch sexuell richtig brisant. Da war aber nichts, sagt Sonja: »Wir sind uns auch in dieser Hinsicht ganz bewusst aus dem Weg gegangen. Zwar wurde nie darüber gesprochen, aber sowohl ich als auch der Stiefvater haben uns diesbezüglich schon im

Vorfeld gemieden. Meine Mutter hat auch sehr konsequent auf die Wahrung der Grenzen geachtet. Sie hat sich bei mir auch nie über ihren Mann beklagt, mich nie in einen Pakt mit ihr gegen den Stiefvater hineingezogen, wenn sie in Schwierigkeiten war.

Dennoch, ich weiß, dass ihr Mann sehr viel gewalttätiger ist, als sie es geahnt hatte, und ich bin ausgezogen, sobald es irgendwie ging, mit sechzehn. Das hat meine Mutter nicht verstanden, aber ich habe schon gewusst, warum. Mehr will ich hier dazu jetzt nicht äußern.«

Ein Opfer von Eifersucht?

Sonja hatte eine sehr prägnante Position in der Reihe ihrer Geschwister. Sie ist die älteste Enkelin ihrer Oma, der Mutter ihrer Mutter. Die hat das auch manchmal betont. Das war Sonja auch stets sehr wichtig, so ohne Bedingungen anerkannt zu werden. Leider hat das vonseiten der Verwandtschaft ihres leiblichen Vaters nicht so geklappt. Und deshalb denkt sie manchmal auch, er, ihr leiblicher, ihr »echter« Vater, würde ihre Existenz am liebsten verleugnen, sie, wenn auch nicht physisch, so doch systemisch einfach ausradieren. Das ist bitter. Es gibt Zeiten, wo ihr das heute noch wirklich wehtut.

Jedes Zeichen ihrer Existenz, das dem Vater da aus der Vergangenheit zuweilen entgegenkommt, macht ihm vermutlich Angst- und Schuldgefühle. Hinsichtlich seiner Versäumnisse Sonja und ihrer Mutter gegenüber und auch hinsichtlich seiner Frau, die ihn gerne ohne »Vergangenheit« hätte. Es kommt ja öfters vor, dass Frauen, die in der Paarbeziehung zeitlich nachgeordnet sind, sich gegen die Anerkennung einer früheren Liebe des Mannes auflehnen. Das geschieht selbst dann, wenn sie sich in einer offiziell geschlossenen Beziehung, also einer Ehe befinden und mit dem Mann Kinder haben. Sie wollen oder können es trotzdem nicht respektieren und würdigen, dass er vorher eine andere Beziehung hatte, die auch zu einem Kind führte. Das Bedürfnis, die einzige wichtige Person im

64

Leben des Mannes zu sein, ist bedroht, wenn der Mann zu seinen früheren Beziehungen, zu einer früheren Liebe stehen würde.

Die Welt des Vaters muss für Sonja somit im Bereich der Fantasie liegen. Wenn Sie auf der Straße stünde, könnte sie nicht zu ihm hingehen, seine Welt ist für sie nicht zugänglich. Aber das Wissen, dass sie existiert, beruhigt sie dennoch. Wie paradox!

Sie meint, sie kann nicht hingehen, seine Welt könnte nur zu ihr kommen. Und sie kommt eben nicht, womit sie sich wohl abfinden muss. Das ist so. Schließlich will sie sich auch auf keinen Fall aufdrängen, um dann am Ende noch einmal eine Abfuhr zu erleben. So als gäbe es nach der Abfuhr kein Morgen mehr. Warum eigentlich? Was hält Sonja davon ab, den Kontakt auf eigene Faust herzustellen und dann einfach nicht locker zu lassen? Und sei es bis zum bitteren Ende? Was fürchtet sie zu verlieren? Die Möglichkeit, dass sich ihr Vater bei Wohlverhalten ihrerseits sich eines Tages erbarmt und sich ihr zuwendet? Verzweifelte kindliche Hoffnung im Wesen einer erwachsenen Frau. Sonja sieht sich in ihrer Lage noch als zu schwach, um den Kontakt zu erzwingen, um die öffentliche, weithin sichtbare Anerkennung der realen Tochter-Vater-Beziehung einzufordern:

»Sicher, vielleicht bin ich da auch feige. Ich bin noch nicht stark genug, mir das Recht auch einzufordern, von ihm als seine Tochter akzeptiert zu werden. Und es ist ein Unrecht, wenn er es mir verwehrt. Ich habe einen existenziellen Grundanspruch auf das Herstellen der Verbindung zu ihm und meinen Vorfahren. Auch wenn gewisse Umstände im Leben des Vaters schwierig sind, ist er nicht in der Position, mir das zu verwehren. Das kann ich jetzt zwar denken, aber die innere Gewissheit, das Gefühl der Sicherheit, steht mir noch nicht zur Verfügung. Hätte ich es, würde ich hingehen und an seiner Haustür klingeln: ›Guten Abend, ich bin Ihre Tochter.‹ Wie finde ich Zugang zu dieser Sicherheit? Ich denke einfach ständig daran, dass er dem zustimmen müsste, dass ich ihn besuche. Und hier drehen sich meine Gedanken im Kreise. Ich denke, ich muss brav sein, dann wird er zustimmen. Doch wenn ich brav bin, handle ich nicht eigenverantwortlich und trete auf der Stelle. Denn er bewegt sich nicht auf mich zu. Er scheint da auch zu feige oder bequem zu sein.«

Und eines Tages hörte ich auf zu warten

Ist es wirklich besser, man hat wenigstens eine Illusion als gar keinen positiven Anhaltspunkt?

Ist es überhaupt noch wichtig, ihm real zu begegnen? Irgendwann kam der Punkt, wo Sonja nicht mehr auf ihn gewartet hat.

Doch die ständige Präsenz dieses Themas ist schon ein Hinweis darauf, dass ein gehöriger Teil von Sonjas seelischer Kraft täglich von diesem offenen Problem absorbiert wird. Was bräuchte sie eigentlich, um in dieser Sache wirklich zur Ruhe zu kommen, ohne aufzugeben oder sich zu früh zu bescheiden?

Andere Menschen, die ohne diese besondere Konstellation aufwachsen konnten, lassen irgendwann das Thema Eltern in den Hintergrund treten, verabschieden sich von den Eltern und nehmen ihr Leben in die eigenen Hände, leben selbstverantwortlich. Die Eltern können praktisch in ihr eigenes Leben entlassen werden, sind als Eltern in Pension.

Sonja scheint davon noch sehr weit entfernt zu sein. Sie fühlt sich eher schuldig, dass sie an ihre Mutter nicht so viel denkt wie an ihren Vater. Dadurch, dass sie den Lebensbogen nicht mit ihm gehen konnte, ist etwas unerledigt geblieben. Was unerledigt bleibt, drängt immer wieder ins Bewusstsein. So hängt sie paradoxerweise an dem Elternteil, der sie verlassen und vernachlässigt hat, seelisch viel stärker als an dem, der mit ihr gelebt hat. Und zudem will sie die imaginäre Verbindung zu ihm nicht verlieren. Schließlich ist sie ja noch gar nicht richtig zustande gekommen:

»Ich ahne es, wenn ich selber in der Sache weitergehen würde, käme auch die Beziehung zu einem Ende, die jetzt zwar unerledigt, aber irgendwo noch voller Möglichkeiten ist. Wenn ich weitergehe, dann ist es eines Tages einfach aus, und zwar, möglicherweise, katastrophal. Er könnte mich unflätig beschimpfen oder irgend so etwas. Vielleicht aber stellt er sich als ganz gewöhnlicher, desinteressierter, alter Spießbürger heraus, mit dem ich nichts im Sinn habe?«

Und dann der Rückzug auf die eigenen Vorstellungen von Harmonie und heimlicher Verbindung, die nicht durch die vielleicht grausame Realität gestört werden sollen. Immer wieder. Mit dem Ergebnis der Vermeidung des realen Kontaktes und des Sehens dessen, was wirklich dran ist an diesem Phantom.

»Und dennoch, bei all der Idealisierung, die ich für ihn aufbringe, fühle ich mich im Grunde meines Herzens von ihm missbraucht. Wie die meisten Missbrauchten hänge ich zudem in einer fürchterlichen Falle. Ich meine, den Missbraucher irgendwie schonen zu müssen, so als wäre er das Opfer und nicht ich. Mir den Kontakt zu ihm und damit zu meiner vollen Identität zu verwehren, ist ein Missbrauch, meine Notsituation damals am Telefon auszubeuten, war eine Multiplikation dieses Missbrauchs.

Das würde ich ihm gerne ins Gesicht sagen: ›Man darf so mit Menschen ganz allgemein nicht umgehen und schon gar nicht mit seinem leiblichen Kind.‹«

Wenn es Sonja gelingt, ihm das zu sagen, werden sich die vielen subtilen Missbrauchskonstellationen, die in ihrem Leben immer wieder auftreten, zwar nicht auf einen Schlag auflösen, aber immerhin sollten sie besser in flagranti zu erkennen sein. Eine gute Voraussetzung, um sich allmählich, Schritt für Schritt, aus der Fessel der auf den Vater projizierten Selbstabwertung zu befreien:

»Allein jetzt, da ich so bestimmt hier darüber spreche, merke ich eine Veränderung in meiner Haltung und meinem Selbstgefühl. Was habe ich wirklich zu verlieren außer einer Illusion? Ich bräuchte einen Hilfsvater, der mich an der Hand nimmt, zu meinem Vater hinführt und mich stützt, während ich ihn konfrontiere. Paradox, aber weil ich meine, keinen Vater zu haben, kann ich nicht zu meinem real lebenden Vater finden.«

Ist das, was Sonja meint zu brauchen, und das, was sie tatsächlich bräuchte, die Suche nach Anerkennung, identisch? Schwer zu entscheiden. Es gibt hier vermutlich kein Richtig oder Falsch. Entscheidend dürfte sein, ob Sonja – für welchen Weg auch immer zu gehen sie sich entscheidet – die Verantwortung selbst übernimmt. Ob ihr der Abschied vom nie erlebten Vater leichter fällt, nachdem sie ihn gesehen und konfrontiert hat, wer kann es sagen? Sicher, es ist leichter, sich von einem Menschen zu verabschieden, mit dem man eine reale Beziehung erlebt hat. Doch es ist auch möglich, sich von einem Phantom zu trennen. Vielleicht hilft dabei, die Leere, die dieser Abschied im Selbsterleben auslöst, auftreten zu lassen, sich in dieser Leere selbst wahrzunehmen, seine eigene, gegenwärtige, körperlich wahrnehmbare Wirklichkeit zu spüren. Den Puls, die Atmung, die Körperwahrnehmung, das gesamte Gespür vom eigenen Jetzt, jenseits von Identität und Selbstidealen. Selbstakzeptanz im Tief, sich annehmen in der inneren Leere, schafft vielleicht den Raum, der es erlaubt, das Leben des Vaters nüchtern zu sehen, mit seinen Schwächen, seinen Ängsten, seinen Vermeidungen. Wenn Sonja akzeptieren kann, dass sie Wichtiges nicht bekam, dass das, was versäumt wurde, heute nicht mehr zu füllen ist, gibt es nicht nur ein Morgen, sondern vor allem ein Jetzt:

»Ich bin, die ich bin.

Und so ist es gut. Nicht nur, weil ich eine Erwartung erfülle, sondern weil ich dazu Ja sagen kann. Ich bin eben, die ich bin – nicht mehr, aber auch nicht weniger.«

Altlasten durch
unerledigte Bindungen

Was geschieht eigentlich in Liebesbeziehungen, die scheitern, sei es, dass sie einseitig abgebrochen, durch eine Affäre gestört oder durch örtlich bedingte Trennung nicht mehr lebbar werden? Bleibt so eine Liebesbeziehung eigentlich unterschwellig bestehen und kostet es Kraft, sie aus dem bewussten Erleben zu verbannen? Wie eine halb offene, nur oberflächlich verheilte Wunde? Was geschieht emotional, im Denken, in der Gestaltung der Psyche von Menschen, die eine Trennung erleben, ohne dass explizit ein bewusster und gewollter Abschied stattgefunden hat? Ein Abschied, der von beiden Beteiligten wirklich akzeptiert wird?

Ist es so, dass eine derart unerledigte Verbindung allen weiteren Bindungen Kraft raubt? Kann in zukünftigen Beziehungen noch dieselbe Wärme und Begeisterung erlebt werden, noch so viel an Offenheit, Aufrichtigkeit und Herz eingebracht werden wie in die bisherige, unerledigt gebliebene bzw. unglücklich beendete?

Ist die Angst der Frau von Sonjas Vater begründet, wenn sie Sonja nicht mit ihrer Familie in Kontakt kommen lassen will? Hat sie recht, wenn sie die Berührung mit der in Sonjas Gestalt äußerst lebendigen Erinnerung an eine Liebesbeziehung ihres Mannes nicht in ihrem Haus haben will?

So gesehen hatte Walter, Gerdas junger Liebhaber in der eingangs geschilderten Geschichte, andere Startbedingungen als Gerda selbst. Es war wohl zu erwarten, dass sie zum damaligen Zeitpunkt keine wirklich tiefe Beziehung aufnehmen konnte. Hat sie sich damit geholfen, dass sie die frühere Beziehung zu einem gewissen Grad auf den Nachfolger projiziert hat, was heißen würde, dass sie unbewusst den Versuch gemacht hat, keine neue Beziehung einzugehen, sondern die alte mit einer anderen Person fortzusetzen? Geht man dabei selbst in einen verliebten Zustand, eine Art emotionalen Automatismus und schaut dann nicht so genau hin, wer die gegenwärtige Person tatsächlich ist? So als würde das genaue Wahrnehmen der anderen Person vielleicht die Unterschiede deutlich erkennen lassen und den Traum stören?

Aber gilt das nicht eigentlich für alle Liebesbeziehungen? Man schaut nicht genau hin und lässt sich so nicht in seinen Projektionen stören? Erscheint nicht jede neue Liebe, so betrachtet, als Versuch, die Wunden der vorangegangenen zu heilen?

Mag sein, dass das zuweilen gelingt, in der Regel aber geht es schief. Vielleicht gilt viel eher der Satz, dass nur wer der alten Beziehung ihren Platz im Leben einräumen kann, sie anerkennen kann und so in seine Lebensgeschichte integriert, wirklich frei für neue Begegnungen wird. Ist es folglich so, dass erst dann neue Bindungen tragfähig eingegangen werden können, wenn die alten nicht mehr abgewehrt, abgewertet und verdrängt werden müssen, sondern ihre Bedeutung anerkannt werden kann?

Die Person des Partners wird, das wäre die Gefahr bei nicht erledigten alten Bindungen, andernfalls in den wesentlichen Aspekten nicht wirklich gesehen. Man läuft Gefahr, in gewisser Weise einer Wahrnehmungsstörung zu erliegen, wie es ja bei Verliebten häufig der Fall sein soll. Erst durch eine Schwangerschaft werden die Beteiligten gezwungen, den Fakten etwas sorgfältiger ins Auge zu sehen. Damit aber beginnen sich die Beziehungen dann auch zwangsläufig zu verschieben.

Die Entstehung von Kindern gibt einer Beziehung dann vielleicht doch noch ein Gewicht, das sie aus sich selbst heraus noch nicht hatte. Die Kinder führen ihr gewissermaßen Energie zu, machen sie so auch über eine Zeit tragfähiger. Wahrscheinlich aber sind so gekittete Partnerschaften nicht sehr glücklich, selbst wenn sie lange halten.

Spätestens dann, wenn die Kinder groß werden, entsteht noch einmal eine erhöhte Gefahr, dass diese Beziehungen auseinanderbrechen.

Natürlich gibt es aber auch die Möglichkeit, egal wie verquer und illusionär die Verbindung anfangs war, dass die Menschen einander gleichsam erst im Alltag richtig kennenlernen, wenn die Verliebtheit erlischt und die partnerschaftliche Bewältigung der Tagesereignisse ansteht.

Gibt es ein Gewicht der Partnerschaft?

Könnten die erwähnten Überlegungen zur Stärke von Liebesbindungen manche Verwirrung in Familien verständlich machen? Demnach hätte die Beziehung zu den Menschen, zu denen wir zuerst und in aufrichtiger Absicht Ja gesagt haben, gegenüber denen, die nachher kommen, eine Art Kräftebonus. So als würde nachher nicht mehr so viel an psychischer Kraft verfügbar sein, um neue Bindungen dauerhaft eingehen zu können. In unserer heutigen Zeit mit den rasch wechselnden Liebesbeziehungen würde das heißen, dass der Mensch, den man dann nach einer langen Reihe flüchtiger Beziehungen vielleicht heiratet, meist schon eine aussichtslose, durch die vielen vorangegangenen Beziehungen geschwächte Startbedingung erhielte. Steht dem nicht entgegen, dass Menschen oft erst nach langem Suchen endlich den Richtigen zu finden glauben, um dann mit ihm eine Ehe einzugehen, die dann auch lange halten kann?

Wenn die früheren Beziehungen alle tatsächlich in der Absicht eingegangen werden, eine Ehe zu schließen und eine Familie zu gründen, aus der dann keine dauerhafte Beziehung wurde, absorbiert das dann Kraft für die nachfolgenden Bindungsversuche? Oder ist es einfach so, dass die Menschen, die lange probieren, bevor sie sich entscheiden, sich eben vorher noch nicht voll entschieden haben? Damit wäre diese erste prägende Verbindung noch gar nicht eingegangen worden. Man hat es eben versucht, um zu sehen, wie es wird, hat aber die Entscheidung noch nicht getroffen.

Ist es nicht so, dass viele Beziehungen an dieser Unverbindlichkeit laborieren? Und werden sie vielleicht gerade deshalb nie zu stabilen Partnerschaften? Manche Menschen glauben wohl, je länger sie eine Beziehung probieren, desto sicherer würden sie wissen, ob diese Beziehung die richtige ist, und wenn ja, dann erst könnten sie sich entscheiden.

Steht dahinter die Angst, eine falsche Entscheidung zu treffen, die dann insofern nicht mehr reversibel ist, wenn die Hingabe an den Partner erfolgt ist und das Scheitern dann besonders schmerzhaft wäre?

Haben auf so eine Art zögerlich startende Beziehungen dann tatsächlich schlechtere Aussichten auf befriedigende Stabilität, da bei auftretenden Belastungen die Verbindlichkeit, das explizit ausgesprochene Versprechen fehlt, auch im Tief durchzuhalten?

In manchen anderen Kulturen und früher ja auch in weiten Bereichen unserer Kultur ist bzw. war es üblich, dass die Partner eher von Familienangehörigen, den Eltern, Geschwistern oder Verwandten ausgesucht wurden. Dabei geht man nicht von einer akuten Verliebtheit als Basis für eine Ehe aus, sondern von ganz handfesten praktischen Gesichtspunkten wie Status, Vermögen, Gesundheit, Leumund der Familie, Erziehungsniveau und Ähnlichem.

Natürlich haben die Betroffenen – in der Regel zumindest – dann auch noch ein Wort mitzureden, aber die Vorbereitung wird von anderen geleistet. Von denen nimmt man mehr oder weniger vertrauensvoll an, dass sie einen schon nicht ins Unglück stürzen und besser als die jungen Menschen wissen, was für diese gut ist – was natürlich in der Praxis nur zu oft völlig anders ausgesehen hat.

Eine Heirat dieser Art wurde dann oft weniger im Interesse der unmittelbar Betroffenen, sondern im Interesse der Prosperität der Familie angestrebt. Immerhin steht dabei die Annahme im Hintergrund, dass Liebe etwas ist, woran zwei zu arbeiten beginnen, die sich füreinander entschieden haben. Oder die füreinander entschieden wurden und die sich dann dieser Entscheidung auch eigenverantwortlich anschlossen. Liebe wäre also nicht die Voraussetzung für eine Ehe, sondern die Arbeit, die das Paar nach Vollzug der Ehe zu erbringen hat, um sich eine Partnerschaft zu erkämpfen. Stimmen die gesellschaftlichen Rahmenbedingungen, haben sie, so die traditionelle Sichtweise, es dann in gewisser Hinsicht leichter.

Gerade in religiösen Traditionen geht man davon aus, dass die Liebe dann als Folge der Arbeit an der Beziehung ein Geschenk des Göttlichen ist. Ein Geschenk, für das man im Dickicht des Alltags der Ehe Vorleistungen erbringen muss, allen voran die Entscheidung für ein gemeinsames Leben, also Heirat und die Arbeit an Liebe und gegenseitigem Respekt. Werden diese Vorleistungen erbracht, ist das dann für den Bestand einer Partnerschaft wirklich günstiger als das Warten auf die große Liebe?

Und wie glücklich sind die so geschmiedeten Bindungen dann im Verlaufe des Lebens wirklich? Ist der Umstand, dass in traditionellen Familien weniger Trennungen stattfinden, wirklich ein Indikator besserer, glücklicher Beziehungen? Stellen sich traditionelle Ehen der früheren Generationen nicht oft schon nach kurzer Ehezeit als ein in sich zusammenbrechendes Kartenhaus heraus, dessen Rest in Verbindung mit der großen Enttäuschung nicht mehr über genügend Kraft verfügt, eine wirklichkeitsnahe, desillusionierte aber tragfähige Partnerschaft zu leben?

Ist der Umstand niedrigerer Scheidungsquoten tatsächlich ein Indikator besserer Partnerschaften oder lediglich eine Folge höherer Schwellen für den Trennungsprozess? Wäre es im Falle des Scheiterns nicht viel besser, die Trennungsschwelle zu senken?

Das wirft die immer aktuelle Frage auf, was denn eine gute Beziehung wirklich ausmacht. Ist es nicht falsch, die Frage so zu stellen, dass sie auf einen alles entscheidenden Aspekt hinweist? Ist es nicht die Vielfalt von aufeinander abgestimmten Faktoren, die in kon-takt-voller Zuwendung und im Austausch des jeweiligen Erlebens münden?

Vergangene Beziehungen aufarbeiten

Kommen wir zurück zu der Frage, ob es so etwas wie eine Rangreihe des Gewichtes von Beziehungen innerhalb eines Menschenlebens gibt. Wenn die zeitliche Aufeinanderfolge bestimmend wäre, würde das dann nicht bedeuten, dass diejenigen, die sich erst später in diese Reihe der Beziehungen einordnen, die Existenz der früheren Beziehungen irgendwie akzeptieren müssten? Würde das selbst dann gelten, wenn die frühere Beziehung z.B. durch einen Todesfall endete? Wäre das dann so, als würden die Schatten der Vorgänger auch später noch ständig präsent sein und die neue Beziehung belasten?

Steckt da nicht eine Vorstellung von Determiniertheit dahinter, die für die späteren Partner letztlich deprimierend sein müsste? Würde das dann wirklich heißen, dass ein Mensch, der eine unglückliche Liebe hinter sich hat, nicht mehr wirklich offen und unbelastet für eine neue Liebe ist? Und wenn wir selbst den gegengeschlechtlichen Elternteil als eine Primärbeziehung noch dazunehmen, heißt das dann, dass wir bei den notwendigen Enttäuschungen, die viele mit den Eltern erleben müssen, praktisch für den Rest des Lebens für eine wirklich tiefe Liebesbeziehung verloren sind?

Und gibt es die Möglichkeit, sich mit diesen unerledigten Kräften aus der Vergangenheit, die immer noch an uns zerren und zehren, zu arrangieren, ihnen vielleicht zu ihrem Recht zu verhelfen? Wie ist das zu verstehen? Wie wäre das umzusetzen?

Wenn wir eine Liebesbeziehung abbruchartig beenden oder mit ihrem Ende passiv konfrontiert werden und wenn wir keine Gelegenheit oder Kraft hatten, diese Trennung sorgfältig zu verarbeiten, was geschieht dann eigentlich in unserem Selbst? Versuchen wir dann, um den Schmerz zu lindern, die Existenz dieser Beziehung und damit der geliebten Person, um die es geht, irgendwie aus unserem Bewusstsein zu eliminieren? Doch wie soll das gelingen? Ist es nicht so, dass wir, je mehr wir uns gegen die emotionale Bedeutung eines Menschen innerlich stemmen, in paradoxer Weise seine Bedeutung vertiefen und letztlich den Trennungsschmerz auf diese Weise verstärken und verlängern?

Sicher, vielleicht erfolgt die »postume« Abwertung einer Beziehung in der Hoffnung, frei zu werden für eine neue Partnerschaft. In Wirklichkeit ist die alte Beziehung gerade durch diesen zwanghaften Prozess des Eliminierens in der neuen ständig präsent, auch wenn wir das nicht ständig bewusst wahrnehmen. Die unerledigte alte Liebe stört die neue. Und das zu ignorieren kostet viel Kraft, psychisch wie körperlich.

Erst wenn es uns gelingt, diese alte Liebe gleichsam zu ihrem Recht kommen zu lassen – was schmerzt –, wird diese tragische Geschichte der verlorenen Liebe zu einem *integrierten* Teil unseres Lebens. Der Schmerz und die Traurigkeit über die enttäuschte Hoffnung, über die geplatzten Träume, wären zuzulassen, womit auch die Person, zu der die Verbindung abgebrochen wurde, in ihrer Bedeutung für unser Leben gewürdigt würde. Dann wird diese Lebensphase mit der damit verbundenen Erfahrung zum integrierten Bestandteil unserer Persönlichkeit. Wir können darüber sprechen, ohne gleich wieder in emotionale Kämpfe verstrickt zu werden. Die vergangene Liebe wird zu einem Teil unserer Biografie, in Worte fassbar, zeitlich begrenzt, mit Erinnerungen gespickt, aber eben wirklich und wahrhaftig vorbei. Das wäre dann eine gelungene Integration der mit schönen wie auch hässlichen Momenten ausgestatteten Lebensphase, eine Integration, die uns dann Lebenskraft gibt, statt nimmt. Wir können auch die Personen, die uns nahe waren und von denen wir getrennt sind, als Teil unseres Lebens da sein lassen und respektieren.

Der neue Partner wird dann wissen, dass er nicht die Nummer eins ist, er wird sich damit auseinandersetzen müssen, was oft schwer ist. In dieser Auseinandersetzung wird er aber auch lernen, dass die Akzeptanz der Liebe zu früheren wichtigen Personen die Kraft der Liebe in der jetzt eingegangenen Partnerschaft nicht schwächt, sondern paradoxerweise stärkt. Die oft vorzufindende Eifersucht auf frühere Liebesbeziehungen des Ehepartners, aber auch auf Kinder, z.B. aus früheren Ehen des Partners, ist somit eine Falle, diesen Entwicklungsschritt nicht gehen zu müssen. Führt der Druck, der aus dieser Eifersucht heraus auf den Partner ausgeübt wird, zum Erfolg, so wird dadurch die neue Partnerschaft mit einem Verdrängungsdruck überfrachtet. Siegt die Eifersucht, indem frühere Partnerschaften nicht akzeptiert werden, ist dann derjenige, der sich mit dieser Eifersucht durchsetzte, letztlich vielleicht der Leidtragende?

Nur weiß er das dann in der Regel nicht. Denn die geforderte Lieblosigkeit gegenüber seinen Vorgängern wird sich zwangsläufig gegen ihn selbst richten müssen. Ein Prozess, der die Eifersucht vielleicht nur neu ankurbelt und die Beziehung schnurgerade auf ein Scheitern zusteuert. Das zuvor geschilderte Beispiel von Sonja, der jungen Frau, deren Vater sie nicht in seinem Leben haben will, verdeutlicht das. Die Eifersucht der neuen Partnerin blockiert die Anerkennung des Kindes aus der früheren Beziehung durch den Vater. Die »Neue« hat scheinbar gesiegt, doch was gewinnt sie wirklich?

Vielleicht veranschaulicht das eben Gelesene die Vision von alternden Paaren, die sich gegenseitig darin unterstützen, ihre alten Wunden, die durch frühere, unglücklich verlaufene Liebesbeziehungen geschlagen worden sind, zu heilen. Dazu ist es nötig, dass sie einander unterstützen im Bejahen der Liebe, die für diese Personen da gewesen ist und die im Zuge des Verarbeitens noch einmal hochkommen muss. Das heißt, dass die Partner es ertragen müssen, wenn im Zuge der inneren Beschäftigung mit unerledigten alten Beziehungen der Gefährte zumindest zeitweise an die Stellen seines Lebens zurückwandert, an denen seine Liebesbeziehung keine Würdigung fand, um das nachzuholen.

Die gekränkte und in der Folge unterdrückte Liebe darf so wieder frei werden. Nicht verarbeiteter Trennungsschmerz, Trauer und Abschied von der damals geliebten Person sind das, was sich dann auf dem Weg zur Befreiung der alten Liebe mit großer Wahrscheinlichkeit wieder einstellt. Doch wenn man da »durch« ist, wird man eher zu einem ungehindert liebenden Menschen. An sich ja keine allzu trübe Aussicht, die sich da eröffnet.

Das mit anzusehen, ja zu begleiten, ist für den neuen Partner gewiss eine schwierige Prüfung. Besteht er sie, wird er selbst reichlich belohnt werden. Im Falle von Sonja oder Gerda wird das nicht nur eine Prüfung für die Partner, sondern auch eine Prüfung für später geborene Kinder. Sie werden sich damit auseinandersetzen müssen, dass vor ihnen schon eine andere Liebe und ein anderes Kind da waren. Beide beanspruchen nun plötzlich Raum im Beziehungsgefüge der Familie. Dadurch nimmt dieses Kind, das in der Familie zuerst gar nicht existent war, plötzlich einen ganz prominenten Platz ein, der in der zeitlichen Rangfolge der Kinder eine erhebliche Verschiebung bewirkt.

Wenn alle diese Prozesse erfolgreich verlaufen, ist ein zu erwartendes Ergebnis, dass bisher in Tabus gebundene Energie nun frei wird für Gegenwärtiges. Liebe, die wegen Kränkung und Trennung blockiert werden musste, wird wieder frei, jedoch auch noch einmal der Trennungsschmerz, den auszuhalten wir in der Regel nicht ermuntert werden.

Im Gegenteil, häufig ist es so, dass gut gemeinte Ratschläge nach einer enttäuschten Liebe eher die Verdrängung, das Vergessen und das Hervorkehren der negativen Eigenschaften des vormals Geliebten empfehlen. Beschreitet man diesen Weg weiter, dann wird der Ausschnitt derer, in deren Gegenwart oder bei deren Vorstellung Liebe möglich war, immer enger und enger. Zuletzt befinden wir uns dann in einer Welt, in der keine Liebe mehr existiert, obwohl sie ständig beteuert, ja beschworen wird.

Und das wäre dann wohl eher das Gegenteil einer Entwicklung, die das Leben des Menschen sinnvoll macht: Die Liebe, auch wenn sie schmerzhaft ist, da sein zu lassen, zu früheren Liebesbeziehungen zu stehen, sie zu integrieren und damit frei zu werden für die unvoreingenommene Wahrnehmung der Gegenwart. Einer Gegenwart, die dann zu einem ständigen freien Dialog werden kann, einem Dialog zwischen einem durch keine Taktiken und Strategien begrenzten Ich mit einem ebenso offenen, vorbehaltlosen Du. Die Liebe zwischen konkreten Menschen wird dann zu einem Auslöser von Liebe an sich, die nicht mehr an bestimmte Eigenschaften und Personen gebunden ist. Sie wird erlebt als ein freier Dialog, der mithilfe der beteiligten Personen in der jeweiligen Gegenwart geführt wird.

Ein Mensch, der zu diesem Dialog imstande ist, ohne dass er ihn sich theoretisch verordnen muss, dem kann er zu einer Grunderfahrung seines Seins werden. Jener Mensch bedarf zumindest in den Augenblicken dieses Dialoges keiner Abrechnung mit alten, unerledigten Kränkungen mehr. Er wird eher fähig, zu sich, seinem Leben, seiner Welt Ja zu sagen und dieses Ja an andere weiterzugeben. Er wird dabei wahrscheinlich gut geschützt sein, das Ja an andere nicht an bestimmte Bedingungen knüpfen zu lassen, er wird besser abgeschirmt sein gegenüber Manipulations- und Kontrollversuchen. Ihm wird vermutlich eine freie, leichte, aufmerksame Präsenz im Kontakt mit seinen Mitmenschen zuwachsen, in der sich das direkte, unverstellte Ich dem Du gegenüberstellt.

Welche Rolle spielen die Gefühle in solchen alten, in Tagesroutinen erstarrten Familiensystemen mit totgeschwiegenen Kindern?

Ist es ratsam, Gefühlen wie Neid, Angst, Wut, Scham, Rachsucht nachzugeben und sie auszuagieren? Die Wucht dieser Gefühle anderen Menschen aufzubürden, um sich abzureagieren, würde den Konflikt nur verlagern. Manchmal geht es vielleicht nicht anders; aber besser ist zweifelsohne, es anzustreben, diese Gefühle wahrzunehmen, ihre Kraft zu spüren. Erst wenn wir gelernt haben, diese Gefühle zuzulassen, sie eben zu er-tragen, ohne sie unterdrücken zu müssen, werden wir im Handeln so frei sein, wie es die Situation erfordert.

Dieses Handeln wird dann die Ganzheit des Systems von involvierten Personen ins Kalkül ziehen können, d.h. es werden alle anderen beteiligten Personen in ihren Bedürfnissen, ihren Motiven und ihren Handlungen ebenso berücksichtigt wie die eigenen – nicht mehr als die eigenen, aber ebenso. Eine so gesetzte Handlung hat beste Chancen, eine Veränderung in diesem System zu bewirken, ohne die alten Probleme und Konflikte wieder neu anzuheizen. Sie führt wenigstens partiell ein Stück in Richtung Beziehungsfrieden. Erst dann, wenn eine Lösung nicht mehr ungerechtfertigt auf Kosten anderer geht, ist die Wahrscheinlichkeit gegeben, dass das Thema der Trennung der Familienmitglieder, der Verleugnung und Unterdrückung bestimmter Spielformen der familiären Bindungen für die gesamte Familie zum Abschluss kommt.

Die Bedeutung gescheiterter Beziehungen würdigen lernen

Vermutlich brauchen solche Prozesse in Familiensystemen Zeit, Geduld und innere Aufmerksamkeit. Und dazu die Bereitschaft, auf neue Kränkungen nicht sofort zu reagieren, was nicht gleichzusetzen ist mit einer Aufforderung zum Verzicht. Es ist wichtig, auf die eigenen Bedürfnisse und Notwendigkeiten zu achten, sie nicht ungefragt zugunsten anderer zurückzustellen. Erst, wenn alle berücksichtigt werden, und das geschieht, indem ihre Bedürfnisse gewürdigt und respektiert, nicht notwendig befriedigt werden, dann kann sich familiärer Frieden entwickeln.

Jemand, der mit seinem Erleben gut in Kontakt ist, sein Selbst, seine Gefühle und Bedürfnisse gut kennt, wird in seinem Inneren wichtige frühere Beziehungen auch nicht missbrauchen, sondern angemessen würdigen. Wenn er eine neue Beziehung eingeht, wird er auch nicht so tun, als hätte er vorher nie geliebt. Dem neuen Partner begegnet er *mit* seiner Geschichte. So ein Mensch ist dann auch deswegen flexibler, freier, weniger klischeeabhängig, weil er für sich selbst zuerst einmal die Bedeutung seiner früheren Beziehungen akzeptiert.

Mag sein, dass ihm diese Akzeptanz leichter fällt, wenn er seine eigene Schuld am Scheitern früherer Beziehungen eher zulassen kann. Er braucht weniger auf Verdrängung oder Verleugnung zurückzugreifen, um sich eine oberflächliche Ordnung zu schaffen. Damit kann er die Bedeutung der früheren Beziehungen würdigen, wie sie es verdienen, muss sie nicht im Nachhinein schlechtmachen. Wenn das Gewicht in der Rangreihe früherer Beziehungen gewürdigt wird, kann man sich von diesen Beziehungen auch ihrer Bedeutung entsprechend verabschieden. Und wenn dieser Abschied gelingt, dann wirken diese Beziehungen nicht mehr indirekt störend in die Partnerschaften der Gegenwart hinein, im Gegenteil. Es sind dann keine unerledigten »alten« Geschichten, die in den neuen Partnerschaften abgewehrt und schlechtgemacht werden müssen, gerade dadurch aber seelische Energie, emotionale Kraft, kurz Kontaktfähigkeit absorbieren.

Wie viele Scheidungsschlachten würden eine andere Wendung nehmen, wenn die Partner die Bedeutung, die sie füreinander hatten, würdigen könnten! Nein, die Gerichte werden missbraucht, um an der Verleugnungslegende weiterzustricken, um dem anderen zu beweisen, dass die Beziehung zu ihm/ihr ein Irrtum war.

Sonja pendelte zwischen den Gefühlen und ihren Handlungsimpulsen den Kontakt zum Vater betreffend hin und her. Da half ihr der Vergleich mit einem ähnlich gelagerten Schicksal aus ihrem Bekanntenkreis, um sich vorzustellen, wie es ihrem Halbbruder gehen mochte, der keine Ahnung von ihrer Existenz hat.

Unlängst traf sie Felix, der zunächst gar nicht wusste, dass er einen anderen Vater hat. Seine Situation allerdings hat sich im Laufe seiner Jugend dann doch anders entwickelt, das aber brachte neue Schwierigkeiten.

Zwei Gesichter einer Familie

»Ich komme aus einer süddeutschen Kleinstadt, habe vier ältere Geschwister und bin mit ihnen bei meiner Mutter aufgewachsen. Das war unsere Familie. Heute weiß ich, dass ich unehelich geboren bin. Meine vier älteren Geschwister sind zehn bis 15 Jahre älter, ihr Vater ist drei Jahre vor meiner Geburt gestorben, also sind sie meine Halbgeschwister. Ihren Vater, den ich natürlich nicht kennen konnte, habe auch ich stets ›Vater‹ genannt. Als Kind wusste ich ja nicht, dass er unmöglich mein Vater sein konnte, dass ich das Kind eines anderen Mannes sein musste. Ich bin in dem Glauben aufgewachsen, wir hätten alle den gleichen Vater.

Mein richtiger Vater war zur Zeit meiner Zeugung 58 Jahre alt. Meine Mutter arbeitete im gleichen Betrieb, und da hat es sich dann ergeben, dass ich entstand. Ich habe meinen Vater als Kind immer wieder gesehen, ohne von unserer Verwandtschaft zu wissen. So ab fünf oder sechs Jahren besuchte ich ihn in seinem Garten, aber natürlich ohne zu wissen, dass er mein Vater ist. Er war ein freundlicher Mann, ein Freund der Familie, der wohl auch während der ersten Jahre der Kindheit öfter bei uns war.

Meine Geschwister hingegen wussten, dass er mein Vater ist. Was für ein Gestrüpp von Geheimnissen! Es fällt mir schwer, darüber zu sprechen.«

Zwischen dem kleinen »Nachzügler« Felix und seinen Geschwistern war eine ständige Spannung, mehr als es sonst unter Geschwistern üblich sein mag. Besonders schwierig war der Kontakt zu seinem Bruder. Der wollte offensichtlich nicht akzeptieren, dass Felix überhaupt sein Bruder war, hatte durch seine Existenz auch vielleicht zusätzliche Probleme, die Trauer um seinen verstorbenen Vater zu bewältigen. Er behandelte den Kleinen manchmal so, als würde er nicht zu dieser Familie gehören. Die Geschwister waren zwischen sieben und zwölf, als der Vater, ihr Vater, starb.

Und als Felix dann drei Jahre später geboren wurde, war der Bruder schon fünfzehn, ihm also von Anfang an klar, dass er »nur« sein Halbbruder, also nicht der Sohn seines Vaters sein konnte.

Was für eine komplizierte Situation, die so einfach sein könnte, wenn die tatsächlichen Verhältnisse von Anfang an offengelegt worden wären. Felix sieht das heute so: »Ich habe in Erinnerung, wie sehr ich meinen Bruder geliebt habe, wie sehr ich mich danach sehnte, mit ihm zusammen zu sein. Manchmal gab es Szenen, in denen ich mich von ihm angenommen fühlte, wo er mit mir seine Späßchen machte. Das waren aber eher seltene Ereignisse. Mit sechzehn Jahren schrieb er einen Brief, in dem er die Familie seines Vaters darum bat, dass ich den gleichen Namen bekommen möge wie die anderen Geschwister. Auf der anderen Seite hatte ich oft das Empfinden, von ihm zurückgestoßen zu werden, durch den Ausdruck von Fremdheit in seinem Gesicht. Ich habe um seine Anerkennung, seine Liebe gekämpft, wie andere das vielleicht bei ihren Vätern tun. Doch hatte ich meist das Gefühl, dass er mich auflaufen ließ. Man mag sich wundern, dass ich nicht den Familiennamen aller bekommen konnte, doch die Behörden waren da sehr wachsam.

Ja, ich erhielt zuerst den Mädchennamen meiner Mutter, weil ich eben unehelich geboren bin, obwohl die Mutter mit dem Vater der vier Geschwister verheiratet bzw. bei meiner Geburt verwitwet war.

Als Sohn eines anderen Mannes habe ich automatisch den Mädchennamen meiner Mutter annehmen müssen, obwohl die Mutter nicht mehr so hieß. Das war wohl nach damaligem Recht so. Es ginge auch anders, aber dann hätte sich die Familie des ›Vaters‹ damit einverstanden erklären müssen. Als ich zwei Jahr alt war, konnte ich doch den derzeitigen Nachnamen meiner Mutter annehmen. Ich denke, das war ganz gut für mich.«

Das Geheimnis wird gelüftet

»Ich habe ja immer gedacht, dass ich ein volles Mitglied der Familie sei und mein Vater eben der verstorbene Vater meiner Geschwister war. Erst mit zwölf Jahren erfuhr ich, dass ich einen anderen Vater habe, der damals noch lebte. Meine nächstältere Schwester hat es mir gesagt. Ich war damals schwierig zu Hause und frech gegenüber meiner Mutter. Mein Bruder hat mir dann im Streit eine gescheuert. Und in diesem Zusammenhang hat mir das die Schwester entgegengebrüllt. Ansonsten haben wir darüber nicht viel geredet. Ich habe das zuerst einfach weggesteckt. Da war wohl so ein Hauch von Erschrecken oder Enttäuschung, aber sehr viel habe ich dabei nicht empfunden. Irgendwie scheint dieser Satz meiner Schwester einfach dazu gepasst zu haben, wie ich mich unter den Geschwistern gefühlt hatte. Na ja, das ist es also – oder so ähnlich. Ganz genau aber kann ich mich nicht mehr erinnern, wie das für mich war.

Bis heute ist es immer noch schwierig. Ich fühle mich nicht frei damit. Ich merke, dass mir das Thema wie ein Stein im Magen liegt. Ich kann nur sehr stockend davon erzählen.

Ich erinnere mich auch nur sehr ungern daran, wie es war, als ich dann auch mit der Mutter darüber gesprochen hatte.

Erst als ich viel älter war, habe ich begonnen, Fragen zu stellen, wahrscheinlich erst mit 24 oder 25. Ich wollte wissen, wie mein richtiger Vater gelebt hat, ob er oft bei uns zu Besuch war. Ich fragte sie, wie sie das empfunden hat, in welchem Konflikt sie war, aber sie hat nicht sehr offen darüber gesprochen. Von ihr weiß ich nicht viel.«

Über die Identität des leiblichen Vaters hat Felix von anderer Seite jedoch schon viel früher Informationen erhalten, denn schon bald, nachdem die Schwester im Zorn die Bombe hatte hochgehen lassen, legte sie nach, in viel sanfterem Ton und dem verwirrten Felix warmherzig zugewandt. Sie hatte wohl ein schlechtes Gewissen und wollte vermutlich etwas wiedergutmachen. Felix erinnert sich auch heute noch sehr genau an die Stimmung dieses Gesprächs zwischen den beiden Kindern. Seine Schwester hatte ihn zur Seite genommen und ihm gesagt, wer sein leiblicher Vater ist:

»Nein, sie hatte mir die erste Information damals im Zorn eher aus einer Art Hilflosigkeit heraus zugebrüllt. Dann zwei Tage später meinte sie, dass das vielleicht der Grund sei, warum es zwischen mir und der Mutter und in der Folge auch zwischen mir und dem Bruder so schwierig gewesen sei. Im zweiten Gespräch aber war sie weich und warmherzig. Sie sagte mir, wer mein »richtiger« Vater wäre und dass wir ihn fast täglich sähen. Er lebte ja noch – im Gegensatz zu ihrem Vater, fügte sie weinend dazu.

Das war es dann aber auch, mehr wurde darüber nicht gesprochen. Die Tatsache, dass ich einen anderen Vater habe, dass sie nicht meine ›vollständige‹ Schwester ist, das hat mich schon sehr berührt. Ich habe ihren zornigen Ausbruch mit der allerersten Mitteilung über die Identität meines Vaters weniger als Verletzung in Erinnerung als die Ohrfeige von meinem Bruder, die diesem Gespräch vorausging. Heute verstehe ich die Spannung zumindest etwas besser. Nicht nur war ich das Nesthäkchen, das eigentlich nicht dazugehörte und wegen dem man sich im Stadtviertel schämen musste, sondern mein leiblicher Vater lebte im Gegensatz zu dem der Geschwister ja noch. Und man sah ihn ständig.

In der Familie gab es für mich immer zwei Gesichter, auch heute noch. Ich merke Herzlichkeit, spüre auch sehr viel Zuneigung, wechselseitig. In der Erinnerung sehe ich aber auch das strenge, abweisende Gesicht des Bruders. Die Geschwister hatten wohl auch große Schwierigkeiten, mit der Situation umzugehen. Sie waren hin und her gerissen, manchmal konnten sie es annehmen, dass ich da war, dann schämten sie sich und wussten nicht, wie sie damit umgehen sollten. Ich erlebe auch heute noch meine Geschwister zwiespältig, teils sehr warmherzig, teils abweisend. Ich spüre auch immer noch Neid und Wut auf mich, den Kleinen, den mit dem verbotenen, aber lebenden Vater. Und auf meine Mutter. Das ist so.«

Eine zögerliche Entwicklung

Felix hat also während seiner Kindheit bis in die Vorpubertät, also eine sehr lange Zeit, nicht gewusst, wer sein richtiger Vater ist. Alle in der Familie wussten Bescheid, nur er, den es betraf, wusste nichts. Wie hat sich danach, als die Wahrheit offengelegt war, seine Beziehung zu seinem leiblichen Vater entwickelt? Hat der sich später zu ihm bekannt? Das Chaos an Verstrickungen ging leider weiter, sagt Felix:

»Leider hat er sich nie so richtig zu mir bekannt. Man kann sich das heute gar nicht mehr vorstellen, aber es gab nie ein offenes Gespräch zwischen uns. Es waren eher sprachlose Begegnungen, die zwar von Sympathie begleitet waren, aber eben nie zu einem offenen Gespräch führten, in dem er etwa gesagt hätte: Du bist mein Sohn, das ist so und so gewesen. Jetzt dürfen das alle wissen.

Das ist leider nie passiert. Zwar waren die Fakten klar, später dann, als wir uns begegnet sind, aber sie blieben zwischen uns stets unausgesprochen. Immerhin hat er die Vaterschaft offiziell anerkannt, das war überhaupt kein Problem. Er hat auch den Unterhaltsbeitrag gezahlt, ist auch noch lange zu meiner Mutter gekommen, fast täglich. Sie hatten während meiner ersten fünf, sechs Lebensjahre eine Liebesbeziehung, meine Zeugung war somit keine Folge einer einmaligen Zufallsbegegnung.

Das heißt aber, dass mein Vater natürlich auch für die anderen Geschwister in der Familie stark präsent war.

Es klingt verrückt, aber er war bei ihnen auch richtig beliebt. Bei allen Kränkungen darüber, was ich von ihm alles nicht bekommen habe, bleibt bei mir insgesamt ein eher positives Bild von ihm, übrigens auch in der Familie: Ich habe da eigentlich nie etwas Negatives über ihn gehört. Leider kam er später nicht mehr zu uns. Als ich also wusste, dass er mein Vater ist, war seine Beziehung zu meiner Mutter längst beendet.

Und dann war da noch seine eigene Familie, die er offiziell nie verlassen hatte, seine Frau und seine Tochter. Die Frau habe ich erst im Alter von etwa fünfundzwanzig Jahren kennengelernt. Sie muss das damals sehr, sehr schwer genommen haben. Er hatte mit seiner Frau wohl große Schwierigkeiten wegen mir. Damals war so etwas noch ein Schandfleck. Die Tochter aus seiner Ehe habe ich noch später kennengelernt, immerhin meine Halbschwester, nicht weniger verwandt mit mir als meine anderen Geschwister. Mit ihr war das nicht schwierig, sie ist eine ganze Generation älter, heute etwa 50, also gut zehn Jahre älter als meine älteste Schwester aus der Familie meiner Mutter. Sie war zur Zeit meiner Geburt schon erwachsen, hat die Umstände meiner Geburt zwar mitgekriegt, ist aber schon ihren eigenen Weg gegangen.«

Felix ist in vieler Hinsicht ein etwas komplizierter Spätgeborener, der zuerst einmal in den verschiedenen Kreisen beträchtliche Unruhe auslöste. Seine Existenz an sich brachte Verwirrung. Wenn man sich nun diese Verwandtschaftsbeziehungen anschaut, zu wem in der Familie ist seine Beziehung eher offen, im Sinne einer ungelösten, unerledigten Beziehung geblieben? Felix sieht das so:

»Zu meinen Geschwistern überhaupt und zu den etwas entfernten Verwandten. Mir fällt jetzt spontan mein Patenonkel ein, eigenartig. Der lebte woanders, und ich habe ihn nicht oft gesehen. Er ist der Bruder meiner Mutter. Und meine älteste Schwester fällt mir ein. Da ist, ähnlich wie zu meinem Bruder, vieles noch unerledigt geblieben. Ich war dem Patenonkel irgendwie peinlich. Die Beziehung zu meinem Vater aber hat gegen Ende seines Lebens noch eine gute Wendung genommen.

Er ist vor drei Jahren gestorben, mit 89 Jahren. Als es mit ihm zu Ende ging, habe ich ihn oft besucht, war auch eine Woche vor seinem Tod noch bei ihm. Damals träumte ich auch viel von ihm, sehr schöne Träume, kurz vor dem Tod. Ich träumte auch schon vor seinem Tod, dass er stirbt, bin damals weinend aufgewacht. Die letzte Begegnung mit ihm war sehr schön, ich spürte viel Wärme und körperliche Nähe; leider sehr spät und wieder so sprachlos, so viel blieb unausgesprochen. Es war uns beiden nicht möglich, das, was da war, zu artikulieren, es dadurch zu würdigen. Es kamen viele Ansätze von Sympathie, Zuneigung, aber der Bogen konnte nicht wirklich bis zu Ende durchgezogen werden.

Dennoch bin ich sehr dankbar, dass es überhaupt möglich war, so weit zu kommen, ich habe ihn ja erst sehr spät als meinen Vater kennengelernt. Das heißt, dass es auch in der Zeit nach zwanzig noch möglich war, zu ihm eine Vater-Sohn-Beziehung aufzunehmen. Vielleicht hat sie nicht die Tiefe bekommen, wie es ideal oder wünschenswert wäre. Immerhin ist ein positives Bild von ihm geblieben. Ich glaube, er hat mich geliebt, auch wenn er es nie gesagt hat. Ich spüre auch Dankbarkeit, dass mir das noch möglich gemacht wurde, dass ich in Zeiten der Not auf ihn, auf die Erinnerung an ihn zurückgreifen kann. Manchmal sind es Kleinigkeiten, dass ich ähnlich gehe oder ähnliche Vorlieben habe. Dadurch kann ich mir ein Stück Identität herholen. Als Kind habe ich ihn einfach gerne gesehen. Auch wenn ich nichts über unsere wahre Beziehung wusste, war er doch der Mann, der mir noch am nächsten war. Ich hatte nur als Kind eine starke Sehnsucht danach, einen Vater zu haben. Damals, als ich das bewusst denken konnte, kam er aber nicht mehr zu uns. Seine Beziehung zu meiner Mutter ging zu Ende, bevor ich zur Schule kam. Schließlich war er damals schon 65.«

Schamschranken

Felix hat manchmal versucht, mit der Mutter darüber zu sprechen, warum sie die Identität des Vaters nicht früher gelüftet hat. Sie hat nicht viel dazu gesagt. Meist endete das Gespräch abrupt mit dem Hinweis, dass man halt damals nicht nachgedacht hätte. Sie konnte ihm nicht sagen, warum sie das nicht gemacht hat, das wäre halt so passiert. Aktiv die Situation zu klären, schien ihr zu viel Aufwand, emotional und überhaupt, sie wollte ja kein Aufhebens machen, war froh, wenn niemand nachfragte. Sie fand das alles nicht so wichtig, dem Kleinen fehlte ja nichts, Er hatte einen sicheren Rahmen, in dem er aufwachsen konnte, und das war schon eine gute Basis. Im Vergleich zu seinen Geschwistern hatte er kein schlechteres Los, so war ihre Ansicht.

Auch Felix selbst ist sich da nicht so sicher. Vielleicht, so denkt er, war es auch wirklich nicht so wichtig. Sicher, vielleicht hätte man es anders machen sollen, aber man hatte halt nicht gewusst, wie man mit so einer Situation umgehen soll. Gedankenlosigkeit, Scham, immer wieder diese Scham.

»Von meiner ältesten Schwester fühlte ich mich insgeheim zurückgestoßen. Ich glaube, sie wollte nicht, dass ich zur Welt komme. Es ist eigenartig, dass ich besonders traurig werde, wenn ich an jenen Lehrer denke, der damals meine jüngere Schwester getröstet hat, als sie unter der Scham besonders gelitten hat. Es tut mir leid, dass ich es ihnen so schwermachte. Heute ist mir das nicht mehr so präsent, aber irgendwo im Hinterkopf spielt es noch eine Rolle. Ich will es den Leuten nicht schwermachen, und doch geschieht es ständig.

Meine jüngste Schwester hingegen hat mir erzählt, dass sie mit mir im Kinderwagen zum Park ging und wir dort den Vater getroffen haben, von dem ich ja nicht wusste, dass er es ist. Er war auf dem Weg zum Garten, und dabei hätte er mich immer aus dem Wagen genommen und begrüßt. Man muss sich das einmal vorstellen, wie meine Schwester, die ihren eigenen Vater als Kleinkind verloren hatte, mich dann, als sie in die Grundschule ging, als Baby zu meinem Vater kutschierte! Ich erinnere mich auch noch an ein Bild, damals war ich wahrscheinlich weniger als fünf Jahre alt, als er mir in Gegenwart meiner Geschwister ein rotes Feuerwehrauto schenkte. Diese Bilder gehen mir jetzt durch den Kopf. Es ist auch jene eigenartige Stimmung wieder da, die ich von damals kenne, so fremd und doch vertraut. Alle wissen etwas, nur ich habe keine Ahnung.«

Steh zu mir

»Ich kann nicht sagen, ich hätte auf irgendeiner Ebene meines Bewusstseins ein anderes Wissen über die Wahrheit unserer Verbindung gehabt. Auch wenn es so gewesen wäre, das zu benennen hatte ich einfach nicht die Begrifflichkeit zur Verfügung.

Naja, irgendwie hatte ich zu ihm ein besonderes Verhältnis, lange bevor ich wusste, dass er mein Vater ist. Als wüssten wir beide um das Geheimnis, dürften es aber noch nicht lüften, müssten noch die Fremden spielen, selbst vor unserem eigenen Bewusstsein.

Das Bild mit dem Kinderwagen hat mich bewegt. Und es interessierte mich auch damals sehr, als die Schwester mir das erzählte. Es war irgendwie beruhigend. Ich begann dann nachzuforschen, ob er sich denn wirklich um mich gekümmert hat, und als ich das bestätigt fand, ist förmlich ein Stückchen von ihm auf mich übergegangen. Das war mir sehr wichtig.

Aber ich habe natürlich vieles vermisst. Ich habe früher Fußball gespielt, und er war Funktionär im selben Sportverein. Ich hätte mir gewünscht, dass er mehr Mut gehabt hätte, zu mir auch öffentlich zu stehen und zu sagen: Ich bin dein Vater. Wenigstens irgendein Zeichen des Erkennens, eine persönliche Begegnung hätte ich mir gewünscht. Das hätte mir Kraft gegeben. Er hat sich dort nicht als mein Vater zu erkennen gegeben. Er ist zwar vor dem Gesetz dafür eingestanden, aber gesellschaftlich nicht.

Wo es darum ging, sich auch vor anderen offen zu bekennen, hat er sich entzogen. Ich habe ihn auch später immer wieder gesehen, aber er hat nur ›Grüß Gott‹ gesagt und ›Wie geht's?‹. Dann habe ich fünf Mark bekommen, und das war's dann. Da war er einfach feige. Ich vermisse eine gewisse männliche Rückenstärkung von ihm.

Später, als ich ihn kurz vor seinem Tod besucht habe, waren das für mich reichhaltige Begegnungen, ein guter, aber eher wortloser Abschluss. Gibt es etwas, das ich von ihm noch gerne gehört hätte?

Er hat bei meinen Besuchen stets ehrlich Freude gezeigt. Ich kann es jetzt selber gar nicht so richtig sagen. Aber der Satz dazu wäre einfach: ›Ich freue mich, dass du da bist.‹ Das hätte ich mir gewünscht. Wortlos war diese Botschaft zwar da, ich habe seine Freundlichkeit und die Freude in diesen Momenten auch gespürt. Er war froh, dass ich da war und dass ich so war, wie ich war. So habe ich das erlebt, gesagt hat er es leider nicht.

War er zufrieden damit, wie ich geworden bin, wie ich mich entwickelt habe, trotz der schwierigen Lebensbedingungen, die ich gehabt habe?

Doch, bei meinem letzten Besuch sagte er: ›Jetzt hast du es schon gepackt‹, oder irgend so etwas. Da hätte ich weinen können vor Freude. Ich merke das auch jetzt noch, ein Gefühl von Berührtheit, von Freude, von Ganzheit. Es gibt mir eine Genugtuung, das zu spüren. Aber tief darunter ist noch viel Trauer und Wut. Etwas Ungehaltenes, ich fühle mich unterschwellig immer noch verletzt.«

Felix vermittelt, während er so spricht, den Eindruck, dass er in seinen Antworten eher harmonisierend vorgeht, dass er bei allen Beteiligten seines Schicksals die konstruktiven, positiven Aspekte hervorhebt und das andere weglässt. So als könnte er es nicht riskieren, etwas Kritisches zu sagen. Die labile Verbindung könnte sofort wieder zerbrechen, und das wäre eine Katastrophe für ihn.

»Das ist wahr. Ich fühle mich momentan auch nicht ganz echt. Das stimmt. Ich empfinde das oft auch anders.

Ich glaube, dass ich nicht gelernt habe, darüber zu reden. Ich habe einfach die Tendenz, bloß eine Seite der Existenz zu zeigen, die andere eher für mich zu leben. Was da noch alles an Wut da ist, das fällt mir immer schwer, in Worten auszudrücken.

Na ja, ob es wirklich Wut ist? Es ist eher eine Genervtheit, Wut spüre ich im Moment nicht, nur Genervtheit, dass er in manchen Passagen zu feige war. Es nervt mich auch, wie verständnisvoll ich mit ihm umgehe. Ich schone ihn, bin viel zu vorsichtig, sage bloß die Hälfte der Wahrheit, sage nicht, dass ich auf mich allein gestellt war, dass er versagt hat. Ich habe Angst, ihn damit zu verletzen. Ich will ihm nicht wehtun. Unsere Beziehung ist so zart und störbar, dass ich ihm nicht wehtun will. Ich könnte ihn ja ganz verlieren.

Es gibt eine Szene, an die ich mich jetzt erinnere. Ich durfte nicht in seinen Garten gehen, wenn seine Familie da war. Wenn ich ihn besuchen wollte und merkte, dass die anderen da waren, dann bin ich ganz leise wieder weg und in einiger Entfernung an so einem Kiesweg gesessen. Da kam er auch mal heraus und hat mich dann regelrecht verjagt. Das empfinde ich auch jetzt noch als sehr schmerzvoll und ich bin entsetzt darüber. Ich war damals sechs oder sieben Jahre alt. Ich wusste nicht, dass er mein Vater ist, bin aber oft zu ihm gegangen. Ich war sehr gerne da. Meine Mutter hat immer gesagt, ich wäre ›ihm hinten reingegangen wie ein Hundle‹. Besucht habe ich ihn nur im Garten, zu Hause nie.

Einmal waren seine Frau und seine Tochter dabei und die Schwägerin und der Schwager. Sie sind beim Kaffee im Gartenhäusl gesessen. Da durfte ich dann nicht hinein. Ich konnte nur zu ihm, wenn er allein war, was unter der Woche die meiste Zeit der Fall war. Aber an diesem einen Tag war er nicht allein. Da bin ich dann in die Kaffeerunde geplatzt, und er hat mich verscheucht. Das war eine unwürdige Situation. Alle haben es doch gewusst, dass er einen unehelichen Sohn hatte und dass ich es bin. Später meinte auch seine Tochter, dass das im Grunde ein Blödsinn war. Was hätte denn schon passieren können?

Wahrscheinlich hatte er Angst vor seiner Frau. Damals hatte er ja auch noch die Beziehung mit meiner Mutter. Vielleicht hat dieser Vorfall damit zu tun, dass diese Beziehung dann bald zu Ende ging.

Ich frage mich auch manchmal, ob es hätte passieren können, dass er die Familie wechselt? Zur Debatte stand es schon. Er hat mir später erzählt, dass er meine Mutter sehr geliebt hat und zumindest an Scheidung dachte.

Einerseits fühlt es sich gut an für mich, dass da auch eine Liebesbeziehung war. Was ich so gehört habe, er war nicht schlecht zu ihr, eher sehr gut. Andererseits, ich weiß nicht, warum ich jetzt so traurig werde. Wenn ich mich in diese Szene hineinversetze, dann hat es für mich etwas Heilendes, zu wissen, dass sie sich geliebt haben. Als er gestorben ist, gab es eine große Beerdigung. Viele Leute, Bekannte vom Sportverein, vom Arbeitsplatz, Nachbarn waren anwesend. Und ich war mit meiner Mutter auch da, einfach so. Wir sind dann vorne hin, und dann hat sie Rosen ins Grab geworfen.«

Heimlichkeit ohne Ende

Nach außen hin hat Felix' Vater die Liebe zu dessen Mutter nicht wirklich gewürdigt. Sie musste heimlich bleiben. Und auch das Kind als Ergebnis dieser Liebe wurde zwar vor dem Gesetz anerkannt, sozial stand er nicht dazu. Es klingt, als seien gute Ansätze auf dem Weg stecken geblieben.

Doch ist es nicht erstaunlich, dass Felix als Zwölfjähriger, als er die Nachricht von der wahren Beziehung zu seinem leiblichen Vater bekam, erst gar nichts Rechtes damit anfangen konnte? Man müsste denken, dass er danach sofort zur Mutter ging, um von ihr mehr Informationen zu holen. Aber das ist nicht geschehen.

»Ich habe damals die Zähne zusammengebissen und versucht, weiterzumachen. Auseinandergesetzt habe ich mich damals damit sicher nicht, hatte wohl zu viel Angst, die Sache anzugehen. Das alles war mir plötzlich sehr peinlich. Die Scham meiner Geschwister hatte nun ich zu tragen. Danach war ich viel allein, habe mich von den Geschwistern, aber auch von den Schulfreunden lange ferngehalten.

Nach wie vor fällt es mir schwer, zu sagen, was ich denke und empfinde. Es gab Zeiten, wo ich oft auch zu spät gespürt habe, was lief. Wie eben damals, als alle wussten, wer mein Vater ist, nur ich selbst nicht. Aber gespürt habe ich es immer. Das dann zum Ausdruck zu bringen, das ist für mich unheimlich schwer.

Es ist nicht so sehr die Unsicherheit, ob ich mit dem Gefühl richtig liege. Ich habe auch keine Angst davor, dass die anderen es ablehnen. Ich will bloß nicht. Ich will den anderen von mir nichts zeigen, nichts geben. Damit behalte ich Macht für mich zurück. Kontaktversuche anderer kann ich einfach abblitzen lassen. Außerdem bin ich scheu und misstrauisch. Ich fürchte, ausgenutzt, benutzt zu werden. Dieses Gefühl hatte ich als Kind häufig.«

Hat Felix sich jemals einen Wunschvater vorgestellt? Trägt er sich manchmal mit diesen Fantasien?

Er sagt, dieser Gedanke wäre ihm relativ neu. Als Kind ist er ja davon ausgegangen, dass sein Vater tot sei, und er ist ja auch öfter mit an sein Grab gegangen. Das Grab des Vaters seiner Geschwister. In seinem Erleben war es ja sein Vater, der da begraben lag:

»Ich habe das eine oder andere von ihm erfahren, wie er gelebt hat, wie er war, oder wie sie ihn sehen, ich habe mir da gar keinen Wunschvater vorzustellen brauchen. Da habe ich eher einen Widerstand, mir jemanden zu wünschen, den ich angenehm finde oder den ich nachahmen möchte. Das will ich nicht.

Während ich das sage, fühle ich mich ein bisschen trotzig, abweisend. So als wollte ich sagen, ich brauche euch nicht.

Und es war auch tatsächlich so, außer zu meinem Vater während der letzten Jahre seines Lebens hatte ich zu Älteren kaum Kontakt. Ich gehe relativ viel in die Berge, aber ich habe mir nie jemanden gesucht, der mir etwas zeigt. Ich gehe einfach allein. Einmal träumte ich, dass ich mit einem Mädel und einem Mann auf einen Berg gehe. Der ist ziemlich steil, und plötzlich ist der Mann weg. Ich bin allein und weiß nicht, wo ich runterkomme.

Vor Kurzem träumte ich wieder etwas zu diesem Thema, dass ich mit einem Mann zum Klettern gehe. Auch er war plötzlich weg, ich weiß aber sicher, dass er nach oben gegangen ist. Dann übernehme ich selbst die Führung und fühle mich sicher dabei.

Ob ich da eine Lücke erlebe, einen unerlaubten Wunsch danach, einen starken Vater zu kennen, mich danach zu sehnen und seine

Anleitung anzunehmen. Ich weiß es nicht, vielleicht. Manchmal hatte ich auch den Wunsch, mit ihm beim Klettern abzustürzen. Mit meinem Vater zusammen. So wie ich überhaupt manchmal Fantasien habe zu sterben, einfach tot zu sein und dann nichts empfinden. Mit ihm im Tod frei zu sein.«

Späte Begegnung

»Wenn ich mir vor meinem inneren Auge vorstelle, dass ich ihm jetzt begegne, wäre ich erst einmal distanziert, eher aggressiv: Jetzt ist es zu spät. Du hättest früher kommen können. Vielleicht würde ich mich rächen wollen, ihn verletzen. Es überrascht mich, dass die ersten Bilder so aggressiv sind. Die positiven Erinnerungen scheinen doch nicht der vollen Wahrheit unserer Beziehung zu entsprechen.

Nun ja, da ist immer noch viel Aggression und Wut da, die unausgedrückt blieb. Mich im Alltag an ihm reiben zu können, auch einmal Widerwillen auszudrücken, seinen Widerstand im Kontakt zu spüren, das habe ich nie mit ihm erlebt. Man hat sich gesehen, wir waren freundlich miteinander, Punkt. Dass mir das fehlt, habe ich ihm gegenüber nicht zum Ausdruck bringen können. Vor einer wirklichen Versöhnung müsste es zuerst einmal einen ordentlichen Krach geben. Der hat noch nicht stattgefunden.

Gegen meine Mutter oder meine Geschwister fällt es mir leichter, Wut zu empfinden. Bei meinem Vater ist es sehr schwer. Ich bekomme dann sehr schnell Schuldgefühle, so als wäre das ungeheuerlich, ihn so hängen zu lassen. Wenn er mich gesehen hat, gab er mir eine Geldmünze, war freundlich und liebenswürdig, aber das war es dann auch. Er hat sich bemüht, mir keinen Anlass für Wut und Ärger zu geben. Vielleicht ist es das, was ich vermisse. Die Erlaubnis, stinkesauer auf ihn zu sein.«

Felix denkt da auch an seine Mutter, wie die sich wohl gefühlt haben mag, wenn der Mann ins Haus kam und er in ihm einen fremden Besucher sah, während die anderen Kinder wussten, dass er sein Vater und ihr gar nicht so heimlicher Liebhaber war. Da hat auch über den Kopf von Felix hinweg sehr viel Geheimniskrämerei stattgefunden. Alle waren informiert, nur er, er durfte es nicht wissen.

Felix hat manchmal daran gedacht, sich umzubringen.

Nicht so direkt, allerdings in Form von Fantasien sich selbst zu verletzen.

»In letzter Zeit, beim Bergsteigen, habe ich gemerkt, dass ich wirklich über die Grenze gegangen bin. Seitdem habe ich mehr Angst, bin vorsichtiger geworden. Aber es geht schon irgendwie auch um Tod. Ich will zumindest bewusst nicht in den Bergen umkommen. Aber die Möglichkeit des Todes ist ständig präsent, das ist mir als Erfahrung irgendwie kostbar.

Was blieb eigentlich als inneres Bild vom Vater?

Es fällt mir schwer, ihm jetzt innerlich gegenüberzutreten. Was würde ich gerne sagen? Vielleicht: ›Im Moment bist du mir ganz fremd. Ich spüre wieder den Widerwillen, dir gegenüber etwas von mir zum Ausdruck zu bringen. Ich möchte, dass du weiter weggehst, dann habe ich meine Ruhe. Es ist mir lieber, wenn ich dich nicht zu nahe bei mir sehe.‹

Sicher, mein Vater hat sich gefreut, wenn ich zu ihm gekommen bin. Er wäre auch gerne mit mir spazieren gegangen, aber er schämte sich vor den Leuten, die könnten ja denken, dass er mit vielem nicht einverstanden war, mit seiner Ehe, mit der Arbeit. Es war damals sehr schlimm, als er beinahe seine Arbeit verloren hätte, weil ich auf die Welt gekommen bin. Als ich das erfuhr, wünschte ich, dass es mich gar nicht gibt. Ich hatte ihm, allein durch meine Existenz, einige Schwierigkeiten bereitet, von denen ich nie etwas wusste. Ich denke, er war selbst auch traurig, dass er zu feige war, zu mir offen zu stehen. Er hat nie richtig Stellung bezogen.«

Wenn Felix sich diese Vorstellungen und Begebenheiten in sein Bewusstsein holt, fühl er sich freier, hat ein gutes Gefühl. Es ist nicht so, dass er dem Vater alles verzeiht, aber er spürt wieder eine Verbundenheit. Er erkennt sich selbst in der Angst und in seiner Feigheit wieder. Es tut ihm gut zu merken, dass sie sich doch irgendwie nahe sind.

Felix stellt sich vor, wie sowohl hinter seiner Mutter als auch hinter seinem Vater eine schier endlose Kette von Ahnen steht, die alle gelebt haben, tatsächlich und wirklich gelebt haben und das Leben bis zu ihm weitergegeben haben.

Er kann diese Vorstellung allerdings viel besser mit seiner Mutter in Verbindung bringen. Da sieht er ihre Verwandten und Vorfahren, Schreiner und Bauern, und spürt, wie er von denen Kraft bekommt. Da schaut einer von der Arbeit auf und nickt ihm zu, da sind Leute, die im Dorf zusammenkommen und ihn begrüßen, das vermittelt Felix ein sehr gutes Gefühl. Beim Vater ist ihm das noch nicht so gut möglich. Stellt er sich seine Vorfahren vor, müsste er ihnen in der Fantasie erst einmal sagen, wer er denn ist. Er überlässt diese Aufgabe lieber seinem Vater in dieser imaginierten Szene. Der sagt dann auch: ›Da, schaut's her, das ist der Felix, mein Sohn. Nehmt ihn euch ans Herz.‹

Felix findet diese Vorstellung sehr berührend: »Ich stelle mir vor, wir sind in dem Dorf, aus dem er kommt, und er stellt mich den Dorfbewohnern und der ganzen langen Ahnenreihe vor. Ja, das gibt Kraft. Es ist schon erstaunlich, wie jeder von uns eine solche lange Kette von Leben hinter sich trägt, hinter sich gelassen hat.

Eigenartig, indem ich die Ahnen meines Vaters dazunehme, wird er selbst mit seinem persönlichen Leben nicht mehr so wichtig. Ich fühle mich stärker verbunden dadurch, dass ich die Reihe der Vorfahren mit herannehme, sie integriere, sie als meine *wirklichen* Vorfahren zulasse. Ich fühle mich im Moment ganz intakt und ruhend. Es ist ein schönes Gefühl, und auch das, was mein Vater gemacht hat und wie er gelebt hat, das ist jetzt nicht mehr so wesentlich. Das war seine Art, mit dem Schicksal umzugehen, aber immerhin hat er es möglich gemacht, dass ich lebe. Er hat dieses Leben aus der grauen Vorzeit, das durch die lange Ahnenreihe gesichert und geschützt worden war, jetzt an mich weitergereicht. Und das ist schön, ich freue mich darüber. Ich freue mich, dass ich lebe, ja, ich bin dir dankbar dafür. Ich habe den Impuls, dich, meinen Vater, und unsere Vorfahren zu umarmen. Ich bin dir dankbar, dass du das Leben auf mich übertragen hast, dass du mein Leben möglich gemacht hast. Es wäre schön, wenn wir auch in diesem Leben einen stärkeren und dichteren Kontakt gehabt hätten, das klappte leider nicht. Aber dass ich lebe, das ist gut.

Es war auch sicher nicht so selbstverständlich unter diesen Umständen.

Gut, so kann ich dich jetzt eher stehen lassen als sehr gegenwärtigen, sehr lebenswirksamen Teil meiner Vergangenheit. Zwar ist zwischen uns noch nicht alles in vollster Harmonie, aber das ist jetzt nicht so wichtig. Ich spüre tief drinnen Freude und die Bereitschaft zum Frieden dir gegenüber, und das ist sehr sehr gut für mich. Vielleicht auch für dich.«

Die Geschichte von Felix zeigt, wie vielschichtig verwoben familiäre Tabus sind. Die Folgen erweisen sich für alle Beteiligten als weitreichend, und wie ein Geschwür beginnt es sich im System der Familie auszubreiten. Woran liegt es, wenn die Eltern zu ihren Kindern nicht offen stehen können? Wer soll wirklich geschont werden mit solchen Geheimnissen? Wie wäre das Leben von Felix verlaufen, wenn seine Eltern mit den Fakten seines Lebens anders umgegangen wären? Was hätte sich für seine Geschwister geändert? Fragen ohne Antwort. Es war, wie es war, und Felix, mittendrin in diesem Gewirr von Heimlichkeit, musste es eben leben, so gut es ging.

Die Suche – Walter 2

Walter hat eine Zeit der Getriebenheit hinter sich. Wie ein Besessener beschäftigt er sich ständig und wie unter Zwang mit den Ereignissen vor, während und nach seiner Trennung von Gerda. Immer wieder taucht der Wunsch auf, mit ihr Frieden zu schließen, um dann frei zu werden für den Kontakt zum Sohn.

Allerdings muss er die Erfahrung machen, dass nach wie vor sämtliche ihrer Verwandten und Bekannten, sofern sie überhaupt noch Kontakt mit Gerda haben, ihm nichts sagen wollen: Niemand verrät, wo und wie sie lebt. Es ist schon beeindruckend, wie sie teilweise herumdrucksen, so als wollten sie sich nicht die Finger verbrennen an einer Sache, die auch für sie immer noch zu heiß ist. Welche Macht musste diese Frau über alle ihre Bekannten ausüben, dass sie nach so langer Zeit diese Kontrolle aufrechterhalten kann! Welche Kraft in diesen Tabus gebunden ist, erkennt man an der Stärke der Barrieren, die ihrer Aufhebung entgegenstehen. Und dann endlich kommt Walter doch einen Schritt weiter. Er findet heraus, dass die Familie seines Sohnes in Amerika lebt, irgendwo in einer Kleinstadt im Mittelwesten, und dass noch zwei weitere Kinder zu Gerdas Familie gehören.

Er hat also die Möglichkeit, über die Telefonauskunft die Telefonnummer zu erfragen. Und nun geschieht etwas sehr Eigenartiges. Obwohl er zwei Monate wie ein Verrückter gesucht hat, um diese Informationen zu erhalten, spürt Walter plötzlich eine große Scheu, diesen letzten Schritt tatsächlich zu tun: »Was mache ich, wenn plötzlich der Sohn am Apparat ist? Wie spreche ich mit Gerda, ohne dass sie gleich vor Schreck in Ohnmacht fällt, wenn plötzlich die

Vergangenheit via Telefon im Wohnzimmer steht? Vorher waren das Gedankenexperimente, aber jetzt – darf ich wirklich in diese gewachsene Gemeinschaft eindringen?«

Er verspürt eine wahnsinnige Aufregung, ja Angst, hier wirklich ganz konkret aktiv zu werden. Außerdem ist es für ihn wieder zweifelhaft geworden, ob er emotional wirklich in der Lage ist, sich in diesen ersten Kontakten so zu verhalten, dass nicht noch mehr Porzellan zerschlagen und damit die Chance für eine vernünftige, reife Form der Kontaktaufnahme auf Jahre oder Jahrzehnte hinaus gestört werde. Seine Gedanken kreisen wild um die immer gleichen Fragen, ohne eine endgültige Antwort zu finden.

Was kann schlimmstenfalls passieren?

Sein Anruf kann, nachdem er nichts über den Zustand der Familie dort weiß, etwas ins Rollen bringen, was über zwei Jahrzehnte tabu war. Vielleicht befindet sich der Sohn oder das ganze System dort in einer sensitiven Phase – Ablösung von der Familie, Aufnahme einer eigenen Partnerschaft, unter Umständen Gründung einer eigenen Familie, Gründung einer beruflichen Existenz? Die Verwirrung durch die Öffnung des alten Geheimnisses kann einen Rückschlag in der Entwicklung, möglicherweise sogar eine Kurzschlussreaktion nach sich ziehen.

Was kann bestenfalls passieren?

Dass nach einer Phase der Krise die volle Kenntnis seiner Identität dem Sohn neue Stärke, größere Sicherheit im Kern seines Wesens und eine Revision der Beziehung sowohl zu seiner Mutter als auch zu seinem Ziehvater bringt. Gerade das sollte ihm eine reifere Form der Ablösung ermöglichen, als es ihm in der jetzigen Phase möglich ist, die von Geheimniskrämerei, Verleugnung und Verdrängung der wesentlichen Punkte seiner Existenz gekennzeichnet ist.

Walter bleibt nichts anderes übrig, als zum Hörer zu greifen und es einfach zu tun. Die Suche ist an einem neuen Punkt angelangt: Er ist nicht mehr handlungsunfähig, nicht mehr von allen Informationen ausgeschlossen. Mit dem Freiraum zum Handeln aber ist er plötzlich auch verantwortlich, nicht mehr passives Opfer, sondern aktiv Handelnder.

Ein Anruf aus der Vergangenheit

Nach einigem Zögern fragt Walter bei der Auskunft nach der Telefonnummer und erhält sie tatsächlich ohne Schwierigkeiten. Bereits beim Gespräch mit der Telefonauskunft ist er sehr nervös. Als er sich dann entschließt, bei Gerda wirklich anzurufen, verspürt er wieder eine unglaubliche Aufregung. Es ist so, als würden die über Jahrzehnte zurückgestaute Enttäuschung und die Angst vor neuerlicher Verletzung plötzlich wieder voll zutage treten.

Er setzt sich also mit pochendem Herzen hin und lässt es klingeln. Keine Antwort, die andere Seite hebt nicht ab. Im ersten Moment war er erleichtert, da er in diesem Zustand ohnehin kein vernünftiges Wort herausgebracht hätte. Walter lässt den halben Tag vergehen, ständig damit beschäftigt, wie er wohl mit der jeweiligen Situation umgehe, wenn der Sohn, Gerda, ihr Mann oder eines der anderen Kinder abhebt. Beim nächsten Versuch, einige Stunden später klappt die Verbindung – die Lawine kommt ins Rollen.

Er erreicht tatsächlich Gerda. Sie ist zuerst völlig sprachlos, sehr lange Zeit. Dann, mit brüchiger Grabesstimme, fragt sie auf Englisch nur: »Wer gab dir die Nummer? Wer sagte dir, wo wir leben?« Es entspinnt sich ein lächerliches Hick-Hack darüber, ob es jetzt so wichtig wäre, darüber zu sprechen. Walter versucht ihr klarzumachen, dass er eigentlich alles weitere schriftlich sagen möchte und dazu die Adresse benötige. Aber sie ist völlig defensiv, sieht nicht ein, warum sie ihm in irgendetwas behilflich sein soll. Dann wird sie plötzlich hektisch, sagt in diesem fürchterlichen Akzent des Mittelwestens, dass er bei dem, was er vorhabe, weder sie noch ihren Ehemann verletzen könnte, lediglich eine »dritte Person«. Und das könnte doch wohl nicht in seinem Interesse sein.

Walter ist ziemlich blockiert, antwortet ihr wieder auf Deutsch, faselt irgendetwas davon, dass es nicht darum gehe, jemanden zu verletzen. Vielmehr würde er ein menschliches Grundrecht auf Kontakt zum Sohn und in seinem Falle auf Kenntnis seiner Identität einfordern. Und nachdem das nun wohl mehr als überfällig sei, wäre er zumindest entschlossen, das zu erreichen. Gerda jedoch legt einfach auf.

Seinem Gefühl nach war er zwar sehr aufgeregt, aber nicht aggressiv, eher betroffen und enttäuscht über diese wahnsinnige Distanz und Ablehnung, die ihm entgegenschlug. Sicher, er war vorbereitet, dass sie geschockt sein würde und wollte ihr auch Zeit lassen. Sie aber hatte die Sache sehr rasch auf den extremsten Punkt gebracht, so dass es kein Zurück mehr gab.

Sie warf Walter in diesem gedehnten Macho-Englisch vor, dass er sehr aggressiv wäre und dass sie keine Veranlassung hätte, ihm in irgendeiner Weise entgegenzukommen. Er hingegen versuchte, gegen ihren Redefluss einzuwerfen, dass sie sich doch in einer Zeit befänden, in der überall in der Welt jahrzehntelang hochgehaltene irrationale Grenzen zerbröckelten und Mauern zu fallen begännen und dass das wohl auch eine günstige Zeit wäre, ihre Grenze zur Diskussion zu stellen. Er erntete ein scharfes »I don't see what the one has to do with the other.« Und dann legte sie auf.

Walter bezichtigt sich, ein träumerischer Idiot zu sein, hatte er doch tatsächlich insgeheim ein gewisses Entgegenkommen erwartet. Zuerst war er richtig perplex, dachte, dass wohl auf Jahrzehnte hinaus wieder alles ruiniert sei. Und er war wirklich entsetzt über diese Härte und Distanz, ja Feindseligkeit, die Gerda ihm entgegenschleuderte.

In den Stunden danach versucht er, sich in ihre Lage zu versetzen, zu verstehen, dass es ihr wohl auch nicht so gut damit ging, dass er ihre Nummer herausgefunden hatte. Und nach dem verkorksten Telefonat muss sie jederzeit damit rechnen, dass er in der Tür stehen und nach dem Sohn fragen werde. Wahrscheinlich glaubte sie sogar,

Walter würde sich den Weg freischießen. Er sinniert darüber, ob Gerda und ihre Familie sich jetzt mit Schusswaffen ausstatten, so sie es nicht ohnehin schon längst getan haben.

Ihre Methode, ihn ohne Rücksicht auf Verluste einfach wegzutreten, war zwar im Augenblick recht wirkungsvoll, aber sie konnte sich ausrechnen, dass das wohl nicht von Dauer effektiv sein würde. Walter wiederum kommt zu dem Schluss, dass jetzt ohnehin schon alles kaputt sei und er ebenso gut gleich noch einmal anrufen könne. Schlimmstenfalls wiederholen sich die verletzenden Vorwürfe, aber in der Sache kann es wohl nicht mehr schlechter werden.

Er entschließt sich also drei Stunden später, es ist in Europa mittlerweile nach Mitternacht, zu einem zweiten Anlauf. Eine schlimmere Abfuhr als jene, die er sich bereits geholt hat, kann es ohnehin nicht mehr geben. Also greift er ein weiteres Mal mit fürchterlichem Herzklopfen zum Hörer, kommt auch gleich durch, und siehe da, Gerda spricht plötzlich deutsch mit ihm. Sie bedankt sich dafür, dass er noch einmal anruft. Walter ist nur darauf bedacht, das Gespräch nicht wieder scheitern zu lassen, kann ihr glaubhaft versichern, dass es nicht seine Absicht sei, zu stören oder zu verletzen, sondern dass er das Bedürfnis habe, Informationen über seinen Sohn zu bekommen. Und dass er ihn kennenlernen möchte.

Sie sind offensichtlich beide erleichtert. Sie teilt ihm mit, dass es ihm gut geht, dass er sich prächtig entwickelt hat. Jetzt aber hat er eine schwierige Tätigkeit übernommen, bei der ihn die Auseinandersetzung mit Fragen seiner Identität wahrscheinlich zu stark aus der Bahn werfen würde. Vor allem fürchtet sie, dass er vielleicht alles liegen und stehen lassen würde, um Walter aufzusuchen und kennenzulernen.

Als er sie nach ihrer Adresse fragt, gibt sie ihm diese. Erst als er nach dem Vornamen des Sohnes fragt, zögert sie noch einmal lange, bis sie ihn dann endlich mit leiser Stimme, wie nebenbei eingeflochten in einen Satz, buchstäblich *von sich* gibt – Alf, eigentlich Alfred Heinz Robert in voller Länge.

102

Nach fast 25 Jahren!

Das Komische ist, dass Walter über diesen Namen überhaupt nicht überrascht ist. Plötzlich ist es so, als hätte er ihn schon immer gewusst, obwohl er ihn bewusst natürlich nicht hätte nennen können. Es ist wirklich sehr eigenartig, wie vertraut ihm der Name des Sohnes erscheint.

Gerda beginnt dann plötzlich von sich aus, viel über die Zeit damals während der Schwangerschaft zu sprechen, so als müsste sie sich rechtfertigen, so als müsste sie sich ein Schuldgefühl vom Leib sprechen. Es gelingt Walter kaum, sie zu unterbrechen, und er hat den Eindruck, sie hört ihm dabei gar nicht mehr so recht zu. Nur als sie sich nach seiner Familie, seinen Kindern erkundigt und er ihr der Reihe nach über sie berichtet, wird sie ruhig. Dann sagt sie, dass das damals vielleicht ein Fehler war, um gleich abzuschwächen, dass man das aber so nicht sagen könnte. Denn hätten sie anders gehandelt, würde es all die anderen jungen Menschen nicht geben. Eine Logik, die einiges für sich hat.

Dennoch, Walter ist nach diesem Gespräch sehr froh, der Bann scheint gebrochen. Jetzt kann es weitergehen. Ihn berührt, dass in diesem langen Telefonat plötzlich wieder Nähe zwischen ihnen spürbar ist, so als seien die vielen Jahre der teilweise vielleicht künstlichen Abgrenzung spurlos verschwunden, eine Nähe, die bei dem, was objektiv zwischen ihnen liegt, eigentlich auch wieder unrealistisch ist. Die Erleichterung im zweiten Gespräch hat sie beide für kurze Zeit wie betäubt gemacht. Sie hatte sich davor, über mehr als zwei Jahrzehnte, hermetisch abgeriegelt, weil sie anders keine Möglichkeit sah, diesen für sie gewiss sehr schweren Konflikt unter Kontrolle zu halten. Sie hatten nur die Wahl zwischen fast grenzenloser Nähe und Feindschaft bis aufs Messer. Und die jetzt plötzlich hereinbrechende Nähe kann, da nicht in gelebter Beziehung verwurzelt, trügerisch sein und leicht wieder kippen.

Unmittelbar nach dem Gespräch ist Walter erschöpft, am Tag darauf aber so glücklich wie kaum je zuvor. Die Mauer scheint in sich zusammengefallen zu sein, und wenn auch die Verbindung zu dem Sohn noch nicht hergestellt ist, so ist doch erheblich viel in Bewegung geraten. Er lässt dem Telefonat einen Brief folgen, in dem er einige Vorschläge macht, wie sie weiter verfahren könnten, um die Begegnung mit Alf vorzubereiten. Außerdem bringt er in diesem Brief zum Ausdruck, wie glücklich er sei, dass die Mauer des Schweigens und des Versteckspiels endlich gefallen sei.

Eine Schwalbe macht noch keinen Sommer

Was Walter nicht schreibt, ist, dass zumindest ansatzweise auch seine warmen Gefühle von damals wieder spürbar geworden sind, auch wenn sie gar nicht auf reale Nähe hin abzielen. Vielmehr kann er das gemeinsame Schicksal und das, was zwischen ihnen offensichtlich nach wie vor besteht, aber nicht wirklich werden durfte, plötzlich annehmen. Die Trennung ist auf einmal kein Grund mehr, ein warmherziges Gefühl nicht zuzulassen. Es ist ein Gefühl, das Raum lässt dafür, dass Gerda ein völlig anderes Leben führt und dass die tatsächliche Nähe zu ihr weder angestrebt wird noch möglich ist. Das Wissen um die gemeinsame Beziehung zu Alf reicht aus, um den inneren Frieden und die Freude wiederzufinden, zumindest für einige Tage.

Denn Walter erwartet eine Antwort, zählt die Tage, die der Postweg beansprucht. Es vergehen Tage, Wochen, und die Enttäuschung des vergeblich Wartenden kehrt zurück. Wie bekannt sind ihm diese Gefühle! Ernüchterung macht sich breit, und eine Ahnung kommt auf, dass der kurze Frühling sich rasch und ohne sein Zutun wieder in einen eiskalten Winter verwandelt haben könnte.

Walter versinkt wieder in einen Zustand deprimierter Leere. Und ist nach wie vor wie gefangen von dieser unerledigten Geschichte. Er muss Samir sprechen, ruft ihn an, erzählt ihm am Telefon kurz den bisherigen Verlauf der Aktion. Als er fragt, ob er am Sonntag vorbeikommen könne, stimmt Samir zu: »Für dich ist die Tür immer offen, seit damals besonders, als du mir beigestanden hast, als das mit dem Vater war«.

Wie Samir das umschreibt, »... als das mit dem Vater war«. Er sagt auch nicht »meinem Vater«, sondern »mit dem Vater«.

Späte Annäherung – Samir 2

Etwa zwei Jahre nach dem Begräbnis der Großmutter ruft Samir überraschend bei Walter an: Sein Vater sei gestorben, ob Walter kommen könne. Auf dem Weg beschäftigt Walter Samirs fragile Stimme. Bröckelt jetzt die Mauer, die er seit Jahren gegen den Vater aufgebaut hatte?

Der Schock damals, als Amina kam, der Auszug, die Trennung der Eltern, Studium, erst drei Semester Sozialpädagogik, dann zwei Semester Informatik, Sinnkrise und seither Rückzug in die Landwirtschaft. Außer beim Begräbnis der Großmutter gab es keinen Kontakt zum Vater. Sein Vater hat nie einen Versuch gemacht, Samir zu treffen, und Samir auch nicht. Seine Mutter wollte keinen Kontakt, sie wollte, dass ihre Familie sich ihrer Haltung anschloss.

Während Walter diese Stationen in Gedanken durchgeht, wird ihm auch klar, warum Samir dagegen war, gegen Gerda offensiver vorzugehen. Kann schon sein, dass er die Situation seiner Mutter und seine Loyalität mit ihr mit der Situation von Gerda vergleicht.

Als Walter Samis Haus betritt, erschrickt er erst einmal, wie chaotisch es im Vorraum aussieht. Das ist an sich nicht die Art seines Cousins, dass er das Haus vernachlässigt. Er findet Samir in der Küche am Ecktisch, dem alten, ausladenden Ungetüm, das noch der Urgroßvater aus einem Nussbaum zimmern ließ. Sami hockt da wie ein Häufchen Elend, blass, auf die Arme gestützt, rührt sich kaum, als Walter näher kommt. Dann, einige Sekunden später, als Walter, stehend noch, sanft seinen Rücken berührt, seufzt Samir auf, dreht sich um, langsam, wie unter einer schweren Last, blickt an Walter vorbei und flüstert ein etwas zittriges »Danke!«

Walter stellt Wasser auf, sucht Nescafe, bereitet Tassen vor, fragt dabei, ob Samir wisse, wie »es« denn geschehen sei.

Herzstillstand, ohne Ankündigung, quasi aus dem Stand heraus. Bei einem syrischen Freund in der Wohnung sei es geschehen.

Als sie das heiße Getränk schlürfen, Samir mit sehr viel Zucker, als hätte er diese Gewohnheit als einen Rest seines orientalischen Erbes behalten, sagt er, dass Amina ihn angerufen habe. Sie habe, keine Ahnung wie, seine Telefonnummer gefunden und wollte direkt mit ihm sprechen, nicht auf dem Umweg über Samirs Mutter. Amina sei sehr traurig gewesen und habe mit sanfter Stimme zu ihm gesprochen. Aber viel habe er nicht erfahren. Die kleine Moscheegemeinde existierte zwar nicht mehr, aber einige Gefährten seines Vaters seien noch da. Nutzten das Wohnzimmer des Freundes für ihre Versammlungen. Sie wollten ihn rasch begraben, wie es bei ihnen daheim Brauch sei. Hierzulande ginge das dann doch nicht so blitzartig wie im Orient, aber doch noch verhältnismäßig schnell. Morgen Abend sei die Waschung des Leichnams und Amina habe ihn gebeten, hinzukommen, es wäre sehr wichtig, dass Samir dabei wäre, »wenn Abu Samir die rituelle Waschung erhält ...«

Samir spricht leise weiter: »›Abu Samir?‹, fragte ich sie.

›Ja, Abu Samir, das heißt Vater von Samir, so nannte er sich nach eurem Krach damals‹, hauchte sie ins Telefon. Das hat mir dann buchstäblich den Boden unter den Füßen weggezogen. Ich schaffte es noch, Amina zu versprechen, dass ich kommen würde, fragte sie, wo denn diese Waschung stattfinden würde.«

In das Schweigen, nur vom Schlürfen des Kaffees unterbrochen, sagt er dann unvermittelt, direkt an Walter gerichtet: »Ich bitte dich, mich zu begleiten, zur Waschung morgen und zum Begräbnis übermorgen am Nachmittag.«

Walter will wissen, ob das denn überhaupt gehe, schließlich sei er kein Moslem.

»Bin ich denn einer?«, fragt Samir zurück, »wir machen das einfach. Schließlich ist der Tote mein Vater und du bist mein Cousin, bist also auch mit ihm verwandt. Da soll einer nur versuchen, uns fernzuhalten!«

Nach einer längeren Pause setzt Samir fort: »Amina wird ja auch da sein. Zwar dürfen Frauen den Raum der Waschung selbst nicht betreten, sie treffen sich aber im Vorraum, während die Waschung vorgenommen wird. Und Vaters syrische Freunde, die helfen uns schon. Mir geht es jetzt nicht gut, Walter. Ich habe ein sonderbares Gefühl, das ich bis jetzt so nicht gekannt habe, einerseits von innerer Aufregung und andererseits von Unwirklichkeit, so als wüsste ich nicht mehr, wer und wo ich bin, welche Wirklichkeit das ist, so als würde sich meine Welt auflösen, nicht nur innerlich, sondern auch die äußere Welt. Mir ist unheimlich, so als könnte jederzeit alles Mögliche geschehen. Ist Vater da, ist er ein Geist, was ist ein Mensch, wo ist er, im Körper oder sonst wo? Was geschieht mit dir, Walter, wenn du einen Schritt machst, zur Seite trittst, wo ist dein Wesen dann? An der Stelle, an der du vorher gewesen bist, oder dann an der neuen Stelle? Entschuldige, ich rede für dich wirres Zeug, aber irgendwie stehe ich neben mir. Ich habe auch Angst einzuschlafen, ich fürchte das, was passiert, wenn ich die Kontrolle über mein Bewusstsein abgebe, beim Schlafen. Keine Ahnung, was dann geschieht, aber ich bin nicht ganz im Besitz meiner Sinne, wie es aussieht.«

Der nächste Morgen verläuft undramatisch, Samir versorgt die Tiere, Walter erledigt Telefonate, gegen Mittag kommt der Bürgermeister, um Samir zu kondolieren. Anschließend machen sich Samir und Walter auf den Weg in die Stadt, um an der rituellen Waschung teilzunehmen. Es gibt an einem der Friedhöfe ein Gräberfeld, das für Muslime ausgewiesen ist. Es wird, so erfahren sie, nicht übermäßig genutzt, da viele Immigranten, wenn sie es sich leisten können, ihre Verstorbenen per Flugzeug in das Herkunftsland transportieren, um sie dort zu bestatten.

In der Nähe dieses Gräberfeldes ist ein kleiner Raum für die Totenwaschung adaptiert worden: Ein gefliestes Zimmer mit einer Art gemauerten Liege in der Mitte, die ebenfalls mit Fliesen ausgekleidet ist, Wasseranschlüsse und -abflüsse.

Als sie sich dem Gebäude nähern, hören sie bereits den Singsang der Quran-Suren, der aus dem Raum nach außen dringt. Samir wird unruhig, rückt näher an Walter heran.

Sie treten ein, Arm in Arm, sehen einige Männer vor der Liege, schon mit den Vorbereitungen beschäftigt. Sie treten zur Seite, als sie Walter und Samir sehen. Walter, immer noch eng neben Samir stehend, sieht den Leichnam von Abu Samir vor sich, auf dem Rücken liegend, unbekleidet, nur von einem Tuch zwischen Hüfte und Knien bedeckt. Überrascht stellt Walter fest, dass der Tote einen friedlichen Ausdruck im Gesicht trägt, fast lächelnd.

Da löst sich Samir von Walter, geht die zwei Schritte vor und kniet sich zu den Füßen seines Vaters, nimmt sie in beide Hände, legt seine Stirn drauf und verharrt so für lange Zeit, während seine Tränen über des toten Vaters Füße fließen und sich dann mit dem schon verwendeten Wasser mischen.

Ein älterer Mann, Samir sagt später, dass es ein enger Gefährte seines Vaters war, tritt nach einiger Zeit an Samir heran, berührt ihn leicht an der Schulter und ermuntert ihn, gemeinsam mit ihm die Waschung fortzusetzen.

Samir berührt noch einmal die Hände, die ihm so vertraut waren, küsst noch einmal Abu Samirs Stirn.

Dann, beginnend am Kopf, wäscht Samir den Körper seines Vaters, angeleitet durch dessen alten Freund. Während dieser Tätigkeit verliert die Situation ihren fremdartigen, unwirklichen Charakter und wird sehr praktisch und physisch zugleich. Eine Reinigung eben.

Und in diesem langsamen, behutsamen Vorgang, als Samir des Vaters Narbe im Gesicht berührt, seinen ausgemergelten Körper sorgfältig mit aus Kampfer und Rosenöl getränktem Wasser abreibt, sieht er vor seinem inneren Auge Abu Samirs Leben vorbeistreichen, ein syrisches Baby erst, dann einen ambitionierten Schuljungen, den Jugendlichen Rebellen, den jungen Mann, die erste Familie, seine Verwundung, Gefängnis, Flucht, Asyl, seine zweite Familie in der neuen Heimat und schließlich den Tod.

Als Samir fertig ist, verneigt er sich zum Leichnam hin und wendet sich zur Tür. Draußen sieht er seine weinende Schwester Amina stehen, geht hin und umarmt sie, sehr lange. Er verneigt sich dann vor ihrer danebenstehenden Mutter Ihsan und stellt sich neben sie in die Reihe der im Vorraum Wartenden, während drinnen die Gefährten von Abu Samir die Waschung abschließen.

Als sie damit fertig sind, wird der Leichnam in drei Tücher geschlagen und bis zur Beerdigung aufbewahrt. Die Zeremonie ist beendet, man verabredet sich an derselben Stelle am nächsten Tag und verabschiedet sich für jetzt.

Walter ist sehr berührt von dem, was er miterleben durfte. Er stellt fest, dass Samir völlig verändert wirkt im Vergleich zum Vorabend. Nichts ist mehr da von der wirren, angstvollen Zerrissenheit. Samir ist klar, ruhig, freundlich und sehr gefasst.

Irgendetwas muss wohl sehr gut geworden sein in dieser kurzen, archaischen Szene. Eine tiefe Spaltung ist behoben.

Samir will nun zu seiner Mutter und bittet Walter, ihn zu begleiten. Diese erwartet sie schon bei sich zu Hause, in der alten Wohnung, in der Samir seine Kindheit verbrachte. Nur die Katze ist nicht mehr da. Und der Vater natürlich, doch der hat ja schon bald nach Samirs fluchtartigem Auszug ebenfalls die Wohnung verlassen und lebte in der ersten Zeit nach dem Krach bei einem Freund. Samirs Mutter macht ihnen Kaffee und bringt Kekse.

Der Frieden scheint zusammenzubrechen, als Samir sagte, er möchte, dass seine Mutter morgen mit auf die Beerdigung kommt. Sie wehrt abrupt ab, unterstreicht das mit einer Handbewegung, die Samir nur zu gut kennt. Doch diesmal lässt er nicht locker: »Mach' es, wenn nicht für dich und Vater, für mich bitte. Ich bitte dich da-

rum. Es ist ganz wichtig für mich, bitte komm mit! Mir zuliebe, lass'
mich nicht im Stich, ich bitte dich!«

Sie will wissen, wie sie sich der anderen Frau gegenüber verhalten
soll.

»Mama, wir sitzen alle in einem Boot. Mach dir deswegen keine
Sorgen. Ich stehe immer neben dir, und Walter hat gesagt, er wird
auch dabei sein.«

Walter und Samir holen Samirs Mutter am nächsten Tag ab, gehen
zum Friedhof, wo in einem Nebenraum des Friedhofsgebäudes der
Sarg steht, keine Kränze, nur einige Blumen. Als sie sich dem Raum
nähern, zieht Samirs Mutter ein Kopftuch aus der Tasche und bindet
es mit routinierten Bewegungen um. Sie bleiben vor dem Raum kurz
stehen, von drinnen hört man, wie einer eine Sure aus dem Quran
rezitiert, die Sure Ya Sin, auf Arabisch natürlich, wie bei so einem
Anlass üblich.

Dann geht Samirs Mutter entschlossen los, die beiden Männer
folgen ihr. Sie geht direkt auf den Sarg zu, bleibt knapp davor stehen
und verweilt. Samir, der etwas seitlich hinter ihr steht, kommt die
Zeit endlos vor, doch dürften es höchstens zwei, maximal drei Minu-
ten gewesen sein. Dann dreht sie sich um, erkennt Amina, geht zu
ihr und ihrer Mutter, begrüßt beide und stellt sich dann neben sie,
als wäre das etwas ganz Selbstverständliches. Ob sie auch kondoliert
hat, war für Walter nicht zu hören.

Nach einer kurzen Trauerzeremonie am Grab verliert sich die
Trauergemeinde rasch. Walter, Samir und seine Mutter haben die
Einladung zum Essen in der nahe am Friedhof liegenden Gaststätte
angenommen. Dort erhebt Abu Samirs engster Freund die Stimme.
Er erzählt, an die Runde der anwesenden Trauergäste gerichtet, dass
er dabei war, als Abu Samir starb. Seine letzten Worte seien Grüße an
seinen Sohn Samir, dessen Mutter und seine Tochter Amina und deren Mutter Ihsan gewesen.

Später setzt der Freund sich zu Samir, erzählt etwas davon, wie
er Samir als Kind in der Kellermoschee erlebt hat, um ihm dann

unvermittelt ins Ohr zu flüstern: »Du weißt, dass dein Vater den sehnlichen Wunsch hatte, dass du für ihn die heiligen Stätten in Mekka und Medina besuchst, für ihn die Hadsch machst. Ich würde dir helfen dabei, falls du dich entschließen solltest, solange ich noch kann.«

Das also war es, was Samir meinte, wenn er etwas umschreibend sagte: ›… als das mit dem Vater war.‹

Zurück auf Anfang?

Bei Samir angekommen, erzählt Walter lange von seinem Telefonat mit Gerda und von seinem Brief. Samir überredet Walter, noch zu warten, doch zwei Monate später greift Walter noch einmal zum Telefon, erwischt wohl einen sehr ungünstigen Augenblick und erhält auf die Frage, wann es einen besseren gäbe, den Hinweis, es werde wohl keinen besseren geben. Dann wartet er noch einmal zwei lange Monate.

Das sagt sich so leicht dahin, die Zeit aber ist angefüllt mit einer an Besessenheit grenzenden inneren Beschäftigung mit der Situation, den Motiven der anderen Seite.

Walter schreibt ihr schließlich einen langen Brief, in dem er sich über dieses Verhalten beklagt. Er signalisiert seine Bereitschaft zu warten, wenn er eine sinnvolle Begründung dafür bekäme und sie ihm weitere Informationen gebe. Er wolle auf dem Laufenden gehalten werden, irgendwie einbezogen, als Mitglied des Systems anerkannt sein. Wie damals, als alles begann, schaffte sie das auch jetzt wieder nicht. So erinnert er sie daran, dass er im Falle fortgesetzten Schweigens die Möglichkeit habe, die Verbindung zu Alf, dem Sohn, selbst herzustellen. Er schickt ihr auch einige Bilder seiner Familie, um dem Sohn Gelegenheit zu geben, sich auf diesen Teil seiner Verwandtschaft allmählich einzustellen. Walter bittet Gerda im Gegenzug um Bilder von Alf.

Tage, Wochen, Monate verstreichen, ohne Antwort. Es wird Gewissheit, dass die Mauer wieder steht und die schwere Tür in der Mauer wohl wieder ins Schloss gefallen ist.

Das alte, auch vertraute Gefühl, abgeschoben, wie eine unwichtige Schachfigur beiseitegeräumt zu werden, ohne jede Kommunikation, einfach außen vor gehalten, stellt sich wieder ein. So als sei sein Leben in dieses Warten, Bangen und Hoffen unausweichlich eingebettet. Die Gewissheit tut weh, nicht beachtet, einfach nicht für voll genommen zu werden.

Dann wachsen Wut und Bitterkeit und lösen die Niedergeschlagenheit ab. Zwischen den vielen Erklärungsversuchen, die in der Zeit Walters Denken beschäftigen, wächst die Entschlossenheit, das nicht mehr mit sich machen zu lassen. Der Zorn, den er damals nicht zum Ausdruck bringen konnte, als es zur Trennung kam, er wird nun mehr und mehr spürbar: Warum also nicht die ganze Angelegenheit zu einer Sache zwischen ihm und dem Sohn definieren?

So bedauerlich es ist, dass Gerda bei diesem wichtigen Schritt nicht kooperiert: Es hat doch auch etwas Befreiendes. Walter braucht sich nicht mehr um die Schonung der anderen Familie zu kümmern. Es ist so, als könnte er endlich die Aufgabe in Angriff nehmen, den Sohn selbst direkt anzusprechen. Bis dahin war dieser mehr oder weniger im Schatten seiner Mutter gestanden. Hin und wieder schien eine Art von vager Beziehung zum inneren Bild von ihm zu entstehen. Diese fragile innere Verknüpfung verschwand jedoch jedes Mal rasch wieder unter der Dominanz des Konfliktes mit der Person, zu der die konkret gelebte Beziehung bestanden hatte, nämlich zu Gerda, seiner Mutter.

Eigenartigerweise gelang diese innere Einstellung auf den Kontakt mit dem Sohn immer dann besser, wenn sich die allzu enge gefühlsmäßige Verflechtung mit der Mutter in den Phasen des Ärgers lockerte. Bald nachdem jedoch das Bewusstsein frei schien, den Kontakt mit dem Sohn zu suchen, verflüchtigte sich der Ärger auf die Mutter wieder und das Karussell begann von Neuem. So als würde sie sich wieder dazwischenschieben und die Aufmerksamkeit auf sich lenken. Allerdings stellte Walter für sich selbst eine Art Zeitplan auf: Etwa ein halbes Jahr würde er noch warten und dann handeln.

Neben dieser Phase des Ärgers gibt es auch Phasen subjektiv erhöhter Klarheit. Sie liegen gleichsam zwischen dem depressiven Gefühl und dem Zorn. In diesen Phasen kann er von seinen eigenen Wünschen und Bedürfnissen etwas besser abstrahieren, kann mit der Gegenwart seiner Lebensumstände und den Personen seiner unmittelbaren Umgebung wieder stärker Kontakt aufnehmen, sich auch eine relativ unbefangene Vorstellung über die Situation der anderen Seite machen.

Vor allem beginnt Walter, sich damit zu beschäftigen, wie Alf es wohl verarbeiten werde, wenn er plötzlich die Nachricht über ihre Beziehung erhält. Wie kann ihm das alles schonend beigebracht werden? Kann Walter ihm den Schock mildern, ohne die existenzielle Bedeutung dieser Information zu verniedlichen oder herunterzuspielen?

Mehr und mehr beginnt Walter, sich auch die Frage noch einmal zu stellen, ob es überhaupt notwendig ist, den Sohn zu informieren. Wozu braucht Walter es wirklich, hier in dieser Weise einzugreifen? Was ist also sein Bedürfnis, und was sind seine Gedanken über sein Bedürfnis? Reicht es nicht zu wissen, dass der Sohn da ist, dass er lebt, dass Walter einige Informationen bereits erhalten hat? Kann er nicht wie ein freundlicher, unsichtbarer Wächter Alfs weiteren Lebenslauf aus der Ferne und ohne seine Identität lüften zu müssen verfolgen? Ist es denn wirklich nicht nur ein vorgeschobenes Argument, dass Alf für die Stabilität und Klarheit seiner Persönlichkeit die volle Information über seine wahre Identität haben muss? Doch wie soll er das mit ihm klären, wenn es keinen Kontakt gibt?

Wenigstens bemerkt Walter, dass er in diesen Momenten wieder wie gefangen ist in der Auseinandersetzung, seine Konzentration, seine Aufmerksamkeit, sein gesamtes Bewusstsein, all das ist wie festgebunden durch die Blockade seiner Lösungsversuche. Er fühlt sich wieder wie ohnmächtig und gleichzeitig wie gefesselt. Er lässt den allmählich einsetzenden Frühling unbeachtet, sieht nicht die sich vorsichtig öffnenden Tulpen, spürt den wärmer werdenden Föhn nicht auf der Haut, erfreut sich nicht am Spiel und dem Gesang der Amseln, denn er bemerkt sie gar nicht. Und er achtet nicht auf die Menschen und deren Anliegen um ihn herum.

Es ist, als würde er nicht hier leben, als würde er zwischen längst Vergangenem und Zukünftigem pendeln, dabei das, was ist, übersehen. Da, wo er lebt, ist Walter nicht. Nur, wo ist er dann? In den Inhalten seiner Vorstellungen, die ihm wie Wirkliches erscheinen? Zu seinem Glück für Walter sind diese Phasen immer kürzer geworden in den letzten Monaten.

Der Knoten lockert sich

In dieser Zeit des Wartens wird Schritt für Schritt klarer, dass Walter neben allen anderen genannten Motiven tatsächlich auch das Bedürfnis hat, Gerda wirklich wehzutun. Das Bedürfnis zu haben, ist verständlich aufgrund der neueren Entwicklung, und es könnte angesichts Gerdas Verhalten dabei vielleicht sogar als durchaus gesund bezeichnet werden. Es auszuagieren, also dem Ärger entsprechend zu handeln, wäre vielleicht bedenklicher. Walter bemühte sich also, seinen Zorn zwar zu spüren, ihn aber nicht durch aggressive Maßnahmen abzureagieren. Das Bedürfnis danach ist jedoch vorhanden.

Gerda soll Wirkung zeigen. Es stört Walter, dass er der Einzige ist, der in dem ganzen Spiel Opfer zu bringen hat. Es stört ihn die Vorstellung, dass die dort auf »heile Welt« und »gesunde amerikanische Familie« machen, noch dazu in einer Gesellschaft, die von dem Glauben geprägt ist, wonach man alles hinter sich lassen und wieder neu anfangen kann, ohne die Vergangenheit noch beachten zu müssen. Er rebelliert gegen diesen Einwanderermythos, in dem die Familiengeschichten erst mit dem Tag beginnen, an dem die Freiheitsstatue gesichtet wird. Und alles, was vorher war, kann abgeschnitten werden.

Aber was hat das wirklich mit seinem Sohn Alf und den Notwendigkeiten seiner Entwicklung zu tun? Benutzt Walter nicht die Idee, dass Alf für seine persönliche Entwicklung seine wahre Identität kennen muss und zumindest einmal im Leben mit seinem leiblichen Vater tatsächlich und real in Kontakt treten sollte, um insgeheim doch seinen Rachefeldzug zu führen?

Diese Gedanken sind ihm unangenehm, lähmen ihn, viel schöner sind die Bilder und Fantasien, in denen er dort einmal richtig auf den Putz haut. Aber eignen sich diese Fantasien, um in die Realität umgesetzt zu werden? Ist es nicht so, dass Abreagieren neues Unheil schafft, zulasten Unschuldiger?

Schließlich weiß Alf ja noch nicht, dass er Walters Sohn ist. Was macht es erforderlich, ihn jetzt in diesem Alter zu informieren? Die Situation ist ja anders als bei Adoptierten, die in der Regel im Alter von zehn oder zwölf Jahren informiert werden oder sonst irgendwie dahinterkommen, dass sie adoptiert sind. Sie wissen dann zwar nicht, wer ihre Eltern sind, doch das Faktum der Adoption ist ihnen bekannt.

Man weiß von ihnen, dass sie diese Tatsache in der Regel zur Kenntnis nehmen, aber vorerst nicht weiter an sich heranlassen. Erst später, im Alter von etwa zwanzig Jahren, beginnen sie, sich auf die Suche nach ihren Wurzeln zu machen. Bei vielen kommt es dann zu sehr heftigen inneren und äußeren Aktivitäten, die manchmal sogar in eine Art Besessenheit münden können. Im Falle seines Sohnes und wahrscheinlich auch in ähnlich gelagerten Fällen, die ja wirklich zuhauf existieren, ist hingegen die Information, dass einer der Eltern nicht leiblicher Elternteil ist, etwas, was an das Kind gar nicht herangekommen ist. Ist es wirklich notwendig, ihn zu informieren?

Die Antwort ist einfach, so einfach, dass Walter lange nicht darauf kam: Walter *will* ihn kennenlernen und *er will*, dass er ihn und seinen Teil der Familie kennt. Das wird Walter plötzlich völlig klar. Er ist es, der das will. Er ist es, der das verantworten muss, und niemand sonst. Alle anderen Überlegungen spielen vielleicht eine zusätzliche,

aber letztlich untergeordnete Rolle: Ob auch der Sohn davon profitiert, seine Persönlichkeit klarer wird, Walters Familie den Makel
abschüttelt, sich ein Kind stehlen zu lassen und was ihm da zur Ent-
lastung seiner Verantwortung noch alles eingefallen ist. All das ist
sekundär.

Sicher, es geht auch um den Sohn. Doch es befreit Walter, sagen zu
können: »Es geht darum, dass ich das Gefühl habe, das erledigen zu
müssen. Und ich stehe dazu«.

Sicher gibt es Argumente dafür, die Information des Sohnes über
seine Herkunft zu betreiben, selbst dann, wenn die Elternpersonen,
mit denen er lebt, dagegen sind.

Walter gesteht sich aber ein, dass es ihm dabei nicht mehr nur um
das Wohl des Sohnes, das »Kindeswohl« geht. Er will ihn kennenlernen, will die Lücke schließen, die gerissen wurde, die er z. T. ja
auch selbst verursacht hat. Er will eben auch den Missbrauch zu-
rückweisen, der darin liegt, dass Gerda ihn als Vater ausgebootet hat.

Und nicht nur er, auch Alfs europäische Geschwister etwa, die mit
Walter gemeinsam aus dem Kontakt ausgeschlossen sind, wissen ja
mittlerweile um die Existenz dieses Bruders. Sie wollen ihn kennenlernen. Das ganze Gefüge der Geschwisterreihe erhält eine neue
Struktur, die natürlich auch über eigene Gesetze verfügt. Gelingt es,
sie zu integrieren, so hofft Walter, kommt es zu einer Art Befriedung
des gesamten Familiensystems. Vielleicht allerdings um den Preis,
dass die bei der Mutterfamilie aufgebaute und vielleicht künstlich
aufrechterhaltene Harmonie zerstört wird. Das sind aber Gesichts-
punkte, die nicht mehr den Sohn selbst betreffen.

Und dann sind da noch die anderen, Onkel und Tanten, Großeltern. Auch sie wollen den Verlorenen finden. Walter will, mit der
symbolischen Kraft seiner Familie im Rücken, den Schleier heben,
der die Existenz dieses Sohnes verhüllt. Dieses Etwas, über das nicht
gesprochen werden darf und das eine Art »Als-ob«-Stimmung erzeugt. Alle Facetten des Wesens des Sohnes Alf, die in Richtung Intuition, Fantasie, Traumbilder weisen, sollen nicht mehr negiert wer-

den müssen. Nuancen der seine Persönlichkeit ausmachenden Aspekte, wie ihre Echtheit, ihre »Geerdetheit«, ihr Grundvertrauen, werden, so pumpt sich Walter förmlich auf, sich voll entfalten können, wenn diese Klarheit hergestellt ist. Dazu gehört, dass seine Vaterfamilie ihn will und ihm auch Krisen zumutet, um den Kontakt zu ihm zu erreichen.

Ob Walter da nicht doch etwas zu pathetisch wird und sich viel vormacht, eine bombastische Begründung für seinen Feldzug bastelt? Samir holt ihn da schnell wieder auf den Boden der Wirklichkeit zurück, oder zumindest auf das, was Samir dafür hält.

Schade, dass Alfs Mutter und vermutlich sein Stiefvater bei der Aufklärung nicht kooperieren, ja diese extrem behindern. Sie werden die Ursache für alle Krisen, die kommen müssen, wohl dem äußeren Störenfried zuschieben. Ob sie damit dem Sohn in gewisser Weise die nötige Unterstützung bei der Bewältigung seiner Krise entziehen? Das Problem wird wie bisher als familienextern verursacht angesehen. Damit wird Walter leben müssen.

Doch noch zögert er. Samir wirkt ziemlich massiv auf ihn ein. Soll er Samirs Sichtweise folgen und doch mehr Geduld aufbringen, um die Mutter zu bewegen, die Aufklärung mit ihm gemeinsam vorzunehmen?

An dieser Stelle läuft er Gefahr, den Kreisprozess von Neuem loszutreten. Er darf nicht vergessen, dass die andere Seite nicht kommuniziert. Was, fragt Walter sich, ist an diesem Familiensystem dort so gefährdet, dass die Verleugnung mit solcher Macht über so lange Zeit aufrechterhalten werden muss? Ist es so, dass Gerda ihre eiserne Leugnung der Realität wirklich nur dadurch erträgt, dass sie wesentliche Teile abspaltet? Schafft sie es wirklich, die Zweifel ihres Mannes und auch ihre eigenen an der Richtigkeit der damaligen Entscheidung zu betäuben, indem sie ihm buchstäblich ein Kind schenkt, das nicht seines ist, aber zu seinem gemacht wird? So als könnte man ein Kind wie einen Strauß Strohblumen in der Geschenkboutique erwerben!

Immerhin, Walters Gedanken beginnen sich jetzt wieder mehr dem »Wie« zuzuwenden. Die Frage, ob er den Kontakt herstellen soll oder nicht, ist zu diesem Zeitpunkt anscheinend beantwortet. Walter hätte wohl auch wenig Chance, sich gegen diesen heftigen Drang immer noch länger zu verschließen. Immerhin wartet er jetzt schon zwei lange Jahre.

Von Adoptierten, die mit Beginn des Erwachsenenalters auf die Suche nach ihren biologischen Wurzeln gehen, wird berichtet, dass sie eine unglaubliche Energie entwickeln, damit ihnen ihre Daten, die von den Gerichten unter Verschluss gehalten werden, zugänglich gemacht werden. Wenn es ihnen nicht gelingt, etwas über ihre biologischen Eltern zu erfahren, werden sie sehr deprimiert und in ihrer Grundstimmung resigniert.

Man weiß auch, dass sie von dem Zeitpunkt an, da sie erfahren, dass sie Adoptivkinder sind, längere Zeit brauchen, um es zu wagen, auf die Suche zu gehen. Sie fühlen sich gegenüber den Adoptiveltern zur Loyalität verpflichtet. Die Adoptiveltern mischen da meist kräftig mit, indem sie mit Ablehnung und Gekränktheit reagieren und emotionalen Druck gegen die Suche mobilisieren, wenn die Kinder nach den biologischen Eltern fragen. Es ist in eigenartiger Weise ähnlich wie bei der späten Auflehnung gegen sexuellen Missbrauch. Nur mit viel Energie und meist auch mithilfe von äußerer Unterstützung können die Kinder sich aus der missbräuchlichen Familienklammer befreien. Die Befreiung erfolgt erst, wenn die Zustimmung des Missbrauchers auch psychisch nicht mehr benötigt wird.

Ist Walter schon so weit? Kann er ohne Zustimmung der in gewissem Sinne auch missbräuchlichen Seite vorgehen?

Im Falle seines unbekannten Sohnes erlebt Walter diesen Prozess in etwa so, wie ihn sonst die Kinder auf der Suche nach den wahren Eltern durchmachen müssen: all die Ängste, Affekte und die gefährliche Bereitschaft, sich für den Wunsch nach Kontakt wieder schuldig zu fühlen. So als wäre es seine Schuld, dass andere dem Kind seine wahre Identität geraubt haben.

Wie würde wohl Alf entscheiden, wenn er wählen könnte? Würde er informiert werden wollen oder nicht? Ist es notwendig, das herauszufinden? Oder liegt es nur an Walter, diese Entscheidung zu treffen, unabhängig davon, ob es dem Sohn nun recht ist oder nicht? Ganz abgesehen von dem unlösbaren praktischen Problem, wie sollte Walter schließlich herausfinden, ob sein Sohn der angestrebten Aufklärung zustimmen würde oder nicht?

Was für eine Groteske! Man muss sich das einmal vorstellen, da kommt einer und sagt: »Ich möchte Ihnen einige Fragen stellen. Versetzen Sie sich in die Lage, Sie wären in einer Familie aufgewachsen, in der Ihr Vater nicht Ihr wirklicher Vater ist. Würden Sie gerne wissen, wie die tatsächlichen Verwandtschaftsverhältnisse sind, wer der Vater ist, würden Sie ihn gerne kennenlernen oder fänden Sie es besser, wenn Sie als dieser betroffene Mensch nicht informiert würden?« Wenn der Befragte zu dem Zeitpunkt nicht ohnehin schon ahnt, dass es ihn betrifft, wird er durch diese Art zu fragen auf alle Fälle recht irritiert sein, und es ist zu befürchten, dass dieses ganze Vorhaben für beide zum wahren Fiasko eskaliert. So kann es natürlich nicht gehen. Walter will das Versteckspiel, das seine Mutter mit Alf inszeniert, nicht übernehmen. Ihm bleibt, so denkt er, keine andere Wahl. Nur der direkte Weg ist akzeptabel.

Und dennoch, bei aller wachsenden Sicherheit für das, was Walter vorhat, es folgen immer wieder auch Tage des Zweifels. Es fällt ihm eben sehr schwer, auch die Seiten zu sehen, die für den Sohn Alf – unter gegebenen Voraussetzungen – gut gestaltet worden sind. Es schmerzt ihn, eingestehen zu müssen, dass es auch ohne ihn gegangen ist. Er wäre eben gerne der bessere Vater gewesen.

Samir, der bodenständige Cousin mit arabischen Wurzeln, übernimmt hier immer wieder den Part, Walters eigenen Zweifel zu formulieren: Hätte Walter es denn besser gemacht? Wie war denn seine Entwicklung seit der Geburt dieses Sohnes? Samir meint die Zeit, in der Walter sich die Freiheit nahm, ein neues Leben anzufangen. Wie war es um die Stabilität der dann folgenden Partnerschaften wirklich bestellt? Wie stabil war seine Vaterposition gegenüber seinen Kindern, die danach zur Welt kamen? Wie sehr konnten sie sich wirklich auf ihn verlassen?

Führt sich Walter seine berufliche und auch räumliche Unstetigkeit vor Augen, ist das dann wirklich so eine Katastrophe, dass sein erster Sohn in der anderen Familie gelandet ist? War er da nicht viel besser aufgehoben, als er es bei ihm gewesen wäre?

»Und außerdem«, poltert Samir weiter, »stell dir das einmal vor: Wenn du an deinen eigenen Vater denkst, dessen Werte, Ängste und Lebensprinzipien, die der so in dein Hirn hineinzufräsen versucht hat. Bist du nicht seither damit beschäftigt, diese Indoktrination wenigstens einigermaßen wieder loszuwerden? Stell dir vor, da kommt jetzt noch so ein zweiter Vater daher und will dir noch einmal seine Weisheiten in den Kopf massieren. Würdest du so etwas denn wirklich wollen? Mir könnte der gestohlen bleiben!«

Das sind starke Geschütze, die Samir auffährt und die letztlich einen nicht so gerne gesehenen Teil von Walteres eigenen Gedanken widerspiegeln. In diese Ecke schaut Walter wirklich sehr ungern. Aber es ist verrückt, irgendwie hat er das Bedürfnis zu beweisen, dass er der bessere Vater gewesen wäre – und der bessere Partner auch.

Doch wenn er sich in die Lage des Sohnes versetzt: Einen Typen, der jetzt so etwas wie »Nacherziehung« betreiben will, kann der wirklich nicht brauchen. Also, es jetzt im Nachhinein besser machen zu wollen, wäre eine verrückte, unzumutbare, zwangsläufig zum Scheitern verurteilte Aktion. Mag sein, dass viel Energie in Walters Leben vielleicht tatsächlich unbewusst in diesen Beweis floss, dass er es besser gemacht hätte. Es sollte Gerda reuen. Und genau das tut »es« sie nach Kräften nicht! Es ist gut möglich, dass sie ihrerseits alle Kraft in den Beweis steckte, Walter zu zeigen, dass sie richtig lag.

Wie viele Emigranten lebte sie vielleicht zudem noch unter dem Druck, es auch allen anderen zu Hause zu zeigen, dass ihr Weg sich lohnte, dass sie mit Reichtum, Sicherheit, Anerkennung in der neuen

Welt so richtig autonom und überlegen gegenüber der Vergangenheit geworden ist. Und dass sie vor allem mit einem gut entwickelten, unbefangenen Sohn beweisen kann, dass sie damals richtig gehandelt hat.

Für Walter wird bei diesen Überlegungen klar, dass es eine glatte Anmaßung wäre, Alf mit dem Ziel aufzuklären, um jetzt bei ihm, dem erwachsenen Menschen noch etwas zu verbessern.

Leichen im Keller

Nun ist Walter ja auch nicht zu Hause geblieben, und es ist gut möglich, dass beide, Gerda ebenso wie Walter, in der Fremde mit diesem Antrieb im Nacken sich selbst viel Stress erzeugt haben. Der mag zwar einen gewissen Erfolg gebracht haben, gleichzeitig aber hat er Energie aus der Präsenz des Lebens abgezogen, d.h. im übertragenen Sinne Leben gekostet. So als wollten sie sich irgendwann einmal gegenseitig beweisen, dass man selbst im Recht und der andere im Unrecht war.

Ein Kampf gegen Windmühlenflügel, auf denen die Gespenster der Vergangenheit hocken. So wie Gerda und ihr Sohn gleichsam Leichen in Walters Keller waren, so ist Walter eine Leiche in ihrem Keller, die versteckt werden muss. Selbst wenn das gelingt, hält so eine Leiche doch das ganze System in höchster Alarmbereitschaft. Das Wissen um ihre Gegenwart kontrolliert die Entwicklung und die Aktivitäten aller Beteiligten im ganzen System. Denn so tot sind die versteckten Leichen im Keller selten, dass sie nicht indirekt noch kräftig mitmischen, wenn auch passiv.

Walter setzt sich, zwar etwas widerstrebend, aber doch mit der Vorstellung auseinander, dass die äußeren Lebensbedingungen für Alf, seinen unbekannten Sohn, in dieser Familie vielleicht gar nicht so schlecht waren, dass seine Mutter und sein verkappter Stiefvater sich bemühten, es ihn nicht spüren zu lassen, dass er eine andere Geschichte hat als seine Geschwister. Was bleibt, unleugbar, ist die Atmosphäre der Unechtheit, des Zurückhaltens eines Wissens, das ständig präsent ist und damit eine fundamentale Unaufrichtigkeit schafft.

Wenn der Sohn eines Tages dahinterkommt, noch dazu vielleicht durch eine Person, die nicht zu seinen unmittelbaren Angehörigen zählt, so würde er darüber ziemlich schockiert sein. Es ist damit zu rechnen, dass er vor allem seiner Mutter gegenüber heftige Aggressionen entwickelt. Einmal darüber, dass sie ihn nicht viel früher informiert hat und dass sie durch das Zurückhalten der Information verhinderte, mit Walter früher in Kontakt treten zu können. Vielleicht hätte er auch andere Lebensentscheidungen getroffen.

Wird er sie auch dafür verantwortlich machen, dass er nicht mit seinem leiblichen Vater aufwachsen konnte? Der Vater, den er kennengelernt hat, auch wenn der Kontakt noch so gut gewesen sein sollte, ist ein »Als-ob-Vater«. Als solcher wird er zu einer viel fragwürdigeren Figur als ein »echter« Stiefvater, der offen zu seiner Rolle steht. Die Beziehung zwischen einem Stiefvater und seinem Sohn kann hervorragend sein, wenn beide die realen Positionen kennen, die sie zueinander einnehmen, sie akzeptieren und aus dem Wissen um die Fakten den Kontakt suchen, von Mensch zu Mensch in den gegebenen Konstellationen ihrer Lebensläufe.

So aber steht eine Lüge diesem Kontakt im Weg. Der verkappte Stiefvater wird immer einen Vorbehalt, eine Heimlichkeit haben, etwas, das dazwischensteht. Wie sah der Stiefvater, der »auf Vater« machte, den Stiefsohn, wenn er mit ihm Basketball spielte, ihm Tipps beim Fischen gab, mit ihm die Tagespolitik diskutierte oder seine Nachlässigkeit bei Schulaufgaben monierte? Kann den Sohn, der nicht informiert ist, diese Dissonanz förmlich verrückt machen?

Nicht zufällig gibt es die Thesen, wonach Adoptierte, die sich mit dem Status ihres Adoptiertseins nicht auseinandersetzen oder darüber nicht informiert wurden, ein höheres Risiko für psychische Störungen tragen. Doch stimmen diese Thesen wirklich? Was wäre belastend für ein über seinen Status nicht informiertes Adoptivkind?

Der Kontakt, der vorgegeben wird, ist chronisch nicht der, als der er bezeichnet wird. Das, was dir gesagt und vorgemacht wird, stimmt nicht mit dem überein, was tatsächlich ist. Und diese Entstellung geschieht in den allerelementarsten Beziehungsformen der Eltern-Kind-Dyade. Sie betrifft nicht nur die Elternbeziehung, sondern auch die zu den informierten Verwandten. Heimlich werden sie dieses Kind anders betrachten, sich bestimmte Gedanken zu ihm machen, die sie ihm aber nicht sagen können. Wie lebt es sich so, in einer Welt von Heimlichkeit, Versteckspiel, Doppelbödigkeit?

Gilt das auch für Gerdas Familie? Sind dessen Mitglieder frei genug, ihre Beziehung wirklich nach ihren Bedingungen zu gestalten und möglicherweise, wenn nötig, auch wieder zu lösen? Über allem schwebt der Druck, »denen daheim«, vor allem aber der »Leiche im Keller« zu beweisen, dass sie damals richtig entschieden haben. Der Sohn muss besonders prächtig werden, die Ehe muss besonders stabil sein, die wirtschaftliche Prosperität muss besonders imponieren! Alles, was ist, darf nicht sein, wie es ist, sondern es muss besonders gut, besonders normal sein. Dieser Beweisdruck macht das Leben zur Farce, zu einer Jagd nach Klischees, zu einem Vorzeigeleben.

Es ist erstaunlich, wo Walters Gedanken landen, wenn er auszieht, um seine Anerkennung zu formulieren für Dinge, die von den »Eltern« seines Sohnes Alf gut gemacht worden sein könnten. Seine Gedanken münden wieder in einer langen Anklage der Verleugnung von Beziehungswirklichkeit. Dabei übersieht er, dass Verleugnung ja nicht immer schlecht sein muss, auch etwas Nützliches sein kann, dass sie das Überleben sogar stützen kann.

Hätten sie dem Kind schon viel früher sagen sollen, vielleicht von Anfang an, dass der Vater, mit dem es zusammenlebt, nicht sein wirklicher, sein richtiger Vater ist, dass es den richtigen Vater aber nicht sehen kann? Kann Walter sich wirklich vorstellen, wie sich das Kind in der Familie mit den anderen Geschwistern gefühlt hätte? Als Außenseiter, der vom Ziehvater ernährt wird. Dann wäre vielleicht aus der Leiche im Keller der Eltern ein Gespenst im Kopf des Kindes geworden, ein Gespenst namens »richtiger Vater«, den es in seinem Leben real aber nicht gibt.

Diese Alternative ist so attraktiv wohl auch wieder nicht! Und dennoch. Walter gibt die Vision einer reiferen Form, mit dieser Wirklichkeit umzugehen, nicht auf. Dem Kind kann sehr früh die wahre Struktur seiner Familie vermittelt werden, wenn alle dazu stehen. Das setzt voraus, dass niemand ausgeschlossen werden muss. Und dazu waren Gerda und ihr Mann nicht in der Lage. Warum eigentlich? Was wäre ihnen denn wirklich passiert, wenn sie Walters Part an diesem Gefüge anerkannt hätten? Alles, was sie wollten, hätten sie auch so tun können. Wozu diese Lüge und die Heimlichkeiten? Warum kann der Stiefvater Walters Part des leiblichen Vaters und seinen eigenen Part als Stiefvater nicht anerkennen?

Wie schwierig es sein kann, in die Rolle als Stiefvater hineinzuwachsen, zeigt das Beispiel von Günther. Gelang es ihm, seine Rolle als Stiefvater wirklich anzunehmen? Wie hat sich diese Konstellation auf die Beziehung zu seiner Frau ausgewirkt? Im Falle Günthers ist der leibliche Vater seines Stiefkindes längst tot – im Beziehungsgefüge hingegen ist er eine sehr »lebendige Leiche«, also kein lebender biologischer Vater als Leiche im Keller, sondern ein tatsächlich toter. Hier ist die Geschichte des Stiefvaters Günther.

Auch Stiefväter haben Gefühle

Günther spricht hastig, stoßweise kommen die Sätze hervor, als er über dem kalt gewordenen Kaffee nicht ganz geordnet die Eckpunkte seiner Geschichte zusammenfasst. Jetzt, mit Ende 40, wirkt Günther etwas gehetzt. Gewiss, er hat in den letzten Jahren auch entspannte Phasen erlebt, doch zurzeit schwappen die Wogen wieder einmal richtig hoch. Die Reste seiner längst schütter gewordenen Haare raufend, ringt er um eine gewisse Strukturiertheit dessen, was er zum Ausdruck bringen möchte:

»Wir sind im Sommer hierher umgezogen, zurück in meine unmittelbare Heimat. Es war schon lange mein Wunsch, wieder in die Nähe meiner Geburtsstadt zu ziehen. Plötzlich, Ende Oktober, nachdem unser Sohn Burkhard sich zunächst ganz wohlfühlte und in der neuen Umgebung heimisch zu werden begann, setzte eine Verschlechterung seines Verhaltens mir gegenüber ein. Er ist vor Kurzem 16 geworden, geht seit September in die neue Schule, wo es noch nicht gut läuft. Neulich kam er von der Schule nach Hause und hatte den Eindruck, die anderen würden sich gegen ihn verbünden, sie wollten ihn überhaupt nicht mehr.

Von da an blieb er viel zu Hause, machte aber auch da nichts Vernünftiges, trieb sich in der Wohnung herum, träumte vor sich hin, maulte mich an. Wir versuchten, ihm aus der Isolation herauszuhelfen, organisierten Sport- und Gitarrenunterricht in Gruppen, nichts. Er wollte nicht mehr, verweigerte schließlich alles. Besonders allergisch reagierte er, wenn ich etwas von ihm forderte, und sei es eine Kleinigkeit, wie sein Geschirr wegzuräumen oder die Socken nicht im Wohnzimmer liegen zu lassen.

Meine Frau Anna, ich und er selbst standen unter diffusem Dauerstress. Er verhielt sich noch nicht wirklich auffällig, sondern zog sich nur immer stärker zurück. Dann begann Anna mich darauf aufmerksam zu machen, dass er auf sie zunehmend ängstlich wirkte.

Tatsächlich, zwei Tage später bekam Burkhard einen heftigen Angstanfall. Ich setzte mich dann zu ihm in sein Zimmer. Er zitterte am ganzen Körper, war entsetzlich gestresst, so dass ich mehrere Stunden bei ihm blieb, ihn festhielt, beruhigend auf ihn einredete. Als er ruhiger wurde, erzählte er, dass er nicht mehr in die Schule gehen würde und Angst vor den Schulkameraden und den Lehrern hätte.

Das war neu, denn bisher war er meist offen für Kontakte und kam mit seinen Schulkameraden meist recht gut aus. Was war geschehen?

Ich habe Anna etwa drei Jahre nach Burkis Geburt kennengelernt, bin also sein Stiefvater. Über seinen leiblichen Vater weiß ich nicht allzu viel, Anna hält sich da eher bedeckt, seit sie merkte, dass ich auf ihn immer noch eifersüchtig bin, obwohl er längst nicht mehr lebt. Anna und Richard hatten sich wohl im Urlaub kennengelernt, den meine Frau vor 18 Jahren mit ihren Geschwistern machte. Sie war damals 16 Jahre alt. Später reisten sie dann zu zweit umher, brachen die Ausbildung ab, lebten als Hippies. Wahrscheinlich rauchten sie auch diversen Stoff, so wie das damals eben unter den Jungen üblich war. Sie wusste zu dem Zeitpunkt noch nicht, dass sie bereits schwanger war. Richard begann dann später zunehmend härter werdende Drogen zu nehmen, bedrängte sie mitzumachen, was sie jedoch ablehnte.

Als sie erfuhr, dass sie schwanger war und erkannte, dass er mit seinem Drogenproblem nicht klarkam, hat sie sich von ihm getrennt. Sie wollte Verantwortung für das Kind übernehmen und traute es sich nicht zu, jetzt auch noch für ihren Freund sorgen zu müssen. Sie wollte sich lieber um ihr Kind kümmern, sich und die ganze Geschichte selbst tragen.

Anna kommt aus einer großen Familie, die sie auch sehr unterstützt hat in der für Anna extrem schwierigen Phase damals und auch später, eigentlich bis heute. Das war ein großes Glück. Anna, damals wie heute eine mutige, kampfbereite Frau, hat es auch wirklich gut geschafft, die Schwangerschaft und die Jahre nach der Geburt zu bewältigen und Burki einen guten Start ins Leben zu ermöglichen.

Richard bemühte sich, als sich die schwangere Anna von ihm getrennt hatte, um eine Therapie, mit eher mäßigem Erfolg.

Drei Wochen vor der Geburt tauchte er noch einmal bei Anna auf, bedrohte sie, wollte die Beziehung wieder aufnehmen, verschwand dann aber wieder. Für immer, wie sich später herausstellen sollte. Er wurde auf den Balearen gesichtet, bald aber kam die Nachricht, dass er an den Folgen eines Autounfalles ums Leben gekommen war. Das dürfte so um die sechs Monate nach der Geburt seines Kindes Burkhard gewesen sein.«

Gespenst toter Vater?

»Bald nach Richards letztem Kontakt mit Anna kam Burkhard zur Welt. Drei Jahre lang lebte Anna mit dem Kind in einem kleinen Apartment. Es muss wohl eine sehr enge Beziehung gewesen sein, was erst einmal nichts Ungewöhnliches wäre, angesichts der besonderen Umstände aber doch etwas länger als gewöhnlich dauerte.

Als Burkhard dreieinhalb Jahre war, lernte ich die beiden kennen und wuchs allmählich in die Rolle des Stiefvaters hinein. Burkhard war erst wahnsinnig eifersüchtig, tauchte immer dann auf, wenn ich Kontakt mit seiner Mutter haben wollte, und störte aktiv unseren Kontakt, wo er nur konnte. Und sie gab fast immer nach, ich hatte kaum eine Chance.

Sie wünschte zwar, dass ich mich durchsetze, erlaubte aber zugleich nicht, dass zwischen mir und Burkhard jene Spannung entstand, die zum Funktionieren des Kontaktes zwischen Vater und Sohn erforderlich wäre. Ich müsse berücksichtigen, dass er schwächer sei, meinte Anna. Aus heutiger Sicht möchte ich das bezweifeln. Er hatte die besseren Karten, und ich war damals viel schwächer als heute. Da gab es nichts zu gewinnen. Als Kind wusste Burkhard stets, dass ich nicht sein leiblicher, sein ›richtiger‹ Vater bin. Er hat manchmal nach Richard gefragt, wusste aber nur, dass er zu dem Zeitpunkt wohl nicht mehr am Leben war. Von den wahren Umständen seines Todes erfuhr Burkhard erst einmal nichts.

Anna hat Richard, obwohl sie sich nur kurze Zeit kannten und sie unter schwierigsten Umständen lebten, stets idealisiert, ihn mir als unerreichbaren jugendlichen Helden präsentiert, ein Exzentriker, der fasziniert. Dem hatte ich nicht viel entgegenzusetzen: meine Verlässlichkeit, mein Fleiß, meine Geduld wurden damals nicht sonderlich gewürdigt. Ich musste mir auch manchmal anhören, wie Annas Verwandte Richard als Talent mit verrückten Einfällen schilderten.

Kurzum, dieses doch eher enge Verhältnis zwischen Mutter und Sohn blieb aufrecht, der tote Vater lebte als entrückter Held indirekt mit uns mit, und erst als ich einen Umzug durchsetzte, begann sich unsere Partnerschaft zu normalisieren. Damals entwickelte sich auch eine neue Qualität in der Beziehung zwischen Burkhard und mir.

Als nämlich Anna einmal vorübergehend ins Krankenhaus musste, war er mehrere Wochen mit mir alleine zu Hause. Da musste er lernen, dass ich Grenzen ziehe und Forderungen habe. Das war für ihn neu, bald aber, nach einer ersten heftigen Phase des Aufbegehrens, hat er es dankbar akzeptiert. Es hat sich dabei schon günstig ausgewirkt, dass damals sonst keiner da war, der unsere Spannung stören konnte, der harmonisierend dazwischenging.

Wenn Burkhard in den ersten Tagen ohne Anna in seiner üblichen Art zu schreien anfing, sagte ich: ›Das ist nur Energieverschwendung, ich gebe nicht nach.‹ ›Ach so‹, gab er zur Antwort und hörte einfach auf. Und dann lief es eigentlich ganz gut zwischen uns. Phasenweise hatten wir auch richtig Spaß in unserer Herren-WG.

Als seine Mutter zurückkam, brach die erarbeitete Struktur unserer Beziehung erst einmal wieder schlagartig zusammen. Er begann die Situation wieder auszunutzen, wollte da anschließen, wo wir waren, bevor Anna ins Krankenhaus musste. Er probierte es eben aus, erst im Spaß, dann eskalierend, indem er mich sogar anspuckte. Daraufhin packte ich ihn am Kragen, schüttelte ihn und drohte ihm eine Ohrfeige an, richtig im Affekt. Anna stand daneben, griff aber nicht ein. Mir ist klar, dass das natürlich gar kein Modell für eine verantwortungsvolle Erziehung war, es tat mir auch gleich danach wirklich leid, war aber passiert.

Als sich Anna, die meinen heftigen Akt auch gar nicht gut fand, sich dann aber zu meiner Überraschung doch auf meine Seite stellte, war der Machtkampf erst einmal entschieden.«

Die Zeit danach war für alle gut. Burkhards Mutter bekannte sich eindeutig zu Günther als ihrem Mann, und für Burkhard wurde klar, er muss sich mit Günther arrangieren. Als Schulkind wollte er das dann wohl auch, zumal er dadurch so wie die anderen Kinder auch einen Vater »besaß«. In der Schule aber war es zunehmend schwieriger für ihn, er war oft fahrig, nervös. Die Lehrer reagierten aber erfreulich gelassen, konnten mit ihm in der Regel gut umgehen, wurden ihm gegenüber auch nicht aggressiv, was die Situation entschärfte. Als Burkhard einmal mit den Klassenkameraden nicht zurechtkam, drohte er ihnen, er würde seinen Vater zu Hilfe holen. Damit war Günther gemeint. Von da an war Günther für ihn sein »Vater«, obwohl immer allen Beteiligten klar war, dass er der Stiefvater war. Ihre Beziehung entwickelte sich weiterhin recht stabil. Günther schildert das so:

»Burki bemühte sich zunehmend um Kontakt zu mir, wollte viel mit mir machen, ahmte mich nach, wollte wissen, was mich interessiert, was ich lese, was ich für Hobbys habe. Das waren die goldenen Zeiten unserer Sohn-Stiefvater-Beziehung. Als die Ehe vorübergehend zu wackeln begann und ich gehen wollte, war das für Burkhard sehr schwierig. Er wollte wohl nicht, dass ich ihm auch noch abhanden komme. Also versöhnte ich mich mit Anna wieder und blieb.

Vor dem neuerlichen Umzug jetzt im Herbst war die Entzerrung der Symbiose von Mutter und Sohn eigentlich schon recht gut fortgeschritten. Man hätte sagen können, die Ablösung von der Mutter und die Hinwendung zum Stiefvater verliefen ganz ordentlich.

Leider schob sich in dieser Zeit das Thema des leiblichen Vaters wieder in den Vordergrund. Es schien, als wünschte Anna, dass Burkhard sich jetzt mehr mit ihm zu identifizieren beginne. Sie war es, die das Thema, wie mir schien ohne Not, immer wieder zur Sprache brachte. Lag das daran, weil Burkhard Richard jetzt mehr und mehr zu ähneln begann? Oder daran, weil sie durch Burkhards Ablösung von ihr mit der alten Trennung von Richard in Kontakt kam? Wollte sie denn wirklich, dass Burkhard in Richards Rolle hineinwachsen sollte? Richards Schicksal war ja nicht gerade so verlaufen, dass Mütter es ihren Kindern unbedingt als Modell zur Nachahmung anbieten müssten, oder? Und ich beginne mich zu fragen, ob Burkhards jetzt akuter gewordene Schwierigkeiten, seine Ängste, seine Vermeidung der neuen Schule ein Ausdruck der von seinem leiblichen Vater geerbten Exzentrizität sind.«

Burkhard begann dann, eigentlich nicht überraschend, eines Tages wieder von ›seinem Vater‹ zu sprechen, und damit war ganz offensichtlich nicht mehr Günther gemeint. Dabei blieb es dann. Er wollte sich auch nie adoptieren lassen. Günther akzeptierte diese Entwicklung, zweifelt inzwischen aber daran, ob das richtig von ihm war. Burkhard hat sich mit Günther arrangiert, aber sich nie mit ihm identifiziert. Hätte Günther vielleicht mehr auf die Würdigung seiner Rolle als Stiefvater dringen sollen?

»Aber auch ich habe Burkhard nie so ganz als Sohn akzeptiert, bin eher sein Erzieher geblieben, sein Stiefvater eben. Vielleicht wäre das übrigens für die »echten« Väter auch eine bessere Position, sie sind ja nicht die »Besitzer« ihrer Kinder: Das Kind fördern, mit ihm in Beziehung sein, wenn nötig mit ihm ringen, es aber in sein Leben entlassen können, wenn die Zeit reif ist. Na ja, ich habe da manchmal auch gekniffen, denn wenn er ganz schwierig war, habe ich mich damit getröstet, dass er eben doch nicht ›von mir‹ ist.

Seit einigen Jahren poche ich auf meine Freiräume innerhalb der Familie. Punktuell wollte ich mit Burkhard Kontakt haben, mich aber nicht mehr von ihm absorbieren lassen. Das gelang mir recht gut, bis jetzt diese Krise mit seinen Angstzuständen ausbrach. Damit hält er mich schon sehr in Atem.«

Grundsätzlich wollte Günther immer die Voraussetzungen dafür schaffen, dass Burkhard sich gut entwickeln kann. Darüber hinaus aber muss er seine Arbeit machen, auch sein Leben führen können. Seit dem Umzug geht für Günther wieder zu viel durcheinander. Burkhard ist aggressiver gegen seine Mutter geworden, sodass sie manchmal Angst bekommt, mit ihm alleine zu sein. Ob es um Tischmanieren ging, um die Unordnung, die er in ihre Lebensbereiche bringt, und um die Art, wie er wieder versucht, seine Mutter für sich zu vereinnahmen – das Leben mit Burkhard war nach dem Umzug wieder anstrengender geworden. Und nun schien dieses Problem zu eskalieren, das System dieser kleinen Familie auf eine Katastrophe hin zu steuern.

Kampf mit dem Gespenst

Günther hat nun doch seinen kalt gewordenen Kaffee wieder bemerkt, rührt wie gedankenlos darin herum, trinkt ihn dann doch mit einem Schluck aus. Während er noch den Mund verzieht, kalter Kaffee scheint nicht seine Vorliebe zu sein, erzählt er weiter:

»Meine Beziehung zu Richard, dem toten leiblichen Vater von Burkhard, hat sich über die Jahre auch verändert. Anfangs war ich sehr eifersüchtig auf diesen verblichenen Helden. Später, als unsere Beziehung besser wurde, wir dann schließlich, spät aber doch, heirateten, legte sich das. Da hatte ich eher Mitleid, erfuhr vieles über seine verrückten Familienverhältnisse. Richards Vater hat die Kinder so früh wie möglich ins Internat gesteckt, weil sie ihn daran gehindert hätten, zu sich selber zu finden. Scheint wohl auch schon etwas exzentrisch gewesen zu sein, der gute Herr.

Jetzt, da ich höre, dass Richard mit seinem Chaos vielleicht doch Burkhards heutige Schwierigkeiten mit verursacht hat, die mich während der 13 Jahre, die ich jetzt Stiefvater von Burki bin, Lebensenergie gekostet und im Grunde meine Lebensperspektive mitbestimmt hatten, bin ich zum ersten Mal wütend auf ihn. Er zieht sich seine Räusche rein, spinnt sich mit seiner Freundin aus, und ich muss 13 und vermutlich noch weitere Jahre die Zeche zahlen!

Der Gedanke war mir neu, einem Toten gegenüber Aggressionen haben zu können. Aber es geht, ich kann mich jetzt über ihn richtig ärgern, ihn innerlich wie einen lebenden Menschen behandeln und wütend auf ihn sein. Allein wenn ich daran denke, werde ich schon wieder wütend. Dass das überhaupt geht, ist neu für mich, befreit mich aber auch. Es ist wirklich das erste Mal, dass ich auf einen Toten so sauer sein kann.«

Doch es sieht so aus, als würde das »Gespenst« siegen: Burkhards Zustand wurde zwischendurch schlechter, eine Therapeutin empfahl eine Klinik und stellte keine gute Prognose. Günther fürchtet, dass er nicht nur 13 teilweise recht anstrengende Jahre für Burkhards Entwicklung geopfert hat, sondern dass dieses Opfer auch nicht viel bewirkt hatte.

Überforderung

Günther wendet sich seinem möglichen Anteil an Burkhards jetzt aufgetretenen Problemen zu: »In den Phasen, in denen es Burki schlecht ging, habe ich nicht gut reagiert, wollte, dass er sich ändert, bin ihm gegenüber sehr oft kritisch, abwertend, ja überfordernd, ständig zurechtweisend aufgetreten. Dann hatte ich auch das Gefühl, eine Last tragen zu müssen, was wiederum auch Burki irgendwie gespürt haben muss. Es hat dann letztlich doch wieder geklappt, wenn auch mittels viel Kraftaufwand. Wie aus dem Nichts kamen wir dann aber wieder in ruhigeres Fahrwasser. Plötzlich konnten wir wieder Witze über unseren täglichen Wahnsinn machen und dann ging es plötzlich wieder herzlich zu zwischen uns.«

Burkhard hatte Angst vor Prüfungen, zu scheitern, absolut erfolglos zu sein. Und Günther fragt sich, ob er mit seinem Auftreten ihm gegenüber dieses Selbstbild auch miterzeugt haben könnte: Mein Stiefvater ist stark und auch in der Welt erfolgreich, also bin ich schwach und erfolglos.

Aber ist es nicht eine der Aufgaben von Vätern, dass sie ihren Platz im Leben einnehmen und sich nicht deshalb kleiner machen, damit der Sohn nicht zu sehr frustriert wird?

Doch es scheint schon zu stimmen, dass Günther Burkhard auch mit negativen Botschaften bombardierte. War es sein heimliches Interesse, ihm verbale Tiefschläge zu versetzen? Was lehnt er an ihm ab, was verneint Günther an Burkhards Existenz?

»Wenn ich daran denke, was mich stört, dann ein Mensch, der meine Lebensenergie verbraucht, mich gleichsam auffrisst oder mich aussaugt, ohne dass etwas daraus wird. Er ist ein Mensch, der einfach da war, der zu mir gekommen ist. Ich wollte ihn ja eigentlich gar nie. Er ist da, nimmt mich in Anspruch, nimmt mir mein Leben – und das schon so viele Jahre. Und was bekomme ich dafür?«

Gefragt, ob Günther nicht endlich die Verantwortung für seine Entscheidung damals übenehmen kann, mit Anna und Burkhard zu leben, antwortet er:

»Das trifft einen wunden Punkt. Da sehe ich nicht so gerne hin. Solange ich nicht wirklich Ja sage zu meiner Entscheidung, kann ich mich leichter distanzieren, wenn es Schwierigkeiten gibt. Ich verschaffe mir eine Art Machtposition über Anna, indem ich zeige, wie sehr mich ihr Kind belastet. Sie muss mir dann, das wäre die Logik dieses etwas unbalancierten Systems, dankbar sein und muss bei mir bleiben, ob sie will oder nicht.

Klingt nicht so schmeichelhaft für mich, wenn ich das so ausspreche.

Vielleicht liebt Burki mich viel mehr, als ich es gemerkt habe. Aber auch wenn es so wäre, ich kann diese Liebe nicht richtig an mich heranlassen. Ich hatte immer das Gefühl, er nimmt und nimmt und nimmt, und ich gebe und gebe und gebe – ein Fass ohne Boden. Letztlich verliere ich meine Substanz, bin ständig müde. Wenn er mich endlich loslässt, bin ich kaputt, dann kann ich nicht mehr. Und ich kann mich nicht wehren. Das war damals, als er klein war, mit seiner ständigen Unruhe so und ist jetzt wieder genauso.«

Hat Günther sich schon einmal überlegt, was sein Anteil daran ist, dass Burkhard so viel nimmt und er so viel gibt? Hat er jemals versucht, dieses Ungleichgewicht zu verändern. Wie war es denn, wenn die beiden ein gutes Verhältnis hatten, was ja über weite Strecken der Fall war?

»Klar, immer wenn ich in meinen Grenzen Burki gegenüber klar war, hat es zwischen uns funktioniert, und zwar richtig bärig. Ich sehe das nicht gerne ein, wie groß mein Anteil daran ist, dass Burki Probleme hat. Und dass ich mit seinen Problemen mir unbewusst Vorteile bei Anna verschaffe.«

Parallelen in Stiefvaters Vorgeschichte?

Wie kam es dazu, kann man sich fragen, dass Günther sich überhaupt so engagiert hatte, diese Art zu leben auf sich zu nehmen, dass er meint, ständig mehr zu geben, als er zu haben scheint? Wo kommt dieses Muster her, sich aufopfern zu müssen, um sich in der Beziehung sicher zu fühlen? Gibt es Parallelen zwischen seinem gegenwärtigen Leben und den Beziehungen in seiner Kindheit?

»Ja, es scheint schon zuzutreffen, dass es da einige Parallelen gibt. Da ist einmal die Rollenverteilung relativ zur Wahl des Wohnortes:

Mein Vater lebte in seiner Heimat, meine sich immer etwas kapriziös gebende Mutter ist ihm dorthin nur widerstrebend gefolgt, hat sich dann ihr Leben lang als Fremde gefühlt. Auch meine Frau folgte mir widerstrebend in meine Heimat. Hierin sehe ich eine Parallele. Es ist dort schwierig für sie.

Die zweite Parallele: Ich trage viele Lasten, wie mein Vater, der auch viele Lasten trug, die ihm seitens der Familie aufgebürdet wurden. Zumindest stellte er es so dar. Es war so, als würde meine Mutter ihm die Schuld dafür geben, dass sie sich als Fremde fühlte, wie eine Fremde unter Menschen leben musste, die untereinander ein eingespieltes Verständnis füreinander haben, aus dem sie aber ausgeschlossen blieb. Sie konterte, indem sie dafür sorgte, dass unser Vater sich in unserer, also seiner eigenen Familie fremd fühlen musste.

Und dann war da noch die dritte Parallele: Mein Vater hatte keinen Einfluss auf das Geschehen in meiner Ursprungsfamilie – ich hatte lange Zeit ebenfalls sehr wenig Einfluss in meiner jetzigen Familie. Alle innere Macht lag damals bei meiner Mutter wie heute in unserem kleinen System bei Anna.

Ganz genau betrachtet war ich, das Kind, damals die Hauptfigur in der Familie. Ich war tüchtig, brachte gute Schulleistungen, hatte aber Probleme mit meinen Klassenkameraden, hatte also ähnlich wie meine Mutter Schwierigkeiten, außerhalb der Familie Kontakte zu finden und zu halten. Wie übrigens Burkhard jetzt auch. Vier Jahre lang wurde ich fast täglich in der Schule geprügelt. Das Schicksal von durch ihre Mütter zu eng gebundenen Jungen?

Speziell die Mutter wollte, dass ich etwas Besonderes werden sollte und es der von uns beiden ungeliebten Umgebung zeige.

Kein Wunder, dass die anderen Kinder in der Schule sauer waren und mich verdroschen haben, mich die Außenseiterrolle schmerzhaft spüren ließen.

Immerhin, die Zuwendung der Mutter war mir auf diese Art und Weise sicher. Ich war der ältere von zwei Söhnen, und obwohl es auch sehr viel Liebe zwischen mir und meinem Bruder gab, so hatten wir doch in erster Linie eine knallharte Konkurrenz – von der Kindheit bis zum Jugendalter. Dann habe ich gesiegt. Mein jüngerer Bruder erfuhr nie dieselbe Anerkennung meiner Eltern, hatte dann auch nicht die beruflichen Erfolge.«

Gab es nie Zweifel daran, dass Günthers Vater sein leiblicher Vater war?

»Diesbezüglich ist meine heutige Stiefvaterrolle keine Wiederholung aus meiner Kindheit. Ob ich mir einen anderen Vater gewünscht hätte? Das gewiss.

Immerhin, es gibt große, vermutlich unerfüllte Lieben im Leben meiner Mutter, die auch große Lieben geblieben sind, die sie jederzeit für sehr viel attraktiver und wichtiger hielt als meinen Vater. Sie wurden zu heimlichen Vorbildern für mich.«

Vielleicht ist da schon noch eine Wiederholung in der besonderen Beziehung zwischen Günther und seiner Frau zu erkennen. Auch sie trauerte lange einem Mann nach, den sie idealisierte, mit dem sie lieber zusammengelebt hätte, der ja, anders als im Falle seiner Eltern, schließlich sogar Vater ihres einzigen Kindes wurde.

Und es gibt noch eine weitere Parallele: Günthers Vater schenkte ihm viel von seiner »Lebensenergie«, bis zu seinem Tod, als Günther (wieder einmal) Probleme mit einer Schuldenlast bekam, die immer größer wurde. Sein Vater opferte schon früher immer wieder sein Erspartes, um ihm aus der Patsche zu helfen, bis zuletzt, als er noch einmal, gleichsam vom Sterbebett aus, Günthers Schulden bezahlte.

Das ist für Günther ein beschämender, aber realer Teil seiner Geschichte. Manchmal beschleicht ihn das Gefühl, dieser Prozess würde sich jetzt mit Burkhard wiederholen, wenn auch in etwas anderer Gestalt. Er fürchtet, an Erschöpfung zu sterben, Burkhards Zeche zahlend, so wie sein Vater seine Zeche bezahlte. Günthers Vater war nie einverstanden mit dem, was Günther tat, und doch hat er alles bezahlt.

Und auch Günther ist mit wenig einverstanden, was Burkhard macht, und bezahlt dennoch die Zeche. Es ist wie eine Art Buße, die er dafür leistet, dass er seinem Vater gegenüber in der Schuld steht. In der Fantasie sieht er ihn jetzt schmunzeln und sagen: ›Siehst du, dir geht's auch nicht besser.‹ Vielleicht muss das so sein, denkt sich Günther. Vielleicht muss er einfach aus der anderen Perspektive erleben, was er ihm angetan hat.

Aus seinen letzten Worten spricht viel Achtung für seinen Vater, eine Achtung, die diesem von Günthers Mutter nicht entgegengebracht worden ist. Dazu erzählt Günther weiter:

»Ja, als der Vater noch lebte, hat sie sich von ihm distanziert und ihn lange Zeit abgewertet. Auch sie ging viel dazwischen, wenn es zwischen mir und dem Vater Spannungen gab – ähnlich wie es meine Frau bei Burkhard in den frühen Jahren tat. Dementsprechend hatten mein Vater und ich keinen wirklichen Kontakt, so direkt, von Vater zum Sohn und umgekehrt, nicht solange ich Kind war. Erst später, als ich schon studierte, besuchte mich mein Vater des Öfteren. Daran erinnere ich mich gerne, obwohl oder gerade weil es damals auch einige Male ordentlich krachte.«

Ist es nicht erstaunlich, in wie vielen Aspekten die Konstellation von Günthers heutiger Familie mit derjenigen seiner Ursprungsfamilie übereinstimmt?

Auffallend ist die Schwächung seiner Position als Vater und Partner. Wie sein Vater wurde auch er in der Anfangsphase der Beziehung häufig buchstäblich unterlaufen, ihm durch die enge Verstrickung von Mutter und Sohn förmlich der Boden unter den Füßen entzogen. Mütter, die ihren Söhnen nichts zutrauen, entschärfen eben gerne Vater-Sohn-Konflikte, indem sie sich vor den Sohn stellen und ihn so in Schutz nehmen.

Wenn Günther klug oder erfolgreich war, hatte er es aus Sicht seiner Mutter eben von ihr geerbt, hat er hingegen Mist gebaut, lag das an den Anlagen seines Vaters. Wenn er sich den politischen Gegnern des Vaters anschloss, dann musste der das zähneknirschend zulassen. Vor allem aber durfte Günther in den Augen seiner Mutter keinesfalls so werden wie sein Vater!

Hört man Günther über seine Ursprungsfamilie sprechen, entsteht der Eindruck, er wäre der einzig Unversehrte. Was ist mit seiner eigenen Verrücktheit? Er erweckt im Gespräch den Eindruck, als bewege er sich wie der letzte Gesunde unter lauter Angeschlagenen. Hilft ihm das Chaos der anderen, seine Verrücktheit nicht wahrnehmen zu müssen?

Und wie steht es vor allem mit seiner Verantwortung für Burkhards gegenwärtige Probleme? Aus Günthers Familie her rühren so viele indirekte Versuche zur Kontrolle von Macht in Beziehungen, kein Wunder also, dass er diese Methoden Burkhard förmlich offeriert, sie auch ihm gegenüber einzusetzen. Günther lehnt es ab, wie sich sein Vater von ihm und seiner Mutter kontrollieren ließ, doch lange Zeit scheint er das Muster seines Vaters selbst ziemlich ähnlich wieder umgesetzt zu haben. Und er beklagt sich zudem über die Rolle in der Familie, in der er sich findet, als wäre er das Opfer dabei und nicht der, der das alles inszeniert.

Stiefvaters Macht-Last

»Ich habe die Fantasie von einem Damm, der dünner geworden ist, der vielleicht bricht. Das aber kann ich mir nicht leisten, dann bin ich erledigt. Das gerade mache ich ja dem Burkhard zum Vorwurf. Jetzt muss ich noch mehr verdienen, darf schon gar nicht selber verrückt werden, und er, der darf es, der macht es einfach. Ich spüre die Verlockung, in die Psychiatrie zu gehen und meine Verantwortung an der Pforte abzugeben. Gefängnis, auch ein Gefängnis würde mich im Augenblick nicht mehr schrecken, im Gegenteil!

Beides wäre verlockend. Die Last der Verantwortung wäre weg. Du bist krank, du bist verrückt, du bist asozial, was soll's. Die anderen sorgen für mich.«

Was treibt Günther in diesen Phasen der erhöhten Stressbelastung um? Will er die Familie verlassen? Oder ganz aus dem Leben scheiden, so wie vielleicht Burkhards Vater Richard? Was braucht Günther in Phasen wie diesen, um sich wieder zu stabilisieren, seine Ruhe, seine Selbstsicherheit wiederzuerlangen? Hat er sich vielleicht nur vor dem drohenden Suizid gerettet, indem er sich fest vornahm, nicht so zu enden wie Richard, Burkhards Vater?

Günther merkt, dass es ihn zwar etwas entlastet, wenn er seine negativen Gefühle über Burkhard im Gespräch andeuten kann, so richtig befriedigt es ihn jedoch nicht. Das Reden über Burkhard verstärkt eher die Isolation, die Günther ihm gegenüber erlebt.

Was würde sich ändern, wenn er sein inneres Bild von Burkhard gleichsam in die direkte Rede zwingt, ihn anspricht, als wäre er hier?

Ein Gespräch mit dem Stiefsohn in seiner Vorstellung? Hier ist das Ergebnis von Günthers simulierter direkter Rede an Burkhard:

Erste Anrede

»Lieber Burkhard, das ist ein Versuch, ein inneres Gespräch gleichsam nach außen zu stülpen. Ein Gespräch, von dem ich glaube, dass es im Augenblick gar nicht stattfinden kann, weil du mir nicht mehr wirklich zuhören willst. In den vergangenen 13 Jahren war unser beider Leben häufig sehr mühsam. Gewiss, wir hatten auch gute Phasen, richtig gute sogar. Doch jetzt ist es für mich mühsam. Dass ich mit dazu beigetragen habe, dass wir uns derzeit nicht so gut vertragen, macht mir ein schlechtes Gewissen. Das Beste, was mir im Moment für dich zu tun einfällt, wäre, mich zurückzuziehen.

Was mein Leben angeht, will ich nicht so bequem sein und andere verantwortlich machen. Aber ich bin einfach sauer, sauer und enttäuscht. Ich habe keine Lust mehr, weiterzumachen. Ich sehe dich wie einen Gefängniswärter, der mich durch seine Existenz dazu zwingt, ein Leben fortzusetzen, zu dem ich wenig Lust habe. Es ist bitter, klingt auch gar nicht schön, aber es tut mir gut, wenn ich merke, dass du unter dieser Störung unserer Beziehung auch leidest. Sie ist dir auch peinlich, du hast auch Schuldgefühle. Aber ich wünsche mir, dass du mit deinem Leben möglichst bald selber klarkommst. Mich stört es, dass du mir buchstäblich auf der Schulter sitzt und gleichzeitig nach deinem leiblichen Vater Ausschau hältst.

Wenn ich mich jetzt nicht durch deine Schwierigkeiten in der Schule, deine Ängste gebunden fühlen würde, ich würde sofort kündigen, die teure Wohnung verkaufen und eine Zeit lang darüber nachdenken, was ich in meinem Leben wirklich will. Ich hätte Lust, wieder kreativ zu sein. Burkhard, wir sind zu verschieden, zu viel an dir regt mich auf, macht mich kaputt. Ich muss es einfach einmal aussprechen, du bist mir eine zu große Prüfung. Ich kann und will dich, deine Unordnung, dein ganzes Chaos nicht mehr um mich herum ertragen, wenn du mich gleichzeitig wie einen Vater zweiter Klasse behandelst.

Es gibt zwar eine Seite, wo ich dir auch ähnlich bin. Auch ich hätte große Lust, eine Zeit lang die Verantwortung für mein Leben abzugeben, würde mich gerne für ein oder zwei Jahre beschützen, finanzieren lassen. Raus aus dem Feuer, Zeit haben, nichts leisten müssen. Und dass du das hast, darum beneide ich dich. Dass du das aber auf meine Kosten bekommst, stinkt mir gewaltig. Ich fühle mich, nicht immer natürlich, aber im Augenblick schon, etwas ausgebeutet. Machen wir doch Schluss miteinander!

Ich erschrecke, was ich da alles so sage, aber jetzt, da ich dich direkt anrede, sprudelt es nur so aus mir raus. Als wäre das seit Jahren aufgestaut. Versteh mich richtig, wir hatten auch sehr gute Phasen miteinander. Jetzt aber ist es mir gerade zu viel.

Und das mit dem Schlussmachen, jetzt, da ich es ausspreche, ist einfach ein totales Tabu zwischen uns dreien, dir, deiner Mama und mir. Das klingt nach so etwas Endgültigem, wie nach dem absichtlichen Sterben. Und das darf bei uns, obwohl das als nie ausgesprochener Gedanke ständig präsent war, nach dem sogenannten »Unfalltod« von Richard, deinem leiblichen Vater, einfach nicht mehr gesagt, nicht einmal gedacht und schon gar nicht getan werden.«

Anfangs klang Günthers Rede so, als wäre er an Burkhards gegenwärtiger Krise schuld. Eine Krise, die angesichts der Belastung durch Umzug, Wohn- und Schulwechsel sogar als durchaus normale Reaktion auf eine temporäre Stressbelastung verstanden werden kann. Er fragt sich: »Habe ich ihn wirklich geliebt? Kann ich so etwas überhaupt? Manchmal war es wohl eher das Gegenteil. Er hat mich gestört, hat mich irritiert, hat mich nie zur Ruhe kommen lassen. Er ist genauso zwischen mir und meiner Frau gestanden wie sie zwischen ihm und mir. Die latent oft vorhandene Abneigung wird mir erst heute bewusst. Ich habe mich davor gedrückt, das so klar zu sehen.

Ich wollte selber wie ein Heiliger sein, der seine Aggressionen unterdrückt, lieber für alle noch so kleinen Problemchen sofort die Schuld auf sich nimmt. Bis ich ihn dann selten, aber manchmal doch explosiv mit so heftiger Wut überschwemmte, dass er es nicht verkraften konnte. Mein Gott, wenn ich daran denke, er war ja ein kleines Kind. In der Grundschule, da gab es Szenen, die kann ich heute kaum wahrhaben. Da bin ich mit einer Wahnsinnswut auf ihn losgegangen, weil der nicht in der Lage war, sich auf seine Hausaufgaben zu konzentrieren. Ich schrie ihn an und machte ihn fertig, dass er eine Wahnsinnsangst vor mir entwickelt hat. Ich verlor die Nerven, ausbruchartig. Das ist leider viel öfter passiert, als mir lieb ist, viel zu oft.«

Wie kommt es, dass Günther meint, dass der leibliche Vater eher in der Lage gewesen wäre, ihn mit allen seinen Schwächen mehr zu lieben? Ist es nicht erstaunlich, dass Günther, der kein gutes Haar an Richard lässt, ihm mehr Liebe für den Sohn zutraut? Und ist es nicht sonderbar, wie sehr Günther seinem Muster folgt, sich für die Probleme um ihn herum verantwortlich macht, einschließlich der Probleme seines Stiefkindes?

Günthers Selbstanklagen wirken etwas tönern, so als wollte er dadurch möglichen Kritikern die Basis entziehen, schon bevor sie mit ihrer Kritik anfangen können. Hat er Angst davor, für die Unzufriedenheit seines Stiefkindes verantwortlich gemacht zu werden? Wer sollte ihm das vorwerfen? Richard vielleicht, oder Anna?

»Na ja, es stimmt, ich habe eine Wut auf Richard, weil der ja schon lange vorher aus dem Feld gegangen ist. Hätte er sein Kind geliebt, wäre er sorgsamer mit sich umgegangen, hätte sich nicht schon vor seinem Tod dermaßen ruiniert, dass der Unfall, so es einer war, eher als notwendige Folge des Lebens davor zu sehen ist. Das alles zeugt nicht von besonderer Verntwortung gegenüber seinem Kind.

Und auf der anderen Seite denke ich, wenn man leiblicher Vater von einem Kind ist, was mir verwehrt geblieben ist, muss das anders sein. Ich weiß ja nicht, wie es ist, habe es nie erlebt. Aber wenn man ein Kind selber zeugt, die Schwangerschaft, die Geburt miterlebt, dann ist da sicher eine ganz andere Verbindung da, als wenn man sich in eine Frau verliebt und dann plötzlich Stiefvater von einem Kind wird, das man eher »in Kauf« nimmt als wirklich will. Ich denke doch, trotz allem, dass die Beziehung zwischen Richard und Burkhard belastbarer gewesen wäre als die zwischen Burkhard und mir.

Ich litt unter dieser Andersartigkeit des Kindes, er führte mir praktisch unabsichtlich ständig vor, wie anders er ist, dass er nicht »meiner« ist. Früher kränkte mich dieser Hinweis auf unsere Verschiedenheit, weil damit der Vergleich mit dem angeblich großzügigeren, genialeren Vater verbunden war. Das motivierte mich, weiterzumachen, zu beweisen, dass ich es genauso gut oder besser kann. Heute ist das anders geworden. Richard bedroht mich in dieser Hinsicht nicht mehr.«

Gespräch mit einem Gespenst?

Vielleicht ist jetzt der Zeitpunkt nahe, mit dem »Gespenst«, das Günther und seine Familie bedrängt, das nie konkret greifbar wurde, in Kontakt zu treten, zumindest in der Vorstellung. Was würde entstehen, wenn Günther, anstatt über Richard, Burkhards toten leiblichen Vater, ständig zu reden, über ihn zu schimpfen, ihn jetzt in der Vorstellung direkt ansprechen würde. Was ändert sich in Günthers Psyche, wenn er ihm die Sachen direkt sagen kann, die er ihm gegenüber direkt natürlich noch nie zum Ausdruck bringen konnte? Wie soll man das normalerweise denn mit einem Toten auch bewerkstelligen? Kann Günther etwas von der Last, die er mit sich schleppt, abwälzen, wenn er zu Richard spricht, so als würde er jetzt hier direkt vor ihm sitzen? Günther beginnt eher forsch:

»Ich möchte mit Ihnen in der ›Sie-Form‹ reden, weil ich keine Lust dazu verspüre, allzu viel Nähe zwischen uns aufkommen zu lassen. Jahrelang habe ich gesammelt, was ich von Ihnen gehört habe, sah mir Bilder von Ihnen an. Ich hatte den Eindruck, dass Sie voller Ideen steckten, sehr spontan waren, dass Sie andere mitreißen konnten. Die anderen hatten offenbar keine Möglichkeit, sich Ihnen zu entziehen. Sie bestimmten die Marschrichtung. Dafür gab es dann viel Spaß. Im Vergleich dazu sehe ich mich als normal, vielleicht sogar als gewöhnlich, werde von anderen auch als nicht sonderlich inspirierend angesehen.

Aber es bereitet mir heute Genugtuung, zu sehen, dass Ihre Fantasie, Ihre Spontaneität oder was auch immer es war, wie eine Seifenblase platzte. Nichts als bloß eine Verrücktheit, mit der Sie andere wie zwanghaft faszinieren mussten. Sonst nichts. Letztlich ein fallendes Blatt im Wind.

Wenn ich es genauer betrachte, waren Sie damals eigentlich ein ganz schön armes Schwein: Früh ins Internat abgeschoben, mit keiner Schule klargekommen, keine stabile Elternbeziehung … Aber was soll's, arme Schweine sind wir irgendwo alle. Und, na ja, je länger ich mit den beiden zusammenlebe, ja mir kommt es jetzt so auf die Zunge: mit Ihrer Frau und Ihrem Kind, desto mehr denke ich, was für ein Versager Sie sind.

In dem Augenblick, in dem es ernst wurde, in dem Sie wirklich hätten Verantwortung übernehmen müssen, in dem Sie hätten arbeiten müssen, an sich, an der Beziehung, für das Kind, zum Erwerb des Unterhaltes für alle, da sind Sie an die Wand gefahren, als Unfall kaschiert. Sie haben ein stattliches Vermögen durchgebracht, die Freundin geschwängert und sich dann endgültig aus dem Staub gemacht. Das hielten Sie dann wohl nicht mehr aus. Nach dem Motto: ›Nach mir die Sintflut‹.

Und ich zahle Ihre Zeche, schon viele Jahre. Genau wie ich haben Sie es nicht fertiggebracht, diese Frau zu verlassen. Ist es nicht komisch, dass wir beide das nicht schafften? Das hat mich ein bisschen mit Ihnen versöhnt. Sie mussten sterben, um von ihr loszukommen. Ich bin geblieben. Aber eines muss ich Ihnen sagen, und das macht mir einen Heidenspaß: Es hat sich gelohnt zu bleiben! Sie haben vieles nicht gelernt und vieles nicht entdeckt, was ich entdecken konnte.

Was mich schon noch wütend macht, ist die Fantasie, dass Sie noch an dem Spiel beteiligt sind, dass Sie jetzt irgendwo in der Brühe der Vorhölle sitzen, dort nicht rauskönnen und keine andere Idee haben, als nach anderen Menschen zu greifen, um sich von denen rausziehen zu lassen. Und das ist etwas, was Sie mit Ihrem Sohn gemeinsam haben, und das stört mich sehr, an Ihnen beiden.

Ich habe manchmal das Gefühl, irgendwann, wenn ich einmal viel Ruhe gehabt habe, dann könnte ich innerlich vielleicht etwas für Sie tun, ein Gebet sprechen, gute Gedanken entwickeln, verzeihen. Aber im Augenblick möchte ich mit Ihnen, so oder so, überhaupt nichts zu tun haben. Und wenn Sie wirklich noch indirekt beteiligt sein sollten an der Misere, die sich in meiner Wohnung abgespielt hat und abspielt, durch die vielleicht noch nicht ganz verarbeitete Bindung meiner Frau Anna, dann muss ich Ihnen sagen, ich werde alles tun, um Sie da rauszuprügeln. Das müssen Sie wissen.«

Rückwärts fliehen?

Hört man sich Günthers zornige Attacken an, drängt sich früher oder später die Frage auf, ob er damit etwas von sich wegschieben will, das ihn selbst betrifft. Braucht, ja benutzt er das innere Bild von Richard, um die Verantwortung für die Bereiche seines Lebens, die ihm nicht so recht gelungen sind, auf eine andere Person, zur Sicherheit eine verstorbene, abzuwälzen? Er ist es schließlich, der die Situation nicht verändert hat, der unter den zugegeben schwierigen Startbedingungen für sich selbst ein Joch gebaut hat, über das er sich dann regelmäßig beschweren konnte. Hat er selbst übrigens jemals im Laufe der 13 Jahre daran gedacht, sich umzubringen? Und wenn das so war, was hat ihn abgehalten, es durchzuführen? Hat sein Zorn auf Richard auch damit zu tun, dass er selbst den »Absprung« nicht wagte, Richard für seine Haltung also insgeheim bewundert?

»Ich dachte oft daran, mich umzubringen, auch jetzt noch. Mich hält meine Feigheit davon ab, das Gefühl, es könnte wehtun und dass auf der anderen Seite etwas auf mich wartet, das viel schlimmer ist als das Leben hier. Und dann ist da noch das Gefühl, es gibt irgendwann vielleicht doch noch eine Chance. Vielleicht ist mehr dran an meinem Leben, als ich im Augenblick erkennen kann. Und das möchte ich mir nicht entgehen lassen.

Ich habe auch Angst, dass Burkhard sich etwas antut, wie man etwas umschreibend zu sagen pflegt. Ich fürchte, er könnte seinem leiblichen Vater in dem Sinne nachfolgen, dass er seine Todessehnsucht, die von Zeit zu Zeit auftritt, nicht mehr zurückdrängen kann.

Ich habe in letzter Zeit manchmal den Eindruck, dass er sich mit dem Thema beschäftigt

Die Vorstellung, dass sich Burki das Leben nehmen könnte, ist für mich schrecklich. Vor allem habe ich Angst, daran schuld zu sein, ganz egoistisch. Ich möchte dafür nicht verantwortlich sein. Die Idee, dass er weg ist, erleichtert mich allerdings. Das klingt jetzt nicht so edel, aber so ist es halt! Das aber kann auch auf andere Weise viel besser, quasi unblutiger erreicht werden, indem er z. B. auszieht und sich eine eigene Wohnung nimmt. Nicht nur durch den sogenannten Freitod.«

Schuld und Nähe

Günther hat Angst, sich schuldig zu machen. Indem er Burkhard mit seinen Aggressionen, seinem Hass und auch mit seiner Geringschätzung immer weiter verfolgt, indem er ihm immer wieder das Gefühl vermittelt, dass er es ja doch nicht schafft. Denn er ist gut darin, ihn immer wieder seine Verachtung spüren zu lassen. Kassiert Burkhard etwas ein, das eigentlich Richard gebührt? Die zu häufige Wiederholung, dass er es ja doch nicht schafft, dass er es nicht kann, ein Versager ist, dass er doch aufhören soll, sich zu bemühen. Das alles scheint eher an Burkhards Vater gerichtet zu sein. Alle sollen einsehen, dass es ist ein Irrtum ist, wenn Anna den toten Richard mehr lieben sollte als ihn, den lebenden Günther.

Lebend? Gefangen in der Verstrickung seines familiären Systems, macht er keinen sonderlich lebendigen Eindruck. Eher ist er angespannt, erstarrt in seiner nach außen gerichteten Schuldzuschreibung. Sich selbst als Opfer sehend.

Wenn Günther seinen Zorn abreagiert hat, wird er frei für die andere Seite seiner Gefühle, vor allem für Burkhard. Es tut ihm zum Beispiel sehr leid, dass Burkhard so selten Freude am Leben hat. Und dafür macht er sich mit schuldig. Dazu fällt ihm dann viel ein. Wie er ihn immer wieder gepiesackt, ihn nicht in Ruhe gelassen, ihm nicht wirklich genug Grenzen gezogen hat.

Doch wie unter Zwang sucht Günther die Verantwortung an seiner Misere immer wieder bei anderen, bei Richard, Burkhard und seiner eigenen Frau. Was steht ihm da so sehr im Wege, dass er seinen eigenen Anteil an der Verwicklung nicht sehen, nicht anerkennen will?

Welche Rolle spielt sein Wunsch, gut und edel zu sein, besser als alle anderen? Welche Rolle spielt seine Angst, seine Frau könnte frei sein, unabhängig von ihren wirtschaftlichen und sozialen Zwängen, die sie an ihn ketten? Hat er Angst, sie würde ihn auf der Stelle verlassen, wenn er nicht so viel für sie und Burkhard tun würde? Welche Rolle spielt sein Wunsch nach Abhängigkeit, den er sich nicht eingestehen will, den er aber wie einen Blitz aus den Gewitterwolken aufleuchten spürt, wenn sie ihm aus höchster Not, unter seinen ewigen Vorwürfen aufbegehrend zuruft, dann solle er doch endlich verschwinden?

Und welche Schuld gibt er seiner Frau?

Sie ist es, so meint er, die ihm seinen Platz als Ehemann verwehrt hat, obwohl sie verheiratet sind. Er kann da nichts dafür, denkt er, in dieser Hinsicht fühlt er sich wirklich als Opfer. Er arbeitet daran, bemitleidet zu werden. Was hat er eigentlich vom Leben gehabt, fragt er sich und andere. Und fügt förmlich flehend hinzu, warum er so leben müsse? Und er will wissen, was er eigentlich getan habe, dass es ihm so miserabel gehe? Alle Wege führen, so scheint es, zurück zur Opferhaltung.

Stellt sich Günther jemals die Frage, wie sich Burkhard diesbezüglich fühlt? Richtet er jemals den Blick auf sich, so wie er von außen gesehen werden könnte?

»In gewisser Hinsicht ist natürlich Burkhard auch Opfer, ein mit hoher Sensibilität ausgestattetes Kind, das jetzt als Teenager darum ringt, seinen eigenen Platz im Leben zu finden. Er ist das vorläufig letzte Glied in einer unheilvollen Kette von durch Schicksalsschläge belasteten Menschen: sein Vater, seines Vaters Vater, meine Eltern und natürlich auch Burkhards Mutter. Burkhard kriegt unheimlich viel mit, wie es den anderen geht, worunter sie leiden, was schwierig ist. Was für eine Zartheit er unter seiner verwirrten Schale trägt!

Menschenskind, es wär doch schön, wenn er, ausgestattet mit dieser Zartheit, mit dieser Verletzbarkeit, trotzdem einen würdigen Platz im Leben finden, warmherzige Bindungen eingehen könnte. Können ihm nicht auch Freude, Anerkennung, Erfolg, Freundschaft, Lust, ein freies Lachen beschert werden? Wird er es sicher schaffen, die Last seiner Vorfahren abzuschütteln, der leiblichen und der ›angeheirateten‹? Ich will nicht, dass er sich von mir abschaut, wie man imaginäre Lasten schleppt. Da soll er mir bitte wirklich nicht ähnlich werden!

Ja, bei allem, was schwierig ist zwischen uns, Burki und mir, sehe ich seinen bisherigen Lebensweg, wird er mir wieder sehr nahe, ich habe ihn trotz allem ja doch sehr, sehr gerne, und im Grunde zerreißt es mir die Brust, wenn ich sehe, wie er gerade zu kämpfen hat.

Mein großer Schritt als Stiefvater, ist, Burki heute wirklich zu sagen, dass er so werden kann, wie es für ihn gut ist und wie er es kann. Und dass er nicht so werden muss, wie ich es bin. Vielleicht habe ich da manchen leiblichen Vätern einiges voraus.«

Günther würde sich ihm jetzt gerne wieder zuwenden, ihn direkt ansprechen, wenn auch nur dem vorgestellten inneren Bild von Burkhard, um zu sehen, was Günther für ihn empfindet:

»Gerne würde ich dich trösten, dich beruhigen, doch fehlt mir dazu selbst noch die Kraft. Immerhin fühle ich mich dir jetzt nahe, so nahe wie nie zuvor. Jetzt brauche ich mich nicht mehr vor dir zu schützen, kann dir begegnen, dich wirklich wahrnehmen und akzeptieren, wie du bist. Es ist plötzlich, als könnte ich meine eigenen Schwächen im Kontakt mit dir zulassen, brauche vor meinem Innersten nicht mehr zu fliehen. Ich dachte, du bist die Quelle meiner Erschöpfung – jetzt merke ich, dass ich in der ersten wirklichen Begegnung mit deinem derzeit doch etwas unruhigen Wesen ruhig werde und einen Hauch inneren Friedens spüre. Unser beider Leben ist gespickt mit Härten und Schicksalsschlägen, jetzt aber, da ich das für uns beide akzeptieren kann, fühle ich eine zuvor nur selten erfahrene Leichtigkeit, ja Freude. Verzeih mir meine Unfähigkeit, dir, wenn auch kein leiblicher, so doch ein einfühlsamer, anteilnehmender Stiefvater zu sein. Du hast mich jetzt spüren und sehen lassen, woran es fehlte. Ich sehe dich in deinem Leid und ich fühle mit dir. Ich danke dir, so verrückt es klingt, für diese Gelegenheit. Ich spüre ein warmes Gefühl für dich in meiner Brust.

Ich habe das Bedürfnis, dich an der Hand zu nehmen und dir zu helfen, deinen richtigen Vater wiederzuentdecken. Ich will dir zeigen, wie viele gute Seiten auch er hatte und dass ich sein schlimmes Schicksal bedauernd anerkenne. Du brauchst dich nicht mehr von deinem richtigen Vater loszusagen, um mit mir gut sein zu können.

Ich unterstütze dich dabei, wenn du von Richard anerkennend sprichst: ›Du bist mein Vater und ich bin dein echter Sohn, der dein Leiden und deine Mühsal respektiert – und das deiner Vorfahren!‹ Ich helfe dir aber auch zu sagen, dass du dich von seinem, Richards Schicksal, innerlich abkoppelst, dass du ihn nicht anerkennen musst, indem du ihn nachlebst. Erkenne Richard, deinen Vater, den verrückten, charismatischen, kreativen, radikalen Wirrkopf an und sage ihm zugleich, dass du dein eigenes Leben führen willst. Du musst es ihm nicht gleich machen, damit er von dir anerkannt wird, damit wir dich als seinen Sohn anerkennen. Sieh ihn, wie er ist, und lass ihn dann gehen!«

Stiefvater zu werden dauert. Und es genügt nicht, einfach Zeit verstreichen zu lassen. Günthers Rolle als Stellvertreter verfügt über kein freundliches Flair, und seine Mühen im Gestrüpp des Alltags werden selten gewürdigt, zumindest nicht sofort. Den Stiefvätern zum Trost sei auf die Beispiele verwiesen, denen neue Stärke zuwächst, wenn sie ihren Part als Stiefväter wirklich angenommen haben.

Denn Stiefväter sind reale Menschen, die wirklich und in jeder Sekunde mit ihren Stiefkindern in Kontakt treten können. Und das allein ist es, was zählt, was wirkt.

Was hätten Günther, seine Frau und vor allem Burkhard gebraucht, um miteinander besser zurechtzukommen? Sie haben es uns gezeigt: Einige Jahre später berichtet Günther, dass sich die Situation sehr entspannt hat. Burkhard hat, nachdem er wegen seiner Schulängste eine Therapie gemacht hatte, die Schule doch noch erfolgreich abgeschlossen. Anfangs lebte er noch bei den Eltern, später hat er eine eigene »Vierer-WG« gegründet, eine Lehre als Grafiker begonnen, durchgehalten und abgeschlossen. Er verdient jetzt seinen Unterhalt selbst und scheint, abgesehen von einigen Krisen, recht zufrieden mit seiner Situation zu sein.

Seine Eltern, Mutter und Stiefvater, sieht er ein bis zwei Mal im Monat, berichtet ihnen gerne über die Ereignisse seines täglichen Lebens und hat darüber hinaus gute Kontakte mit neuen Freunden.

Einmal im Jahr, an Allerheiligen, gehen alle drei an das Grab seines leiblichen Vaters, entzünden, jeder für sich, eine Kerze, die sie »ihm« dann aufs Grab stellen.

Günther wiederum hat die negative Wirkung seiner so lange kultivierten Opferhaltung erkannt und überwunden. Er liebt seine Frau, ist in seinem Beruf noch einmal richtig erfolgreich geworden und hat die schwierigen Zeiten in seiner kleinen Familie fast vergessen.

Zurück zur Situation der Söhne. Sie wünschen sich einerseits einen starken Vater, manchmal aber auch das Gegenteil. Der eigene ist ihnen dann nicht einfühlsam, nicht bedeutend oder was sonst noch nicht genug – oder es hat eine ganz ernste Verletzung ihres Wesens durch den Vater stattgefunden, so dass sie sich von dem Vater, der da ist, distanzieren und einen anderen, besseren in der Fantasie erzeugen müssen.

Was auch immer der Grund ist, es kommt in der Entwicklung junger Menschen häufiger vor, dass sie sich einen anderen zum Vater wünschen. Einer, dem es so ergeht, ist Lukas, ein junger Mittzwanziger: Er will einen anderen Vater.

Bist du mein Vater, Papa?

Lukas steht offensichtlich unter Stress. Er wirkt irgendwie seelisch geknickt, auch wenn er im Alltag so einigermaßen zurechtkommt. So richtig aber bekommt er seine Füße nicht auf den Boden.

Er braucht viel Unterstützung und einen ehrlichen, wohlwollenden und dennoch realistisch wahrnehmenden Gesprächspartner. So hofft er, sein trauriges Innerstes irgendwie wärmen und heilen zu können, seine psychischen Konturen zu erforschen, sie anzunehmen und dann auch nach außen zu vertreten.

Ob er sich das alles auch von seinem Vater gewünscht hätte?

»Mag sein, aber heute, jetzt, wenn ich daran denke, kann ich mich nicht erinnern, und ich kann es mir auch nicht vorstellen. Irgendwie ist es aus zwischen uns. Ich möchte am liebsten einen anderen Vater haben, und ich glaube, ich suche mir seit einiger Zeit auch schon tatsächlich einen anderen, einen besseren.

Wann immer ich meinem Vater widerspreche, seine Vorschläge nicht akzeptiere oder sein Weltbild ablehne, dann explodiert er regelmäßig. Früher hat er mir dann auch tatsächlich meist eine Ohrfeige gegeben, und damit war dann die Szene beendet. Später dann habe ich mich auch körperlich gegen ihn aufgelehnt und wirklich mit ihm zu raufen begonnen, seither ist es ganz aus. Er hat zwar damit aufgehört, mich schlagen zu wollen, aber ein Kontakt findet nicht mehr statt.

Ich mache auch von mir aus keinen Versuch mehr, nur leider hat das zur Folge, dass ich ihm aus dem Weg gehe. Früher war das die einzige Möglichkeit, nicht niedergemacht, nicht lächerlich gemacht zu werden. Heute würde sich wohl ein heftiger Streit entwickeln, der jedoch bei mir ein ebenso schlechtes Gefühl zurücklässt wie früher die körperlichen Auseinandersetzungen.

Ich schäme mich seiner, ich möchte sein Bild nicht vorzeigen. Er ist irgendwie stecken geblieben, und ich schäme mich einfach, der Sohn eines so unfertigen, unreifen Vaters zu sein. Wahrscheinlich hatte er immer Angst, ich würde ihm seine »Mama« – die ja in Wirklichkeit die meine ist – wegnehmen. Zumindest gibt er sich so, als wäre er bedürftiger als ich. Sicherlich, ich bin auch sehr bedürftig, aber wenn ich ihn sehe, dann will ich überhaupt nicht bedürftig sein, vor allem nicht so wie der. Er ist das Kind in der Familie, das nie größer wird. Was bleibt mir da übrig, als abzuhauen?

Kaum bin ich aber weg, will er, dass ich zurückkomme, spricht alle möglichen Einladungen aus, tut so, als wäre nichts gewesen. Kaum bin ich aber da, meckert er an mir herum und macht mich nieder, lässt mir eben keinen Raum. Es ist so, als würde er meine Anwesenheit brauchen, um sich selber zu bestätigen und sich als Sieger und damit als Platzhirsch meiner Mutter zu präsentieren.

Denke ich an meine Familie, dann taucht dieses alte Gefühl auf, dass man mich nicht sein lässt. Ich muss tricksen und manipulieren, um zu etwas zu kommen, um irgendwie in diesem eingespielten System bestehen zu können.«

Lukas arbeitet anscheinend daran, die innere Kluft zu seinem Vater weiter zu vertiefen. Die Nähe zu dessen abgelehnten Eigenschaften ist ihm wohl zu schmerzhaft. Lässt er sich dazu bewegen, den Kontakt mit dem Vater zu riskieren, und sei es nur in der Vorstellung? Ob er versuchsweise seinen Vater im Rollenspiel direkt ansprechen würde, so als wäre er hier im Raum anwesend? Er ist bereit, wenn auch vorläufig zögernd, voll Skepsis.

»Gut, also ich spreche jetzt zu dir, Vater. Ich will, dass du mich unterstützt – nein, das ist Blödsinn. Ich sage das nur, weil ich denke, dass das jetzt irgendwie kommen müsste. In Wirklichkeit will ich es nicht, ich habe irgendwie Schluss gemacht mit dir. Kaum stelle ich mir vor, du sitzt mir gegenüber, werde ich sofort bitter, und mir fal-

len einfach immer wieder diese Szenen ein, wie du über mich hin-
wegtrampelst, wie du mich nicht wahrnimmst und schon gar nicht
akzeptierst. Ich sag's dir einfach so ins Gesicht:

Ja, ich bräuchte dringend Unterstützung, aber ich habe es aufgege-
ben, mir das von dir zu erwarten und zu erhoffen. Ich suche mir
Bessere dafür. Das hat schon damals angefangen, mit meinem Turn-
lehrer, den ich sehr verehrt habe. Später wurde ich dann zum Gott-
sucher, um schließlich in einer Sekte zu landen. Aber auch das hat
nicht lange geholfen.

Ich spüre keine Versöhnung, sondern immer wieder nur diese Bitterkeit. Warum musste ich überhaupt in diese Familie hineingeboren
werden? Oft habe ich dir und Mama den Vorwurf gemacht, dass ihr
mich überhaupt zur Welt gebracht habt. Hättet ihr mich gefragt, ich
hätte abgelehnt. Ich fühle mich hier nicht zu Hause, und meine Versuche, es mir einigermaßen wohnlich einzurichten auf dieser Welt,
wurden von euch beiden, besonders aber von dir, Vater, in einer Weise gestört, die ich zwar nicht als grausam bezeichnen kann, die aber
einfach darin bestand, nicht hinzusehen, wer ich bin. So als wolltest
du immer einen anderen vor dir sehen.

Ich habe den Eindruck, dass du nicht daran interessiert bist, dass
ich meine in mir schlummernden Eigenschaften finde und sie zu einem gesunden und kräftigen Menschen hin entwickle. Jede Regung
von aus mir kommender Stärke und Selbstständigkeit hast du mit
deiner Härte, mit deinem unglaublichen Zynismus unterdrückt. Als
ich noch jünger war, war ich nur verzweifelt. Heute kann ich damit
schon etwas anders umgehen. Ich kann deine Angst vor dem Sicht-
barwerden deiner Schwächen, deiner Bedürftigkeit besser erkennen.
Aber annehmen, akzeptieren? Nein, das will ich nicht. So wie du will
ich nicht sein, will ich nicht werden. Ich suche mir für meine Erho-
lung, für meine Nach-Reifung andere Menschen, an denen ich mich
orientieren kann.«

Die direkte Rede strengt an. Es ist viel schwerer, solche Sachen
direkt zu sagen, auch wenn es nur in der Vorstellung geschieht. Aber

es gibt Lukas auch mehr Sicherheit. Allmählich lernt er, sich vom Vater im Dialog abzugrenzen. Gelingt das, kann er sich schrittweise daranmachen, ihn überhaupt erst einmal genauer zu sehen, mit all seinen Facetten. Lernen, ihn anzunehmen, wäre dann noch ein weiterer Schritt, der vorerst noch in weite Ferne gerückt zu sein scheint. Er steht ihm erstmals irgendwie gegenüber.

Nach einer längeren Phase des Schweigens, zum leeren Stuhl blickend, auf dem er sich seinen Vater vorstellt, ihm zugewandt sitzend, fällt Lukas jedoch förmlich in sich zusammen, wird scheinbar ohne Grund tieftraurig, kämpft gegen die Tränen und hilft sich über die vermeintliche Peinlichkeit der Situation, indem er über die Traurigkeit irgendwie hinwegredet.

Er hat Angst vor der Nähe, die zu dem in der Fantasie nach außen gestülpten inneren Bild des Vaters entsteht. Ein Hauch von Geborgenheit, der sofort abgewehrt werden muss. Dennoch, seine Sehnsucht nach warmherziger Aufnahme durch ein väterliches, mächtiges und doch wohlwollendes Gegenüber ist riesengroß. Um das wiederzufinden, ist er bereit, viel auf sich zu nehmen, notfalls weit zu reisen.

Doch wenn er dann wirklich jemanden findet, der die Geduld hat und ihn wirklich da sein lässt, dann weiß er damit nicht viel anzufangen, wird tieftraurig, unruhig und ist es schließlich selbst, der den Kontakt abbricht. Endlich bricht er das Schweigen:

»Ich führe mich wirklich auf wie ein Idiot. Ich habe eine große Sehnsucht nach Geborgenheit und Wärme, und wenn es dann so weit ist, dann unternehme ich alles, damit ich genau dies nicht fühlen muss. Einfach dasitzen und im Kontakt mit dir die Traurigkeit zulassen, das wird mir schier zu viel. Vordergründig will ich sagen, dass du machen kannst, was du willst, die Sache ist gelaufen, ich lasse dich zu mir nicht mehr durch. Daneben aber ist diese starke Sehnsucht nach Sicherheit, Zugehörigkeit, Geborgenheit.«

Lukas wendet sich mit allen Anzeichen von Verwirrung vom leeren Stuhl ab und sagt, irgendwie in den Raum hinein, als gäbe es keinen spezifischen Adressaten:

»Unlängst träumte ich, dass ich plötzlich draufkomme, dass mein Vater nicht mein wirklicher Vater ist. Und als ich das bemerke, bin ich sehr erleichtert, endlich ist es heraußen, und ich nehme diese Erkenntnis als Erlaubnis, von zu Hause abzuhauen. Ich habe als Kind oft mit dem Gedanken gespielt, einfach zu verschwinden, aber natürlich habe ich es nicht gemacht. In diesem Traum aber setze ich mich ins Auto und fahre weg.

Nach dem Aufwachen bemerke ich dann, dass das natürlich in Wirklichkeit nicht der Fall ist. Ich bin mir ziemlich sicher, dass mein Vater tatsächlich mein leiblicher Vater ist. Meine Mutter ist grundsolide, sie waren verheiratet, ich war gewollt, es passt also alles irgendwie zusammen. Ich habe auch früher schon einmal, weil mich diese Gedanken beschäftigt haben, meine Mutter gefragt. Aber sie hat nur gelacht und wirklich in keiner Weise auch nur leiseste Anzeichen gegeben, dass darüber auch nur die geringste Unsicherheit bestehen könnte.

Und dann fällt mir natürlich ein, was die Psychologen zu solchen Wünschen sagen. Danach ist das die Reaktion auf die Kränkung, dass man nichts Besonderes ist. Der Wunsch nach einem anderen Vater lindert diese Kränkung, für ein Weilchen zumindest. Er soll etwas Außergewöhnliches sein, ein König, ein Künstler oder ein Revolutionär, eine in irgendeiner Weise hervorstechende, nicht so gewöhnliche Person. So hebt man sich auch als dessen Kind aus den Niederungen der Alltäglichkeit empor: der versteckte Prinz.

Es deprimiert mich dann etwas, wenn ich daran denke, dass das so banal erklärt werden könnte. Es stimmt schon, ich wollte früher stets etwas Besonderes sein, und während ich das jetzt erzähle, muss ich gleich wieder mit den Tränen kämpfen. Ja, es stimmt, ich hätte gerne einen anderen Vater. Einen, der mich wertschätzt. Ist das wirklich so viel, was ich verlange?

Es soll einer sein, der auf mich eingeht, mir den Weg zeigt, gütig ist, der mich *sein* lässt. Ein Vater, der unterstützt, auch fordert, aber seine Liebe nicht von der Erfüllung dieser Forderungen abhängig macht. Bekäme ich das alles, bräuchte ich auch nicht mehr etwas Besonderes sein.

Und da ist noch etwas, er soll einer sein, der nicht mit mir um die Mutter konkurriert, indem er mir die Rolle des Kindes stiehlt, das ist mir auch sehr wichtig – einer, der sich freut, dass ich da bin, der mich nicht ablehnt, der mein Potenzial ahnt und deshalb meine augenblicklichen Schwächen, Mängel, Verwirrungen ohne große Panikreaktionen akzeptieren kann.

Ich wünsche mir, dass auch ich ihn achten und lieben kann, ohne dass ich Angst haben muss, dann als Reaktion auf meine Liebe vereinnahmt, zur Anpassung genötigt, benutzt zu werden.

Ach, das alles macht mich so traurig, weil ich das alles vermisse. Aber es ist eine fast wohltuende Traurigkeit. Irgendwie tut es mir gut, wenigstens diesen Wunsch auszusprechen. Auch wenn es schmerzhaft ist zu wissen, dass die Wirklichkeit davon abweicht. Es ist angenehm, den Wunsch zuzulassen

Irgendwie macht mich dieser Wunsch nach einem neuen Vater unruhig, denn vielleicht ist der Wunsch nach einem anderen Vater nur der Ausdruck einer psychischen Macke? Das beunruhigt und kränkt mich. Ich merke, dass ich auch zornig werde auf diejenigen, die glauben, dass eine Genesung nur erfolgen kann, wenn man diese Illusion aufgibt, wenn man sich mit seiner Gewöhnlichkeit abfindet. Irgendwo ahne ich, dass das auch anders gehen muss, und zwar so, dass dieser Wunsch erfüllt wird, dass die Sehnsucht nach dem unterstützenden, barmherzigen Vater tatsächlich gestillt wird.

Ich möchte gesagt bekommen: Ja, du bist tatsächlich etwas Besonderes, du bist tatsächlich einmalig. Solange, bis ich es wirklich tief drinnen weiß: Ich habe in dieser Welt meinen ganz besonderen, individuellen, einzigartigen Platz. Wenn ich das wirklich in mich reinlasse, mir dessen wirklich sicher sein könnte, dann hätte ich auch kein Problem, allen anderen Menschen ihre Einzigartigkeit, ihre Besonderheit zuzugestehen. Wenn ich sicher bin, dass ich hier willkommen bin, dass mein Wesen freudig begrüßt und akzeptiert wird, dann ist es mir eine Freude, wenn ich weiß, dass es allen anderen Menschen gleich geht. Ich erlebe dann keine Konkurrenz mehr.«

Lukas hofft wohl, auf diese Weise seine innere Zerrissenheit heilen zu können.

Der andere Weg aber, der über das Anerkennen der Bedeutungslosigkeit führen soll, macht ihm zu viel Angst. Lukas schreckt vor dem Gefühl der Resignation zurück, das ihn erfasst, wenn er mit dieser Idee auf seine Distanz zum Vater verzichtet. Es ist für ihn so, als würde man von ihm den zweiten Schritt vor dem ersten fordern. Er denkt, ja hofft, er könnte zuerst glücklich sein, um danach seine Gewöhnlichkeit gelassen, ja sogar mit Freude annehmen zu können.

Würde er anders herum seines Vaters »Gewöhnlichkeit« akzeptieren, dürfte er sich selbst seine eigene auch locker erlauben können, Nach dem Motto: Akzeptiere die Schwächen deines Vaters und lebe danach ein entspanntes Leben mit deinen eigenen Unzulänglichkeiten, die du gelassen annehmen kannst!

So weit ist Lukas noch nicht. Ihn beschäftigt die Frage, was aufseiten dieser versagenden Väter dafür verantwortlich ist, dass sie ihrer Bestimmung, als Vater zu ›dienen‹, nicht nachkommen können.

Und warum aber gibt es dann Männer, die als Väter taugen? Ist es letztlich doch nur eine Frage der Achtsamkeit, der Selbstkontrolle, der Fähigkeit, den anderen wahrzunehmen in seinem So-Sein? Und was macht diese Fähigkeit aus, wo kommt sie her?

Lukas kommt nicht auf die Idee, dass die »Tauglichkeit« eines Vaters erheblich, vielleicht sogar in erster Linie von der Haltung des Kindes diesem gegenüber abhängen könnte. Nicht die Eigenschaften eines Vaters machen ihn dazu, sondern die Akzeptanz dieses Menschen als »Vater«; unabhängig von seinen Eigenschaften, vielleicht sogar trotz derselben. Lukas schämt sich, es auszusprechen, aber er wünschte sich noch als Gymnasiast, sein Deutschlehrer wäre sein Vater.

Irgendwie bleibt die Bitterkeit seiner Kindheit jetzt funktionslos im Raum hängen:

»Ich habe wohl zu oft diese Versuche gemacht, mir andere Väter zu suchen, bessere. Selbst wenn es gelungen wäre, es macht das Alte nicht wieder gut, indem ich das Alte ungeschehen mache: Das jetzt zu sehen, gibt mir auch ein Gefühl der Freiheit. Ich habe das Gefühl, dass ich mich nicht binden muss, dass ich keine Versprechen abgeben muss, bestimmte Dinge zu unterlassen und andere zu tun. Und es fühlt sich auch sehr wohltuend an, wenn ich merke, dass ich nicht ständig gut sein muss, um vom »neuen« Wahl-Vater angenommen zu werden.

Ich bekomme nun ein vages Gefühl dafür, wie unklar mein Verhalten im Kontakt mit erwachsenen Gesprächspartnern oft gewesen sein muss, wenn ich meinte, sie ständig für mich gewinnen zu müssen. Es ist so, als würde ich ständig versuchen, vaterähnliche Personen so zu manipulieren, dass sie wünschen sollten, mich zum Sohn zu haben. Es ist zwar jedes Mal irritierend und irgendwo auch enttäuschend, wenn diese Spielchen keine Wirkung zeigen, letztlich aber bin ich heute erleichtert. Ja, ich bin im Grunde froh, dass es mir nicht gelingt, andere so zu manipulieren, dass sie versuchen, mich wie ein armes Opfer meines leiblichen Vaters zu ›adoptieren‹.«

Lukas berichtet über ein Gespräch mit seinem Freund Pjotr, das ihn stark beschäftigt. Pjotr ist ein Weißrusse, den er vom Praktikum her kennt, den er jetzt aber nur mehr ganz selten trifft.

Pjotrs Gefängnis

Pjotr, ein drahtiger, äußerst sportlicher Mann Mitte 30 leidet unter der Trennung von seiner Freundin, die er vergötterte, vor einigen Wochen aber zur Überraschung der gemeinsamen Freunde plötzlich verlassen hat.

Seither kommt er, der die Entscheidung zur Trennung getroffen hat, über eben diese Trennung nicht hinweg, schläft schlecht, ist tagsüber wie geistesabwesend, ständig in Gedanken mit der verlorenen Freundin beschäftigt.

Er berichtet Lukas, dass er ihr, einer ausnehmend attraktiven Frau, in den sieben Jahren ihrer Beziehung das Leben recht schwer gemacht hatte, da er sie ständig zu verschiedensten Verbesserungen ihrer Erscheinung, ihres Verhaltens, ihres Denkens angehalten hatte. Sie musste perfekt sein, denn er selbst würde sich schließlich auch darum bemühen und sonst würden sie nicht zusammenpassen.

Pjotr, selbst ein strebsamer Techniker mit besten Abschlüssen, erwartete also auch von seiner Freundin ähnliche Werte und entsprechendes Handeln.

Als er ihr auf einem Kurzurlaub in Norditalien Vorhaltungen wegen ihrer Fahrweise machte, sie hatte sich im Stadtverkehr verschaltet, fuhr sie kurz entschlossen an den Straßenrand, stoppte das Auto, stieg aus und verschwand. Da Pjotr sich erst um das den Verkehr behindernde Auto kümmern wollte, er wohl auch ihren abrupten Ausstieg nicht allzu ernst nahm, suchte er nach einer Parkmöglichkeit und erst dann nach der Freundin. Die aber blieb verschwunden, reagierte auch nicht auf Anrufe, war einfach weg.

Er fuhr allein zurück nach Deutschland, wo er ihr, als sie mit einigen Tagen Verspätung in die gemeinsame Wohnung zurückkam, erklärte, dass er die Beziehung für beendet betrachtete.

Seither leidet er.

Als Lukas ihn fragt, warum er dann nicht wieder Kontakt mit ihr suche, begründet er seine starre Haltung damit, dass er nicht wüsste, mit wem sie sich nach ihrem »Ausstieg« in Italien getroffen habe. Es wären drei Tage vergangen, bis sie wieder zu Hause gewesen sei. Vielleicht habe sie eine Affäre mit einem Einheimischen gehabt. Zumindest kreisten seine Fantasien um diese Möglichkeit, und das würde ihn so belasten, dass er lieber auf seine »Traumfrau« verzichte, als im Kontakt mit ihr von solchen Vorstellungen gequält zu werden.

Lukas wundert sich darüber, dass diese Beziehung, die offensichtlich von starker wechselseitiger Anziehung geprägt ist, nicht mehr funktionieren kann. Wie kommt es, dass Pjotrs Fantasie so viel Schaden anrichtet?

Lukas ahnt, womit das alles zusammenhängt. Pjotrs Vater, gelernter Installateur, hat sein Medizinstudium abgebrochen, da er wegen Panik bei mündlichen Prüfungen nicht mehr weitermachen konnte. Von seinen Fähigkeiten her hätte es kein Problem gegeben, aber die Prüfungsangst hatte alles zerstört.

Später, Pjotrs Vater war bereits verheiratet, entwickelte er eine Medikamentenabhängigkeit, da er meinte, seine Ängste vor anderen Menschen nur so kontrollieren zu können. Dem kleinen Pjotr gegenüber war er gewalttätig, ebenso gegenüber Pjotrs Mutter.

War das die Zeit, als sich Pjotr vornahm, nie so zu werden wie sein Vater, als er begann, sich einen anderen Vater zu wünschen?

Pjotrs besonders enges Verhältnis zur Mutter basierte auf dem Versprechen ihr gegenüber, eines Tages reich und berühmt zu werden und sie beide so für den enttäuschenden Vater bzw. Ehemann zu entschädigen.

Als Lukas an Pjotr die Frage richtet, die auch ihm selbst größte Probleme bereitet, winkt Pjotr entsetzt ab: Nein, seinen Vater annehmen, mit all seinen Schwächen, das würde er niemals machen. Das wäre für ihn ein Absturz in die Gewöhnlichkeit des weißrussischen Kleinstadtmilieus, da wolle er nie wieder hin. Auch würde seine längst vom Vater geschiedene Mutter, die so stolz auf die Erfolge ihres Jungen im westlichen Ausland sei, das nie verstehen, wenn er sich mit seinem Vater versöhnte. Er müsse der unnahbare Erfolgreiche sein, der den Vater beschäme. Ständig, durch seine Existenz, durch seine Erfolge, seinen Reichtum und die Schönheit seiner Frau. Eine Frau, die ihrerseits wieder perfekt sein müsse, die keinerlei menschliche Schwächen haben dürfe, nicht einmal in Pjotrs Fantasie.

Auch durch die Perfektion und »Reinheit« seiner idealen Frau, von der er sich wegen ihrer Vorzüge auch niemals trennen würde, müsse der Vater beschämt werden. Dass seine Freundin ihm jetzt durch ihren buchstäblichen Ausstieg einen Strich durch dieses Programm gemacht hat, verwirrt Pjotr zutiefst und hat wohl zu der sonderbar anmutenden Entwicklung geführt, die ihn seit der Trennung

160

quält. Niemals aber würde er auf die Idee kommen, dass sein Rache- und Beschämungsfeldzug gegen seinen Vater die Basis dieses Dilemmas sein könnte. Er will an der emotionalen Distanz zu seinem Vater unter keinen Umständen rütteln.

Was er überhaupt nicht bemerkt, ist, dass er gerade durch diesen Kampf gegen die väterlichen Eigenschaften ein Gefangener ebendieser bleibt, also auch immer noch ein Gefangener des Vaters ist. So viel Energie wird gebunden durch den Versuch, keinesfalls so zu werden wie der Vater. Am Beispiel seines Freundes Pjotr beginnt Lukas zu ahnen, wie hoch der Preis für diese zwanghafte Überlegenheit allem gegenüber ist, wie viel Stress, wie viel Druck dieser Versuch nach sich zieht, es unbedingt und immer richtig zu machen. Und welche unglaubliche Rolle dabei der Zwang spielt, alles und überall in Ordnung bringen zu müssen.

Lukas ist nachdenklich geworden nach dem Gespräch mit Pjotr. Er vergegenwärtigt sich seine eigene innere Auseinandersetzung mit seinem Vater und fragt sich, wie er seinen Vater abspaltet, innerlich wie äußerlich. Pjotr führt ihm vor Augen, was er, wenn er nur sich selbst betrachten würde, so (noch) nicht sehen oder akzeptieren könnte.

Aus der Sicht des Abgelehnten

Lukas wehrt sich noch sehr dagegen, das, worin er selbst seinem Vater ähnlich ist, anzunehmen. Es gibt ja schließlich gute Gründe dafür, warum er sich als Kind so schützen musste. Das zu ändern würde vielleicht im Augenblick noch zu viel von seiner inneren Stabilität gefährden, die, so fragil sie auch sein mag, immerhin über Jahrzehnte gewachsen ist und sich insofern bewährt hat, als er sich erfolgreich bemüht hat, in beruflichen Dingen seinen Vater zu übertreffen.

Andererseits schließt Lukas mit der Abspaltung seines »inneren« Vaters noch einen vielleicht zu großen Teil seiner selbst aus seinem

161

Leben aus. Er macht diese abgespalteten Seiten seiner Persönlichkeit förmlich am gehassten Vater fest, wo diese Eigenschaften dann auch möglichst bleiben sollen. Da ist nichts dabei, macht er sich glauben, was etwas mit ihm zu tun hat.

Was ihn dabei stutzen lässt, ist die Ähnlichkeit seines Denkens mit dem von Pjotr. An sich selbst findet er es passend, doch bei Pjotr erkennt er, wie sehr der sich mit seinem Kampf gegen seinen »inneren« Vater verausgabt. Lukas fragt sich, ob auch er in einer Art Gefangenschaft an seinen Vater gebunden bleibt, selbst wenn er sich erfolgreich dagegen zu wehren meint.

Nur äußerst zögerlich lässt er sich im Gespräch darauf ein, versuchsweise, wie in einer Theaterrolle, die Perspektive seines Vaters anzunehmen, sein Vater zu »sein«.

Sein Widerstand ist noch zu groß. Er ist froh, endlich »Nein« sagen zu können. Es ist das »Nein«, das ihm immer noch die Sicherheit gibt, die er als Kind gebraucht hatte, als der Vater ihn mit Gewalt auf seine Linie bringen wollte. Dieses Nein ist ihm kostbar, soll nicht leichtfertig wieder preisgegeben werden:

»Nein, nein, nein, ich will mit dir nichts mehr zu tun haben! Zwischen uns ist es aus, ein für alle Mal. Ich bin ein eigener Mensch und für mich selbst verantwortlich. Und ich will mich jetzt nicht wie ein verständiger Mensch um deine Belange kümmern. Ich ahne, es läuft auf einen Zwang zur Versöhnung hinaus, sobald ich mich in deine Lage versetze. Und das will ich nicht. Ich bin froh, dass wir eine Grenze haben, dass ich gute Gründe und gute Argumente habe, mich von dir fernzuhalten.«

Nachdem er seine Abgrenzung erst einmal bekräftigt hat, wird Lukas sicherer. Allmählich beginnt er den Versuch zu riskieren, das Leben auch einmal aus des Vaters Seite anzusehen: Wie nimmt der den Sohn wahr, und wie sieht der Vater sein eigenes bisheriges Leben? Lukas stellt sich vor, sein eigener Vater zu sein, der zu seinem Sohn spricht. Wie fühlt es sich an, quasi in der Haut dieses Vaters zu stecken? Das ist auch eine Form, sich mit seinem Vaterbild auseinan-

162

derzusetzen – im wahrsten Sinne des Wortes. Anstatt ihn ganz zu verinnerlichen oder ganz abzulehnen, beginnt er, ihn Stück für Stück, gleichsam von innen her, zu betrachten:

»Für mich ist das wirklich extrem schwierig, wenn ich jetzt der Vater sein soll. Ich kann mir fast nichts Schlimmeres vorstellen. Nein, ich kann jetzt nicht in seine Haut schlüpfen. Ich empfinde nur sehr viel Angst vor ihm. Ich kann sagen, wie ich ihn wahrnehme, aber wie er sich fühlt, nein. Ich kämpfe wahnsinnig dagegen an, da reinzuschlüpfen. Ich kann ihn nachmachen, wie er mit mir destruktiv umgeht, aber ich kann mich nicht in ihn hineinfühlen. Na ja, besser gesagt, ich will es nicht wirklich.

Also, wenn ich doch versuche, mich in ihn reinzuversetzen, dann wird mir weinerlich zumute. Und dann, beim geringsten Widerstand, schlage ich zu. Es ist schwer für mich, in dieser Rolle zu bleiben. Ich bin extrem empfindlich. Jederzeit könnte mich einer verletzen, nahezu jeder, ich bin einfach zu verletzlich, wie ein rohes Ei, so als hätte ich keine Schale. Ich stehe wie unter Strom. Es ist furchtbar, er zu sein. Dieses ständige Bedrohtsein, diese Abwehrhaltung.«

Obwohl Lukas' Vater nie sein wirkliches Befinden ausdrückt, macht sich Lukas in seiner Position daran, diesem Zustand Worte zu verleihen, im fiktiven Gespräch über sein Leben und seine Beziehung zu seinem Sohn Lukas zu sprechen:

»Ich fühle mich bedroht, irgendwie ständig unruhig. Ich halte es nicht aus, wenn mir jemand nahekommt. Niemand darf merken, wie viel Angst ich habe.

Auch du bedrohst mich, indem du so selbstständig bist, also versuche ich das zu verhindern. Es bedroht mich, dass du von meiner Frau, deiner Mutter, so viel Zuwendung bekommst. Ich habe Angst, jemals auf dich angewiesen zu sein. Wenn ich mir eine Blöße gebe, würdest du mich ausradieren. Indem ich den ersten Angriff starte, lasse ich das nicht zu.

Ich darf meinen Groll auf dich nicht spüren. Und zugleich hänge ich aus irgendeinem Grund an dir. Es bedroht mich auch, wenn du weggehst, wenn du dich abwendest. Ich wünsche mir Kontakt zu dir, aber das schaffe ich nicht. Es gibt keinen Kontakt, gab nie einen Kontakt zwischen uns.«

Und dann wendet sich Lukas in der Rolle seines Vaters dessen eigener Kindheit in der Ich-Form zu:

»Als ich klein war, musste ich ständig kämpfen. Gegen meinen Vater. Er hat meine Mutter bedroht. Mein Vater war immer bedrohlich. Ich wollte Mutter schützen. Er hat die ganze Familie bedroht. Dafür war ich Mutters Lieblingskind. Und ich wollte, dass du es mal besser hast als ich. Deswegen habe ich dir alles geboten. Aber ich bekomme jetzt Kopfweh. Die Augen schmerzen. Ich spüre irgendwo ganz tief drinnen Traurigkeit, fühle mich auch schlecht. Ich habe bei dir versagt. Deshalb bin ich auch sauer auf dich. Dabei wollte ich stets ein gutes Verhältnis zu meinen Kindern.

Ich will vor allem als guter Vater wahrgenommen werden, das brauche ich. Oh, mich strengt das wahnsinnig an. Ich wäre gern ein guter Vater gewesen, und du hast mir das vermiest. Du beweist mir ständig, dass ich kein guter Vater bin. Du bist nicht der, auf den ich stolz sein könnte.

Ich bin als Vater natürlich unzufrieden, dass das mit uns nicht mehr klappt. Ich mache viele Versuche, dich einzuladen, aber wenn du dann da bist, läuft einfach nichts zwischen uns. Ich erlebe dich dann als widerspenstig, abweisend, irgendwie gekränkt. Dann verliere ich sehr bald den Mut, mit dir noch ins Gespräch zu kommen. Ich habe den Eindruck, ich kann dann machen, was ich will, es wird von dir generell abgelehnt.

Das ist schade. Ich möchte Anteil haben an deinen Problemen und Schwierigkeiten, möchte dir auch da und dort helfen oder dich unterstützen. Du lehnst das meist scharf ab, sodass ich es gar nicht mehr wage, dir näher zu kommen. Ich werde dann leicht ungeduldig und fange an, dich zu kritisieren, um so risikofrei mit dir Kontakt zu bekommen. Ich sage dann, was mir an dir nicht gefällt oder was meiner Ansicht nach nicht klappen wird von dem, was du machst. Und dann geht es wieder los. Dann streiten wir, irgendwann werde ich dann ausfällig und nähre so dein negatives Bild von mir.

Aber meine Hauptschwierigkeit mit dir ist, dass ich Angst habe, du könntest es nicht aushalten, wenn ich dir eine Schwäche von mir zeige. Ich habe den Eindruck, dann verlierst du die Achtung vor mir. Deshalb bemühe ich mich, das, was mich innerlich wirklich bewegt, vor dir zu verstecken. Ich habe zwar einen sehr männlichen, einen technischen Beruf, bin da auch sehr kompetent, ja eigentlich unschlagbar, aber im Grunde meines Herzens bin ich oft sehr unsicher. Der Beruf ist das Gerüst, an dem ich mich festhalte. Mit diesem Vehikel möchte ich auch erreichen, dass du zu mir aufschaust, mich bewunderst, mir nacheiferst. Und wenn du mich anerkennst, macht es mir auch nichts aus, wenn du mich eines Tages übertrumpfst.

Dadurch, dass du den Wettbewerb mit mir überhaupt nicht eingehst, vermisse ich eine mögliche Reibungsfläche zwischen uns. Ich würde gerne mehr Kontakt mit dir haben, und der Bereich, in dem ich am ehesten Kontakt herstellen kann, ist eben die technisch berufliche Seite. Es enttäuscht mich, dass du da wegbleibst. Ich gehe voraus, und du kommst einfach nicht nach. So als wäre das nicht wichtig, was ich mache. So als könnte man ohne diesen Bereich leben. Das will ich so nicht gerne sehen.«

Ihr solltet es besser haben als ich

»Bald nach meiner Geburt musste mein Vater zum Militär, ich war dann mit der Mutter und den Großeltern allein«, fährt Lukas in der Rolle seines Vaters fort. »Damals bin ich wahrscheinlich sehr verwöhnt worden und habe von den Wirren des Krieges, den Belastungen, den Sorgen der Eltern und Verwandten zumindest bewusst nichts mitbekommen. Paradoxerweise begann die Katastrophe in meinem Leben, als der Krieg zu Ende ging. Dann kam nämlich der

Vater nach Hause, und plötzlich war da einer, der da ständig mit der Mutter zusammen war, mir meinen Platz weggenommen hat. Er verlangte von mir, dass ich in einem eigenen Zimmer schlief, während er selbst sich mit meiner Mutter in das Bett legte, das ich bis dahin mit ihr teilte.

Bald danach wurde die Mutter wieder schwanger und ist bei der Geburt des Kindes gestorben. Das Kind kam sofort in ein Säuglingsheim, und ich blieb mit dem Vater allein zurück. Ich erinnere mich nur sehr vage an diese Zeit, und wenn ich daran denke, habe ich überhaupt keine Gefühle mehr. Ich weiß schlicht nicht mehr, ob ich traurig, verzweifelt oder sonst was war. Es sind nur einige, relativ unverbundene innere Bilder übrig geblieben.

Vater hat dann sehr schnell wieder geheiratet. Die Stiefmutter brachte zwei eigene Kinder mit in die Ehe, und für mich brach eine sehr harte Zeit an. Innerlich habe ich ständig gegen diese Stiefmutter gekämpft und war ständig damit beschäftigt zu beweisen, wie sehr sie die Kinder bevorzugte, die sie mitgebracht hatte.

In dieser Zeit ging so ziemlich alles kaputt, auch meine Beziehung zum Vater. Er stand zwischen mir und der Stiefmutter und versuchte, diese harten Konflikte zu kitten.

Noch als Jugendlicher war ich ziemlich verzweifelt und ich glaube auch gefährdet. Mehrmals war ich in Unfälle verwickelt, die ich selbst mehr oder weniger provoziert hatte.

Zum Glück traf ich dann deine Mutter, die mich wirklich gerettet hat. Wir waren und sind ein ideales Paar, und mein größtes Ziel in den ganzen Jahren unserer Ehe war, nie etwas geschehen zu lassen, was zu einer ernstlichen Gefährdung dieser Beziehung geführt hätte. Vielleicht war das der Grund, warum ich auch euch Kindern keine Chance gegeben habe, zwischen uns zu treten. Ihr wart von Anfang an die Außenseiter und seid es bis heute praktisch geblieben. Manchmal hat sich deine Mutter schon auch darüber beklagt, dass ich mich aufführe, als dürfte sie als Mutter ihre Kinder nur heimlich lieben. Ich war wohl ein zu eifersüchtiger Vater.

Aber tief in mir sitzt die Angst, dass ich durch irgendeinen Vorfall meine Frau verlieren könnte. Dann würde alles zusammenbrechen. Mag sein, dass diese Angst zurückgeht auf die Erfahrung mit dem frühen Tod meiner Mutter und die Störung, die mit der Rückkehr des Vaters aus dem Krieg begann. Fühlen kann ich's nicht, ich kann diesen Zusammenhang nur denken. Aber es ist sehr gut möglich, dass die besondere Gestaltung unserer Ehe durch diese ständig präsente unterschwellige Sorge mitgeprägt war.«

Für Lukas war das ein langer Ausflug in seines Vaters Perspektive. Danach bleibt er eine Zeit lang still. Schließlich hatte er das Bedürfnis, wieder als der Sohn Lukas zu seinem Vater im fiktiven Dialog zu sprechen:

»Jetzt habe ich keine Angst mehr vor dir. Ich fühle mich frei, ruhig, fast irgendwie überlegen. Du beginnst mir sogar eher leid zu tun. Ich lasse dich ziehen, du kannst dein eigenes Leben führen. Ich gehe jetzt meiner Wege. Ich habe zwar noch die Sehnsucht nach einem souveränen Vater, aber sie ist nicht mehr so drängend. Ich kann es eher akzeptieren, dass du mir dieser Traumvater nicht sein kannst. Schade. Dennoch ist es jetzt gut für mich, dir diesen Wunsch mitzuteilen. Ich möchte gerne von dir hören, dass du mich in Ordnung findest, dass du mit mir zufrieden bist, dass du mich gehen lässt und mir dabei deine besten Wünsche, ja es fällt mir schwer, es auszusprechen, deinen väterlichen Segen mit auf den Weg gibst. Ja.«

Lukas' Grenze zu seinem Vater beginnt zu schmelzen. Indem er ihn mit seinem Schicksal annimmt, wachsen auch in ihm die zersprengten Teile seines Wesens wieder zusammen. Er fühlt sich ganz. Es wäre wie Harakiri, würde er aus diesem Gefühl heraus gleich zu seinem Vater eilen, um ihm in dieser neuen Weise zu begegnen. Noch ist die im fiktiven Dialog erreichte Qualität der inneren Beziehung zu fragil, zu leicht störbar, um in die reale Interaktion mit ihren seit Langem festgefahrenen Routinen problemlos übertragen zu werden.

Autorität mit Tarnkappe

Doch nicht nur ein erster, schon einige Schritte sind getan, die für Lukas zu einer besseren inneren Balance führen. Es scheint paradox, doch in dem Maße, wie er die Schattenseiten seines Vaters akzeptiert, anstatt sie zu verdammen, gewinnt er eine neue Autonomie – ohne Stress und Kraftaufwand, ohne Kampf und offensive Absperrung, wie von selbst. Und er fühlt sich leicht – für eine Weile.

Vorbei ist die Angst, seine Identität, sein Gefühl für sich selbst zu verlieren, wenn er mit dem Vater Frieden schließt, indem er ihn »nimmt«, wie er ist. Vorbei ist die Angst, Frieden mit ihm könnte nur möglich sein, wenn er so wird, wie der Vater ihn sehen will. Er muss nicht mehr tun, was der Vater von ihm will, um sich akzeptiert zu fühlen. Er kann auch trennen zwischen dem, was der Vater tut, und dem, wer der Vater ist, mit seinem Schicksal im Gefüge der früheren Vorfahren. Er bekommt einen Blick für die Themen, an denen seine Familie über Generationen zu ringen hatte, manchmal mit mehr, manchmal mit weniger Erfolg. Das Bild lässt ihn gelassen werden, und er öffnet sein Herz für seine Vorfahren, »nimmt« sie an.

Lukas versuchte, die schwere Krise in der Beziehung zu seinem autoritären Vater zu lösen, indem er sich einen neuen, milden, gütigen, fördernden Vater suchte. Das ist eine Zeit lang aussichtsreich, da er mit diesem »neuen« Vater Gefühle seiner Kindheit aktivieren und zulassen kann, die mit seinem wirklichen Vater nicht oder kaum lebbar waren. Die ständigen Drohungen einer körperlichen Bestrafung oder einer niederschmetternden Abwertung ließen diese Gefühle verkümmern.

Er versuchte neben der alten inneren Vaterstimme auch eine neue zu stärken, die stützt, fördert, liebt. Das ist sicher wichtig. Vielleicht aber ist es eine Illusion, zu glauben, dass die erste Vaterstimme durch die zweite ausgelöscht, »überlesen« werden kann, auch wenn sich das so mancher wünscht. Mag sein, dass es gelingt, sie eine Zeit lang zu unterdrücken oder zu verdrängen, so als hätte man diese Stimme nie gehört.

Menschen, die mit ihrem früheren Leben brechen, in neuer Umgebung, in Sekten oder Ähnlichem neu anfangen, hoffen auf so einen Löscheffekt. Das ist jedoch ein neuerlicher Kraftakt, der an jener Substanz zehrt, die für die Gegenwart gebraucht wird. Ein auf der Basis seiner Existenz entspanntes Leben wird so kaum beschieden sein. Erfolgt wirkliche Überwindung alter Strukturen der Persönlichkeit nicht anders? Hat sie nicht stets die Hinwendung zum Konflikt anstelle seiner Abschaffung zum Ziel?

Um eine wirkliche Veränderung stattfinden zu lassen, kommen wir nicht umhin, die gesamte Bandbreite unseres Lebens, somit auch das ganze Durcheinander von inneren Dialogen als Bestandteil unserer gewachsenen persönlichen Geschichte zu sehen? Und ist es dazu dann nicht nötig, dieses Durcheinander im Ablauf beobachten zu lernen und das So-Sein dieses manchmal chaotisch anmutenden inneren Kampfes akzeptierend zur Kenntnis zu nehmen?

Während des Beachtens dieses inneren Dialogs, des Da-sein-Lassens dieses Dialogs, kann der Sinn für diejenige innere Instanz wachsen, die in der ganzen Zeit der Träger dieser inneren Auseinandersetzung ist. Etwas, das man als den Kern oder besser das System der eigenen Persönlichkeit oder auch das Selbst entdecken wird. Mag sein, dass da, wo der äußere Dialog noch überwiegt, diese Selbstinstanz, diese Selbstwahrnehmung noch sehr fragil, leicht störbar, in seinen Konturen undeutlich artikuliert ist.

Aber im Laufe der Zeit kann das Bewusstsein für diesen Vorgang weiter wachsen, und zwar in dem Maße, indem wir ihn nähren – durch Hinwendung unserer Aufmerksamkeit. Das aber geschieht, indem wir alle Seiten in ihm beachten, uns nicht an die eine oder andere der Dialogparteien buchstäblich verkaufen.

Lukas aber hat noch eine Frage: Sein innerer Dialog ist meist ein vehementes Anschimpfen. Er klagt gegen die Autorität, deren Regeln und Normen er einerseits bekämpft, andererseits zu erfüllen sucht, dabei aber so oder so nie wirklich zufrieden ist. Wo bleibt da der innere Dialog, also der zweite Teil? Er hört diese Stimme nicht. Ihm fehlt der Teil, der antwortet.

Mag sein, dass diese Stimme, weil sie so unangenehme Gefühle auslöst, aus dem Bewusstsein verbannt worden ist. Es bleiben dann zwar die Botschaften und Regeln wie unsichtbare Barrieren wirksam, aber die Bilder und Gedanken, ebenso wie die Erinnerung daran, wer sie wann und wie gesprochen hat, verschwinden. Es ist auch möglich, dass wir diese Vorstellungen immer wieder abbrechen, wenn sie an dem Punkt angelangt sind, der besonders unerfreulich und schmerzhaft ist. Gerade dieses Abbrechen der schmerzlichen Gedanken ist jedoch mit dafür verantwortlich, dass ihre destruktive Wirkung eher noch zunimmt.

Wir leben dann wie in einer Welt voller unsichtbarer Balken, die gerade deshalb besonders eng geworden ist, weil wir die Balken nicht mehr erkennen und deshalb mit ihnen auch nicht mehr umgehen können. Wären diese Balken sichtbar, könnten wir mit der Kraft und dem Selbstbewusstsein eines Erwachsenen sehr wohl dagegen vorgehen – indem wir das System der Balken vielleicht kopfschüttelnd wahrnehmen, stehen lassen und beginnen, uns gleichsam zwischen ihnen neue Wege der Beziehungsgestaltung zu suchen. Ein Nebeneffekt dabei: Die uns eingebläuten, als so belastend erlebten Forderungen und Eigenschaftszuschreibungen (»Introjekte«) verlieren ihre Wirksamkeit.

Solange diese Balken jedoch aus dem Bewusstsein verschwunden sind, bleibt ihre Wirkung erhalten. Sie sind wie durch eine Tarnkappe gesichert.

Gibt es denn eine Möglichkeit, diese Tarnkappe zu lüften? Vielleicht besteht sie darin, dass wir eine dialogische Haltung gegenüber der Person einnehmen, gegen die wir innerlich kämpfen. Und dass wir dann auch manchmal die Rolle wechseln, wie im Spiel. Das hilft, die vermutlichen Beweggründe, das Erleben und auch die Ängste der bekämpften, abgelehnten Person besser zu ergründen.

Dadurch zwingt man sich, die Gedanken, die Gefühle und vor allem die subtilen Botschaften, die hinter diesen Gedanken des imaginären Dialogpartners stehen, explizit zu machen. Man begibt sich auf die Spur desjenigen Teils des inneren Dialogs, den wir am liebsten zum Verschwinden bringen würden. Unwirksam ist er damit noch nicht, im Gegenteil. Manchmal, in einem deprimierten Zustand, kann es auch sein, dass beide Teile der Stimme verschwinden. Dann findet die Auseinandersetzung zwar statt, aber gleichsam unhörbar und unsichtbar. Alles, was noch wahrnehmbar bleibt, ist ein Häufchen Elend, das sich so fühlt, als könnte es sich nicht vor und nicht zurück bewegen.

In gewisser Weise ist die erste Stufe der Selbstheilung der Versuch, den inneren Dialog wieder in Gang zu setzen. Und zwar nicht nur in Form eines Monologs gegen einen imaginären Gegner, der abzuschütteln wäre, sondern eben in einem echten Dialog zwischen den beiden Instanzen. In der Regel sind es diejenigen Teile, die nach Expansion, Freiheit, Wachstum streben, die sich gegen diejenigen Teile auflehnen, die Grenzen setzen. Ohne Grenzen aber geht es nicht.

Ist es nicht die klassische Aufgabe des Vaters, diese Grenzen so zu setzen, dass das Selbstwertgefühl des Kindes daran nicht zerbricht? Wenn es gelingt, beide Seiten des inneren Dialogs zu artikulieren und als Teil des Lebens anzunehmen, dann wird Platz für etwas Neues. Was das genau sein wird, kann niemand vorhersehen, da diese Entwicklung erst möglich wird, wenn die alte Verstrickung losgelassen werden kann. Persönliches Wachstum ist ja nichts, was durch gute Vorsätze lenkbar ist, auch wenn das viele meinen. Besteht die Reifung nicht vielmehr im Kennenlernen und Annehmen der schattigen Seiten der eigenen Seele? Wer das wagt, wird weniger Gefahr laufen, diese Seiten unbewusst ausagieren zu müssen.

Die Persönlichkeit entwickelt sich vermutlich auch nicht, indem wir fertige Erfahrungen oder Prinzipien anderer in das Denken und Handeln übernehmen, um diese Elemente dann bei Gelegenheit wieder ›en bloc‹ anzuwenden. Dann laufen wir Gefahr, dass diese entliehenen Weisheiten unverdaut und damit als starre Fremdkörper in unserer Erfahrung angesiedelt werden. Nur, was auf dem eigenen Mist wächst, steht gut im Saft, ist kraftvoll. Die geliehenen Fremdkörper bewirken hingegen, dass die eigene Erfahrung sogar geschwächt wird. Sie dient dann nur mehr zur Koordination und zum Verkleben von wesensfremden, ungeprüften, letztlich unverdauten Ansichten.

Das Resultat? Zerrissene Fragmente der Persönlichkeit, unverbundene Teile von psychischen Subsystemen, die miteinander in der Regel schlecht verbunden sind, wobei der, der »Ich« sagt, ständig seine Form, seine Identität, seine Werte wechselt. Der Mensch spricht dann nicht mit einer, sondern mit mehreren Stimmen. Traurigerweise in der Regel stets mit der, die von ihm erwartet wird.

Wie aber geht es einem Kind, das seinen Stiefvater oder seine Stiefmutter für seinen echten Vater bzw. seine echte Mutter hält? Muss es lernen, die abgelehnten Eigenschaften dieses Elternteils anzunehmen, obwohl es in dem Sinne gar nicht seine sind? Schließlich hat es ja andere vererbt bekommen! Und was geschieht mit denjenigen Eigenschaften des Kindes – guten oder schlechten –, die der betreffende Elternteil nicht widerspiegeln kann, weil er sie schlicht nicht hat?

In gewisser Weise wird das Kind in die Lage gezwungen, so könnte man spekulieren, wesensfremde Eigenschaften anzunehmen, als wären sie eigene, quasi »wesenseigene«. Geht so etwas denn, ohne dass der Lebensausdruck des eigenen Wesens gedämpft, vielleicht entstellt wird?

Schwammige Gedanken, denn man geht von der Annahme aus, dass es so etwas wie ein eigenes Wesen, wie angeborene »Wesenseigenschaften« überhaupt gibt.

Wäre das so, dann würde das Kind tatsächlich im Grunde nicht wissen, wer es wirklich ist. Wird es sich dann zu einem Menschen entwickeln können, der aus seinem eigenen Inneren nach Selbstverwirklichung drängt, oder wird es zu dem, der ihm vom vermeintlichen Elternteil normativ vorgelebt wird? Ganz zu schweigen vom Einfluss des anderen Elternteils, das am heranwachsenden Kind vielleicht mit Schrecken Eigenschaften des totgeschwiegenen ehemaligen Partners entdeckt und vermutlich zu unterdrücken sucht.

Wie wohltuend ist im Vergleich dazu das Bild von Stiefeltern, die ihre Rolle annehmen und die die Art der Beziehung zum Stiefkind offen darlegen. So wird in der Familie ein Forum für den Kontakt zum Kind geschaffen, das frei und klar die realen Beziehungen widerspiegelt. Zum Glück gibt es Familien, in denen dieser Rahmen der Klarheit und Offenheit von den Stiefeltern geschaffen werden konnte. Alles andere läuft Gefahr, auf kurz oder lang in einen unwürdigen Krampf von Verdrängung, Verleugnung und Unechtheit zu münden, in dem die Persönlichkeit des Kindes den Ängsten der »Eltern« hintangestellt wird.

Ein Wahrheits-Terrorist?

Walter beschäftigt nach wie vor das »Wie« der ersten Begegnung. Offensichtlich ist er nicht in der Lage, die Situation gelassen zu sehen. Gelassen würde bedeuten, dass er sich mit der Information, die er von Gerda erhalten hat, zufrieden gibt. Sein innerer Blick ist fixiert darauf, den Kontakt zu seinem Sohn herzustellen. Jede andere Lösung scheint in weite Ferne gerückt und außerhalb seiner Vorstellung zu sein.

Er sieht nicht, dass er sich mit Gedanken und Fantasien herumschlägt, die durch keine Fakten gestützt sind. Vielleicht ist die Lage in Gerdas Familie stabil und friedlich. Kein Wunder, dass sie seine Bemühungen blockiert. Dass sie das nicht sonderlich kommunikativ macht, wer will ihr das unter diesen Umständen wirklich verargen?

Walter aber will an dieser Stelle weiterkommen, ohne seinem Sohn zu schaden. Wenn er seine Fantasie spielen lässt, wie er dabei vorgehen könnte, kommen ihm die absurdesten Ideen.

Als Samir das Buchenholz bringt, versucht er Walter auf den Boden der Realität zurückzuholen, gewissermaßen mit Unterstützung des Gewichtes der Holzscheite, die sie gemeinsam aufschichten. Als Walter ihm von seiner Fantasie erzählt, seinen Sohn zu kidnappen, zeigt ihm Samir entgeistert den Vogel und fragt, wie er sich das nun vorstellen soll. Vielleicht so, dass Walter, mit tief ins Gesicht gedrücktem Stetson und vorgehaltener Revolverattrappe, mit ein, zwei Helfern, vielleicht sogar seinen älteren Kindern, Alf vor seinem Arbeitsplatz abfängt? Ihm versichert, dass ihm nichts passiert, wenn er den Aufforderungen Folge leistet, ihn dann bei laufendem Motor in den Leihwagen einsteigen lässt und mit ihm an einen anderen Ort fährt?

Samir scheint sich Sorgen um Walters psychischen Zustand zu machen, und erst als der ihm versichert, dass er sich ja wohl auch einmal ausspinnen dürfe und nicht jede Fantasie gleich umzusetzen gedenke, schüttelt Samir nachdenklich den Kopf.

Plötzlich nimmt Samir ein Holzscheit und wirft es mit Wucht auf die Erde. »Was ist denn deine Vorstellung vom Leben«, stößt er sichtlich erregt hervor. »Du scheinst mir keinen Respekt vor dem zu haben, was sich zwischen den Menschen im Laufe der Jahre und Generationen entwickelt hat. Mag sein, dass das Unrecht war, was Gerda und ihr Mann mit dir gemacht haben, aber kannst du das Unrecht nicht bei denen lassen? So wie die gestrickt sind, werden sie alles tun, um die Persönlichkeit des Kindes nach Kräften zu fördern und in der Erziehung alles gut und richtig zu machen. Kannst du denen nicht zugestehen, dass sie einen extrem holprigen Start in ihrer Partnerschaft hatten? Kannst du sie damit nicht einfach in Frieden lassen? Dich verabschieden von deinem Kind, für immer?«

Als sie nach getaner Arbeit beim Essen sitzen, entscheidet sich Walter, seine Tagträume fürderhin für sich zu behalten. Samir scheint von dem, was er gehört hat, genug zu haben. Ohne auf Samirs Beschwörung einzugehen, den Kampf um die Verbindung zum unbekannten Sohn abzusagen, grübelt er still vor sich hin. Samirs Einlassung lässt er buchstäblich abtropfen. Die Unterredung mit Samir bleibt entsprechend einsilbig.

Dabei ist Walter im Grunde klar, dass in diesem Fall nur der direkte Weg gangbar ist, mit allen Risiken. Alles Manipulative scheidet aus. Kidnapping also gestrichen. Denn bei all den schrägen Motiven, die Walter leiten mögen, hat er unter allem schlicht und einfach die Sehnsucht, mit seinem Kind, auch wenn es schon erwachsen ist, in Kontakt zu treten, es kennenzulernen.

Auf diese und andere Ideen kommt Walter nur, weil er seinem Sohn nicht wehtun will. Das kann er jedoch auch nicht ausschließen, wenn er ihn vorher quasi um Erlaubnis bittet, seine Information weiterzugeben. Wenn Walter entschlossen ist, den Schritt für sich selbst zu tun, dann muss er es ihm zumuten, so oder so. Wenn er sich vorstellt, dass er ja schon immer sein Sohn ist, sie eben nur getrennt waren, dann kann er sich eher erlauben, ihm diesen Schmerz zuzumuten: »Jetzt, mein Sohn, ist die Zeit reif. So und so sind unsere Verhältnisse. Ich fühle mit dir, und es tut mir leid, dass es so schwierig zwischen uns ist. Aber das ist die Wahrheit.«

Walter merkt, dass ihm allein die Vorstellung, diesen direkten Weg zu gehen, heftiges Herzklopfen verursacht. Die Angst, der Versuch könnte völlig scheitern, ist recht groß. Und dennoch, diese Vorgehensweise bietet eine größere existenzielle Aufrichtigkeit. Er wird von Walter, wenn der sich ihm so nähert, als Person mit dem besonderen Schicksal, das sie beide verbindet, ernst genommen. Er traut ihm durch diese Art der Information auch zu, dass er damit angemessen umgehen kann. Auch wenn es ein recht harter Vorgang ist, auf einen bis dahin fremden Menschen zuzugehen und ihm die Nachricht der engsten Familienbande zu überbringen.

Walters Problem ist also nun nicht mehr, herauszufinden, ob der Sohn informiert werden möchte. Stattdessen muss er als sein Vater entscheiden, ihm diese Wahrheit zuzumuten. Und was immer daraus entsteht, er muss es dann verantworten. Immerhin, jetzt könnte er ein Beispiel aus dem Leben anderer brauchen, bei denen so etwas gut gegangen ist. Das könnte ihm Mut machen.

Gedanken eines 14-Jährigen

Also kommt Walter auf die Idee, einen Jungen zu fragen, der gerade das Alter hat, in dem man normalerweise adoptierte Kinder über ihren familiären Status aufklärt: »Du bist jetzt 14 Jahre alt, was denkst du darüber, wenn ein Kind in einer Familie aufwächst, aber einen anderen Vater hat. Soll man dieses Kind darüber informieren, dass der Familienvater nicht sein richtiger Vater ist, oder soll man es ihm lieber verschweigen?«

»Also ich denke«, antwortet der, »dass man ihm das auf alle Fälle sagen sollte. Ich finde das irgendwie blöd, wenn er das nicht weiß.«

Walter setzt nach: »Findest du es nicht einfacher, wenn in einer solchen Familie alles beim Alten bleibt, das heißt, es wissen zwar die Eltern, dass das Kind einen anderen Vater hat, aber es selbst und die anderen Geschwister wissen es nicht? Spielt das denn wirklich eine Rolle, deiner Meinung nach, ob man so etwas bis zum Ende seines Lebens nun erfährt oder nicht erfährt?«

Die Antwort des Jungen fällt eindeutig aus: »Ich weiß nicht ganz genau, wieso, aber irgendwie denk ich mir, dass das sehr blöd wäre. Es ist einfach besser, wenn man genau weiß, wie das alles ist, vor allem wenn es die eigene Person betrifft. Ich find das wirklich ganz blöd, mit so einer Geschichte dahinzuleben und nichts davon zu wissen. So einer muss sich doch verarscht vorkommen und weiß nicht einmal genau, worüber. Irgendwie legt sich so was auf das Gefühl, und das ist nicht gut für den.«

Walter, angeregt durch die Klarheit des Jungen, hakt nach: »Du bist also dafür, dass ein solches Kind informiert wird. Es soll klar sein, wie diese zwei Menschen, seine Mutter und ihr Mann, zu ihm gehören. Der eine ist der Ziehvater und der richtige Vater ist ein anderer. Und aus den und den Gründen ist der nicht mit uns zusammen. Was aber, wenn die Eltern das nicht wollen, das heißt, wenn die leibliche Mutter und der Ziehvater diese Aufklärung nicht wollen? Findest du, dass dann von außen, z.B. durch den leiblichen oder einen anderen Verwandten das Kind in gewisser Weise gewaltsam informiert werden soll?«

Auch hierzu, ohne langes Nachdenken: »Ne, das find ich blöd.«

Walter gibt noch nicht auf: »Ja, aber wie sollte man in einem solchen Fall dann dieses Problem lösen?«

»Indem man versucht, die Mutter zu überzeugen, dass es besser ist, wenn sie das Kind informiert. Und wenn sie das nicht will, muss man das halt wieder und wieder versuchen, bis sie irgendwann einmal zustimmt. Aber gegen ihren Willen, nein, das würde ich nicht wollen.«

»Selbst wenn das Kind aber dann schon erwachsen geworden ist, würdest du das dann für richtig halten, es auch gegen den Wunsch der Mutter über seinen leiblichen Vater zu informieren?« Letzter suggestiver Anlauf von Walter also?

»Also, das weiß ich jetzt noch nicht so genau. Vielleicht wäre es gut, hier erst herauszufinden, wie er selbst sich dazu verhält. Vielleicht will er das selbst nicht wissen, und dann würde ich es nicht tun. Wenn er aber selbst grundsätzlich der Meinung ist, dass ein Mensch das wissen sollte, wie ich das ja jetzt auch mit vierzehn schon denke, dann sollte man es ihm sagen, auch notfalls gegen den Wunsch seiner Mutter und des Ziehvaters.«

Walter wird nun sehr direkt, zu direkt vielleicht: »Wir haben jetzt eher allgemein darüber gesprochen, aber was würdest du zu diesem Thema sagen, wenn es dich selbst betrifft? Versuch dir einmal vorzustellen, du wärest in dieser Lage und deine Eltern hätten zu entscheiden, ob sie dich informieren oder nicht?«

Die Antwort des Jungen kommt prompt und ohne Wackeln in der Stimme: »Also wenn das mich selbst betrifft, dann sehe ich das noch viel radikaler. Ich möchte wirklich in einem solchen Fall genau informiert werden, und ich sehe es als eine Gemeinheit an, das nicht zu tun.«

Walter versucht sich nach diesem Vorstoß wieder etwas abzusichern: »Verunsichert dich jetzt dieses Gespräch in Bezug auf die tatsächliche Beziehung zwischen dir und deinem Vater?«

»Nein, denn ich bin mir ganz sicher, dass meine Eltern mir das schon längst gesagt hätten. Ich bin mir ganz sicher, dass sie dann auf der Basis dieser Wirklichkeit zu mir ganz sicher eine gute Beziehung finden können und es nicht nötig haben, mich zu beschwindeln, um eine gute Eltern-Kind-Beziehung mit mir aufrechterhalten zu können.«

Verleugnen, bis es wahr wird

Walter spricht, nachdem er sich die Ansicht seines Cousins Samir nicht noch einmal anhören möchte, mit verschiedenen Bekannten über seine offenen Fragen. Eine davon ist Martha: »Das ist schön, dass du dir etwas Zeit für mich nimmst, Martha, ich habe dir ja erzählt von meinen Gedanken über ein Kind von mir, das ich nicht kenne und das ich gerne kennenlernen möchte. Ich würde gerne von dir wissen, wie du darüber denkst. Meinst du, dass es über seine wahre Herkunft informiert werden sollte, oder ist das etwas, was man lieber im Dunkeln lassen muss, bis endgültig Gras darüber gewachsen ist und die nächsten Generationen hier gar nicht mehr nachfragt?«

Martha nimmt das Gespräch bereitwillig auf: »Ich fände es schon sehr gut, wenn er darüber Bescheid wüsste. Es ist natürlich schwer für seine Mutter, und es wird sicher eine Zeit lang Verwirrung geben, aber insgesamt finde ich es besser. Unlängst habe ich im Fernsehen einen Film gesehen, in dem eine solche Verwicklung behandelt worden ist, und es ist, nachdem alle Beteiligten geschwiegen haben, immer peinlicher und peinlicher geworden. Zum Schluss habe ich es fast nicht mehr ausgehalten, weil die es dem Betroffenen nicht gesagt haben. Zum Glück kam es dann aber durch die Ereignisse einfach raus.«

»Im Film«, schränkt Walter ein, »da geht es ja etwas leichter. Nur wie ist das in der Wirklichkeit? Die Frage, die ich dir jetzt stellen will, ist vielleicht zu persönlich. Wenn du sie nicht beantworten willst, dann sag mir das, und wir lassen das einfach so stehen. Aber wie ist das bei deinen Kindern? Da ist doch einer dabei, der Gerd, der immer etwas aus der Reihe geschlagen ist. Und ich erinnere mich auch noch daran, dass die Leute damals gemunkelt haben, dass dieses Kind, das ja vor deiner Ehe gezeugt worden ist, einen anderen Vater haben könnte. Er ist ja deinem Ehemann wirklich in keiner Weise ähnlich geraten, weder in seiner äußeren Erscheinung noch in seinem Verhalten oder seinem Temperament.«

Kaum ausgesprochen, tut es Walter schon wieder leid, Martha, die ihn entsetzt anstarrt, mit dieser Frage so plump bedrängt zu haben: »Entschuldige, es tut mir leid, dass ich dir mit dieser Frage zu nahe getreten bin, und meine nächste Frage hat sich damit wohl auch erübrigt, nämlich ob du mit Gerd jemals darüber gesprochen hast.«

»Wieso sollte ich mit ihm darüber sprechen, wenn es ihn nicht betrifft? Aber ich verstehe, dass dich das beschäftigt, wo es doch von dir ein Kind gibt, das unter diesen Verhältnissen lebt. Trotzdem möchte ich bitten, dass du mich jetzt damit in Ruhe lässt. Ich bin jetzt wirklich entrüstet, das stimmt überhaupt nicht. Es ist eine große Gemeinheit von den Leuten, dass sie solche Geschichten verbreiten, und es ist hinten und vorne nichts wahr daran.«

Walter hat sich selten so hundeelend gefühlt wie nach diesem Gespräch. Wie ein Elefant ist er in den Porzellanladen hineingestolpert, ohne Feingefühl und ohne seine Fragen behutsam auf die tatsächlichen Gegebenheiten auf der Seite seiner Gesprächspartnerin abzustimmen. Natürlich ist der Gerd von einem anderen Mann, und man weiß auch, wer er ist, und er schaut ihm so ähnlich, als wäre er aus ihm herausgeschnitzt worden. Aber wen geht das etwas an außer die unmittelbar Betroffenen?

Walter hatte gehofft, dass Martha offener sein könnte, nachdem er ihr seine Geschichte erzählt hatte. Aber es scheint wohl ein großer Unterschied zu sein, ob man eine Geschichte im Fernsehen miterlebt, ob man anderen Leuten gute Ratschläge gibt oder diese Ratschläge dann plötzlich für sich selbst anwenden soll.

Walter will Martha daraus keinen Vorwurf machen. In der Welt, in der sie lebt, wird fast alles, was kompliziert ist, mithilfe von Verdrängung und Verleugnung gemeistert. Differenzierte Möglichkeiten der Annäherungen an Konflikte und des Lösens derselben stehen leider kaum zur Verfügung. Man darf auch nicht vergessen, dass die Stützung durch die Gemeinschaft in der Regel nicht gegeben ist. Eher werden solche Informationen im Dorf ausgebeutet.

Unter gewissen Lebensumständen scheinen Verdrängung, Verleugnung bzw. das Nicht-Offenbaren der Wahrheit, auch wenn man sich selbst noch daran erinnert, eine angemessene Überlebensstrategie zu sein. Es tut Walter jetzt wirklich leid, dass er mit Martha dieses Thema angeschnitten hat. Er kann sich vorstellen, dass sie jetzt sehr verunsichert und erregt ist. Solche Schritte sind eben, wenn sie einmal begonnen wurden, nicht mehr zurückzunehmen.

Doch Walters Zerknirschtheit hält nicht allzu lange an. Bald nimmt er einen neuen Anlauf und spricht mit Gerd selbst: »Du hast selbst drei Kinder, Gerd, was denkst du über diese Geschichte, die ich dir von mir erzählt habe? Würdest du einem Kind deiner Frau, das nicht dein Kind ist, sagen, dass es einen anderen Vater hat?«

»Ehrlich gesagt habe ich mir diese Frage des Öfteren auch schon selbst gestellt. Einmal, weil meine Frau selbst ja auch ein wirklich kontaktfreudiger und lebenslustiger Mensch ist, und da kann schon einmal etwas dazwischenkommen, aber das hätte sie mir ja dann wohl gesagt. Zum anderen aber habe ich in Bezug auf meinen Vater oft Zweifel, ob er mein richtiger Vater ist. Du weißt ja, ich schau ganz anders aus als er, und in der ganzen Familie gibt's niemanden, der mir unter den Männern irgendwie ähnlich sieht. Wenn mir heute jemand sagen würde, he, dein Vater ist nicht dein richtiger Vater, ich glaube, es würde mich nicht richtig erschüttern. Im Gegenteil, es würde mich eher erleichtern.

Du weißt, ich hatte mit ihm immer wieder massive Konflikte, und er hat mich manchmal auch wirklich grausam geschlagen, und da war es mir so, als würde ich einfach nicht zu ihm gehören. Ich habe auch tatsächlich manchmal versucht, mit meiner Mutter darüber zu sprechen. Aber die hat das einfach weggewischt, so als wäre das der größte Unfug, den ich überhaupt nur denken könnte. Und ich sollte gefälligst damit aufhören, mir darüber den Kopf zu zerbrechen. Ehrlich gesagt, ich finde es besser, wenn ein Kind früh und in einer reifen Form von der wahren Elternschaft informiert wird. Sicher hängt es auch davon ab, wer dieser unbekannte Vater ist. Aber selbst wenn es sich um einen Kriminellen handeln sollte oder einen Selbstmörder oder einen sonst irgendwie gescheiterten Menschen, ich fände es gut, wenn man als Kind darüber Bescheid wüsste.

Ich weiß, dass ich lange Zeit als Kind unter dieser Unsicherheit gelitten habe. Ich gestehe, ich habe mir auch oft gedacht, dass es gut wäre, wenn ich wirklich einen anderen Vater hätte, dass er eines Tages kommt und mich hier aus dieser Familie herausholt. Ich hätte es gebraucht, richtig wahrgenommen und anerkannt zu werden, dass einer kommt und mein Leben und meine Existenz bejaht, dass er sagt: Du bist mein Sohn, ich bin stolz auf dich, wir sind aus einer Ahnenreihe entstanden. Oh Gott, wie mir das fehlt!

Meine Mutter lebt ja noch, vielleicht werde ich sie noch einmal ansprechen. Allerdings bin ich entmutigt aus den Erfahrungen, die ich damals als Jugendlicher mit dieser Frage gemacht habe. Ich will ihr da auch nicht mehr nahetreten, denn wenn das alles nicht stimmt und nur eine Spinnerei von mir ist, ist das dann nicht auch ein großer Vertrauensbruch ihr gegenüber? Andererseits, an wen soll ich mich wenden, wenn nicht an sie?

Allerdings darf ich nicht daran denken, wenn ich doch recht habe mit meiner Vermutung, wie stehe ich dann in meiner Beziehung zu ihr da? Es würde mir sehr schwerfallen, ihr zu verzeihen, dass sie mir das nicht viel früher gesagt hat, vor allem, dass sie auf meine Frage, die ich diesbezüglich schon gestellt habe, abwehrend und verleugnend reagiert hat. So lebe ich mit dieser Unsicherheit, aber sie ist mir im Moment fast schon lieber als das Aufdecken der Wahrheit. Eigenartigerweise ist nicht der Umstand so schwierig, dass mein Vater nicht mein leiblicher Vater sein könnte, sondern dass meine Mutter mit mir all die Jahre dieses Versteckspiel getrieben hat. Das zu akzeptieren und zu verstehen würde mir sehr, sehr schwerfallen. Offen gestanden gehe ich aus diesem Grund an dieses Thema nicht mehr heran. Ich fürchte, es würde zu einem nicht mehr zu heilenden Riss in der Beziehung zwischen mir und meiner Mutter führen.«

Walter spricht sogar mit Gerds Stiefvater: »Ein Kriegskamerad von dir, der Franz, hat mir einmal gesagt, dass du damals, als der Gerd gezeugt wurde, in Russland im Krieg warst. Das heißt, du bist nicht der Vater vom Gerd, und du weißt auch, dass es mehrere Leute hier im Dorf gibt, die das wissen. Ich möchte dich gern fragen, wie du denn damit umgegangen bist, als du zurückkamst und deine Braut, du warst ja damals noch nicht verheiratet, mit einem Kind von einem anderen Mann schwanger war.«

»Zuerst einmal erschreckt es mich, dass du das weißt und mich darauf so direkt ansprichst. Ich hätte gehofft, dass genug Gras darüber gewachsen ist und keiner mehr nachfragt. Jetzt, wo der Gerd schon selbst Familie mit Kindern hat. Aber offensichtlich lässt sich so etwas doch wohl nicht so ganz zum Verschwinden bringen.«

Walter hat ein »Déjà vu«-Erlebnis. Schon wieder ist er in eine alte Wunde getappt, und es ist ihm natürlich unangenehm, wenn er jetzt den alten Recken mit dieser Frage erschreckt haben sollte. Er erklärt, um die Situation zu erläutern, den persönlichen Hintergrund seines Nachfragens, dass er in gewisser Weise selbst in eine ähnliche Sache verwickelt ist und gerne ganz aufrichtig von seinem Gegenüber gehört hätte, wie er als der vermeintlich leibliche Vater praktisch ein Leben lang damit umgehen konnte, ohne Gerd über die wahren Umstände zu informieren.

»Zuerst einmal war es so, dass ich am Anfang sehr eifersüchtig war und große Angst hatte, dass Martha mit dem anderen Mann abhauen würde. Ich habe, obwohl sie schon hochschwanger war, sehr um sie geworben und ihr versprochen, dass ich das Kind als Vater annehme und es niemanden werde merken lassen, dass ich nicht der leibliche Vater bin. Ich erinnere mich aber, dass ich zur Zeit der Geburt wirklich noch sehr gemischte Gefühle hatte. Gerade in der Anfangszeit wachte ich immer argwöhnisch darüber, ob unsere Verschiedenheit allzu auffallend ist. Mit der Zeit haben einige Leute immer wieder anzügliche Bemerkungen gemacht, was mir die Sache natürlich nicht erleichtert hat. Später dann ist es immer seltener geworden, und Gerd ist dann einfach zu einem festen Bestandteil unserer Familie geworden. Allerdings hab ich das dann schon irgendwie so gesteuert, dass er nicht meinen Beruf ergreifen konnte und auch dadurch nicht mein Geschäft und das Haus übernehmen konnte. Dafür kam nur einer meiner richtigen Söhne infrage.«

»Kann es sein, dass in den eher unproblematischen Phasen der Entwicklung dieses Kindes die Beziehung zwischen euch einigermaßen tragfähig war, dass es aber in Krisenphasen nicht so gut gehalten hat?«, will Walter wissen.

»Was ich bestätigen kann, ist, dass ich bei Gerd öfter ausgerastet bin, wenn er irgendetwas angestellt hat. Ich habe dann auch wirklich fürchterlich geschimpft und ihn manchmal auch hart geschlagen. Danach hat es mir dann immer leidgetan, vor allem weil ich ja gerade ihm nicht Unrecht tun wollte. Aber da war es dann meistens schon zu spät. Er hat dann auch tatsächlich sehr früh geheiratet, ist rasch ausgezogen und hat woanders seine eigene Familie gegründet.«

»Glaubst du nicht, dass es besser gewesen wäre, ihr hättet ihn die Wahrheit über seine Herkunft wissen lassen?«

»Im Nachhinein kann ich das so nicht beurteilen. Tatsache ist, dass sehr früh in seiner Entwicklung so etwas wie ein Film zwischen ihm und mir lag, eine Art Isolierschicht, so, als hätte er eines Tages beschlossen, mit mir nicht mehr wirklich zu verkehren. Er hat eher seine ›Pflicht‹ als Sohn erfüllt. Ich hatte dieses Gefühl bei den anderen Kindern, die meine leiblichen Kinder sind, nie. Nun weiß ich nicht, inwieweit das etwas ist, was von ihm selbst kam. Hat er vielleicht geahnt, dass etwas in unserer Beziehung nicht stimmt? Ich glaube nicht, dass es ihm jemand gesagt hat, es ist allerdings denkbar, dass die Leute auch ihm gegenüber Bemerkungen gemacht haben, die ihn verunsicherten. Vielleicht ist es aber auch so, dass ich mich ihm gegenüber doch in einer Weise verhalten habe, dass ich diesen Film, diese Isolierschicht von mir aus erzeugt habe. Wir sind uns heute nicht mehr sonderlich nahe. Ich kann mit gutem Recht sagen, wenn er uns besucht, dann besucht er uns nicht wegen mir. Mit seiner Mutter hat er nach wie vor ein enges Verhältnis. Sie ist allerdings strikt dagegen, dass er etwas über seine Herkunft erfährt, und deshalb habe ich auch nichts mehr unternommen.«

»Findest du nicht, dass es vielleicht ganz gut wäre, jetzt noch einmal ein Gespräch mit Gerd zu riskieren?«

»Natürlich will ich das von mir aus nicht ins Rollen bringen. Sollte Martha eines Tages dazu bereit sein, bin ich auch bereit, mitzuziehen. Aber ich finde, dass es ihre Aufgabe ist, ihn darüber zu informieren. Sein wirklicher Vater hat sich nie darum gekümmert, wie es Gerd geht.

Ich frage dich aber auch, was hätten wir tun sollen? Nachdem sein leiblicher Vater nicht heiraten wollte, ich aber schon, wäre das Kind ja wirklich bedauernswert gewesen. Ist diese Klarheit der Information tatsächlich so notwendig und so viel wert, dass man dafür das Kind mit den vielen quälenden Fragen des Woher und Warum belasten soll?

Sicher, heute bleibt irgendwie ein schaler Geschmack zurück. Gerd und ich hatten uns entfremdet, unser Kontakt ist irgendwie befangen, und das, obwohl ich viel für ihn getan habe. Ich musste schließlich die ganzen Konflikte mit ihm durchstehen, und jetzt fühle ich mich dafür irgendwie nicht belohnt, mein Einsatz für ihn wird nicht gewürdigt. Es bleibt im Hintergrund der Eindruck, als hätte ich mir jemanden angeeignet, der mir nicht zusteht, als hätte ich mir eine Position genommen, die mir nicht gehört.«

Walter ist froh, dass Gerds Vater bzw. Stiefvater jetzt offen mit ihm spricht und das Gespräch sich nun in fast vertraulicher Atmosphäre bewegt: »Könntest du dir vorstellen, dass nach vielleicht einigen schwierigen Wochen oder Monaten, die auf die korrekte Information des Kindes gefolgt wären, vielleicht eine freiere, echtere, der tatsächlichen Wirklichkeit eurer Beziehung entsprechende Verbindung hätte entstehen können?

Wenn ich mich in Gerds Lage versetze, dann denke ich mir, dass ich nach dem ersten Schock diesem Ziehvater gegenüber schon eine gewisse Dankbarkeit und Zuneigung entwickeln würde. Für das, was er für mich getan hat, dass er mich an Kindes statt angenommen hatte, dass er die Ausgaben, die er mit den anderen Kindern hatte, auch für mich aufgebracht hat. Und dass er es vor allem aushält, mit mir als einem sich entwickelnden Menschen in Kontakt zu bleiben, obwohl ich eben nicht sein leibliches Kind bin.

Ich könnte mir vorstellen, wenn ich mich jetzt in die Situation des Ziehsohnes versetze, dass diese Isolierschicht, von der du sprachst, wahrscheinlich gar nicht da wäre. Ich glaube auch nicht, dass es schon zu spät ist, mit ihm darüber zu sprechen. Wahrscheinlich würde er sehr wütend sein, dass du das Geheimnis so lange zurückgehalten hast. Letztlich aber wird er dafür dankbar sein, dass du ihn doch noch informiert hast. Und er würde deine Leistung für ihn unter einem neuen Licht sehen, sie anders würdigen können.«

Loyalität als Waffe

Walter erhält durch die Haltung von Martha, Gerds Mutter, eine Vorstellung davon, wie er die starre Verweigerung von Gerda verstehen kann. Ähnlich wie Gerda ist Martha die Instanz, die entscheidet, dass ihr Sohn die Wahrheit über seine Identität nicht erfahren darf. Sind es allgemein eher die Mütter, die sich gegen die Klärung von komplizierten Verwandtschaftsverhältnissen ihrer Kinder wehren, indem sie »passende« Wirklichkeiten mit Vehemenz konstruieren, die den tatsächlichen Verhältnissen nicht entsprechen? Vielleicht eine etwas gewagte These, doch Walter findet, dass Martha und Gerda diesbezüglich ähnlichen Maximen folgen.

Als er sich mit zwei Kolleginnen in der Mittagspause trifft, stellt er fest, dass das Phänomen so selten nicht sein dürfte. Die beiden Frauen, berufstätige Mütter, tauschen ihre Erfahrungen mit ihren Familien aus und Walter wird in dieser Phase des Gesprächs als eher stiller, doch höchst interessierter Zuhörer geduldet:

»Als berufstätige Frau mit zwei kleinen Kindern bin ich auf Hilfe im Haushalt und bei der Kindererziehung angewiesen. Seit Monaten kämpfe ich zunehmend entnervt darum, eine geeignete Frau als Hilfe einzustellen – vergeblich. Entweder sind die Bewerberinnen völlig ungeeignet, oder sie bleiben nach zwei Wochen wieder weg. Jetzt habe ich doch wieder auf das Angebot meiner Mutter zurückgegriffen, obwohl ich mir das letzte Mal vornahm, es nie wieder zu tun. Dabei ist sie mit den Kindern vorbildlich, wird von ihnen auch sehr geliebt, und auch der Haushalt klappt unter ihrer Leitung prächtig.

Nur, ich komme mit ihr nicht klar. Dabei spielt es keine so große Rolle, dass sie in meinem Haus das Kommando übernimmt, sondern *wie* sie es macht. Sie verbreitet eine überkritische Stimmung, die ihrer eigenen Lebenslage völlig unangemessen ist. Schließlich lebt sie selbst in einer miesen Sozialwohnung, meckert aber ständig an der Qualität meines Hausrates, des Hauses und vor allem an mir herum. Zu allem kommt dann noch dazu, dass mein Mann von ihr begeistert ist. Ich fühle mich im eigenen Haus so, als stünde ich mit dem Rücken zur Wand, alle haben sich gegen mich verschworen, und keiner sieht, was da falsch läuft. Sie macht sich unentbehrlich und zwingt mich damit, ihre Normen zu übernehmen. Und wenn ich mich dagegen auflehne, fällt die Familie über mich her.

Am meisten aber schmerzt mich ihre Forderung, dass ich meinen Vater nicht sehen darf. Jetzt hat sie dieses Verdikt sogar auf meine Kinder ausgedehnt! Und das 28 Jahre nach der Scheidung meiner Eltern!

Ich war damals sechs Jahre alt und musste in den Jahren meiner Kindheit schmerzhaft erfahren, wie sie meinen Vater, den ich abgöttisch liebte, mit ihrem Hass demolierte. Damals verstand ich nicht, warum er weggeblieben war, empfand das nur als entsetzliche Katastrophe und glaubte, er wäre wegen mir gegangen. So als wäre ich schuld daran.

Er hat sich dann tatsächlich sehr wenig um mich bemüht – zumindest sagte mir das meine Mutter. Sie verschweigt dabei geflissentlich, dass sie alles unternommen hat, um meinen Kontakt zu ihm zu zerstören. Sie verbot mir, ihm zu schreiben, ihn anzurufen, und es würde mich nicht wundern, wenn sich heute herausstellen würde, dass sie auch seine Briefe abfing und mich am Telefon verleugnete. Mag sein, dass ich ihr Unrecht tue, aber ich bin ihr gegenüber sehr misstrauisch geworden.

Als sie vor einigen Monaten verreist war, nutzte ich die Gelegenheit und lud meinen Vater ein. Es wurde eine sehr schöne Begegnung und meine Kinder waren überglücklich, endlich den Opa kennenzulernen. Lediglich mein Mann war eifersüchtig.

Danach hatte ich völlig irrsinnige Ängste, meine Mutter könnte etwas von diesem Besuch erfahren. Tatsächlich hat meine kleine Tochter ihr das nach ihrer Rückkehr brühwarm und voller Begeisterung erzählt. Der Opa wäre doch so nett und sie würde ihn sehr lieb haben und wolle ihn oft sehen.

Danach war Feuer unterm Dach. Meine Mutter machte mir klar, dass ich mich entscheiden müsse, für sie oder meinen Vater. Wenn ich zu ihm Kontakt aufnehme, würde sie ihren zu mir und meiner Familie abbrechen. Und ob ich im Übrigen vergessen hätte, dass er an mir nie interessiert war, es also angemessen wäre, dass auch ich mich für ihn nicht interessieren würde.

Ich bekomme eine fürchterliche Wut, wenn ich daran denke. Warum verlangt diese Frau das, woher nimmt sie die Macht, mich so unter Druck zu setzen und jetzt auch noch meine Kinder in diesen Machtkampf zu ziehen? Jahrzehnte lebte ich unter der Anschuldigung, dass meine Liebe zum Vater, meine Sehnsucht nach ihm ein weiterer Hinweis auf meine Charakterschwäche sei. Dabei war es mir so wichtig, zu wissen, dass ich ihm wichtig bin und dass er mich liebt. Ich bildete mir zumindest ein, er ist auch traurig, weil wir nicht zusammenleben dürfen. Unsere Beziehung ist irgendwie unerledigt geblieben, wie eine angebrochene und nie zum Abschluss gebrachte Affäre, eine heimliche Liebe ohne Verwirklichung in der Realität. Tatsächlich habe ich dann auch sehr jung geheiratet und noch dazu einen erheblich älteren, väterlichen Mann – der sich zu meinem Entsetzen auf die Seite meiner Mutter schlug, auch ihre nörglerische, sauertöpfische Art annahm.

Vielleicht merkst du jetzt, warum es mir so wichtig war, eine geeignete Haushaltshilfe zu finden, um nicht mehr in diese Abhängigkeit von meiner Mutter zu geraten. Ich kann mich nur schützen, indem ich sie von mir und der Familie fernhalte, was jetzt nicht mehr gelingt.«

»Dein Zorn ist mir sehr vertraut, zumal ich denke, dass die Väter besonders für die Mädchen in der Zeit der Entdeckung ihrer weiblichen Identität, also vor der Pubertät, von besonderer Bedeutung sind. Als ledige Mutter einer Tochter kenne ich dieses Problem auch aus einer anderen Warte. Meine Tochter hat eine sehr gute Beziehung zu ihrem leiblichen Vater, die beiden haben sich wirklich gefunden, haben einfach einen sehr aufmerksamen und liebevollen Kontakt miteinander. Aber darauf bin ich nicht eifersüchtig, schließlich bin ich die Mutter, und das kann mir niemand nehmen. Es empört mich, zu hören, wie deine Mutter dich benutzte, um ihren Hass auf deinen Vater abzureagieren.

Weiß sie nicht, wie Kinder unter diesen Loyalitätskonflikten leiden? Weiß sie nicht, dass sie zu einer erfolgreichen seelischen Entwicklung eine würdevolle Beziehung zu beiden Elternteilen brauchen? Was für Verrenkungen stellen manche Kinder an, um sich bei selbst objektiv katastrophalen Vätern doch noch ein gutes Vaterbild zu bewahren! Je mehr die Mutter dann ihren Senf dazu beiträgt, dem Kind diese Arbeit zu erschweren, desto mehr Kraft muss das Kind dafür abstellen; Kraft, die ihm dann für andere Entwicklungsaufgaben fehlt.

Ich bin bei meiner Tochter sehr bemüht, den Kontakt zu ihrem Vater zu unterstützen und nicht in so ein Konkurrenzgerangel einzutreten, in dem jeder Elternteil versucht, das Kind auf seine Seite zu ziehen. Dabei hätte ich allen Grund dazu, denn der Vater ist schon seit längerer Zeit arbeitslos, wie ich meine, selbst verschuldet, und

»kann« nichts zu den Unterhaltskosten beitragen. Meine Verwandten und Freunde bedrängen mich, ihm die Daumenschraube anzulegen und ihm den Besuch der Tochter zu verwehren, damit er unter Druck kommt und zahlt.

Aber die Unterhaltszahlung ist ein Konflikt zwischen ihm und mir. Warum soll mein Kind darunter leiden, indem es deshalb den Vater nicht mehr sehen darf? Ist es nicht eines der fundamentalsten Grundrechte der Menschen, Kontakt zu ihren Eltern bzw. der Eltern zu ihren Kindern zu haben? Der Teufel müsste mich reiten, wollte ich mich schuldig machen und dieses Recht verdrehen, nur der besseren Druckausübung im Konflikt mit meinem Partner wegen. Meine Bekannten sagen, ich bin verrückt, weil ich diese Gelegenheit nicht nutze; ich hingegen fände es einen Missbrauch, vor allem auch der Tochter gegenüber. Letztlich fühle ich mich gut dabei, ihre und meine Angelegenheit so zu trennen.

Eine meiner Bekannten ist aufgewachsen, als wäre sie das Ergebnis einer unbefleckten Empfängnis. Im Gegensatz zu deiner Situation hat sie den Vater nie gesehen, nichts von ihm erfahren und auch nie nachfragen dürfen. Ihre Mutter, eine sehr herrische und über-kritische Person, konnte ihren Hass nie lösen und ließ ihn die Tochter indirekt spüren. Es war so, als würde sie ihre Tochter mit aller Härte dafür strafen, dass sie zur Hälfte das Kind ihres Vaters ist.

Ihre Tochter, das arme Wesen, ist sehr verschüchtert, meist depressiv und völlig außerstande, ihren Wünschen und Bedürfnissen in selbstsicherer Weise Ausdruck zu verleihen. Sie ist zudem unfähig, sich von ihrer Mutter abzugrenzen. Ganz selten wagte sie es, ihre Mutter nach der Existenz des Vaters zu befragen, und jedes Mal wurde sie für diesen Versuch und den ihm zugrunde liegenden Wunsch furios beschimpft. Schließlich gab sie es auf.

In ihrem Falle hat diese fragwürdige »Königin der Nacht« gesiegt. Die Persönlichkeit der Tochter ist so schwer beeinträchtigt, dass sie ständig an der Grenze zum Suizid wandelt und eine sehr deprimierte Grundhaltung durchs Leben schleppt.

Dabei ist es im Grunde sehr wenig, was sich die vaterlosen Kinder als Erwachsene von ihren Vätern wünschen. Im Grunde ist es eine Begegnung, einmal sich kennenlernen, als Kind anerkannt und gewürdigt zu werden und irgendwie das O.K., die Unterstützung zugesagt zu bekommen: Er soll damit, wie das Kind lebt und sich entwickelt hat, ganz und gar einverstanden sein. »Es ist gut so, wie du bist«, soll er sagen. Das ist in der Regel auch schon alles. Keine Abkehr von der Mutter oder dem Stiefvater, so einer da ist, keine neue Vater-Kind-Beziehung, sondern einfach das Wiederherstellen und Anerkennen der real existierenden familiären Fakten, um dann wieder in sein Leben entlassen zu werden. Wenn sich eine neue Beziehung entwickelt, unter günstigen Umständen dürfte das hin und wieder möglich sein, dann sicher nicht in einer Wiederholung oder als Nachholen einer nicht gelebten Vater-Kind-Beziehung. Es gibt meist nichts nachzuholen, nichts zu ersetzen, sondern nur die Chance, das schwere Schicksal und die, zwar nicht gelebte, aber existente Beziehung zu würdigen. Warum kämpfen so viele Elternteile, und wie ich meine vor allem eben zu viele Mütter, so verbissen dagegen an?

Es sind nicht alle so, gewiss, sehr viele sogar bemühen sich ähnlich wie du um eine gute Beziehung ihrer Kinder zum getrennt lebenden Elternteil. Das Leben aller Beteiligten ist weitergegangen, Beziehungen haben sich überlebt und ihre Aufrechterhaltung wäre zum Krampf geworden. Das aber heißt nicht, dass sie zu ihrer Zeit nicht lebendig und bedeutsam waren.«

Der Endspurt – Walter 3

Seit sich Walter darüber klar wurde, dass er auch ein sehr persönliches, wenn man so will sogar egoistisches Interesse an der Begegnung mit dem Sohn hat, fühlt er sich nicht mehr so besessen. Er fühlt sich freier, obwohl er jetzt doch recht entschieden daran festhält, die Begegnung mit ihm herbeizuführen.

Und dennoch, von Zeit zu Zeit zieht der Argwohn in seine Gedanken wieder ein: Ist für die Heftigkeit seines Dranges, die Verbindung herzustellen, zumindest teilweise die zugegebenermaßen schwere Kränkung verantwortlich, die sein Selbstwert durch die Entscheidung dieser Frau und das Handeln dieses Paares erhalten hat? Und kann diese Kränkung reversibel gemacht werden, indem er die Folgen dieser damaligen Entscheidung durch ein Erzwingen der Begegnung mit dem Sohn teilweise aufzuheben versucht? Wohl kaum.

Samir, der Cousin, hat ihn zuletzt immer massiver bedrängt, diese Aktion abzublasen. Samir vertritt den Standpunkt, dem Leben seinen Lauf zu lassen, sich um die Beziehungen in seinem Leben zu kümmern, die jetzt aktuell und real sind, und die vergangenen Ereignisse vergangen sein zu lassen, auch wenn sie nicht gut abgeschlossen wurden, sich mit den Brüchen innerlich zu arrangieren, anstatt zu versuchen, sie in der Welt draußen zu heilen.

»Das Leben ist nichts als ein fortwährender Abschied. Also was soll das, wenn du dich an alten unerledigten Ereignissen festkrallst. Lass sie gehen! Alle. Stell dir vor, du wärest damals, kurz nach der Geburt des Kindes, bei dem Unfall gestorben. Das war ja extrem knapp damals. Also stell dir vor, es gibt dich gar nicht mehr. Was wäre dann bei Gerda und ihrer Familie? Nichts, gar nichts, alles würde einfach so weiterlaufen. Kein Schmarrn von wahrer Identität, bereinigtem Familiensystem und all dem abstrusen Zeug. Einfach nur Menschen, mit ihren Beziehungen, ihren Erfahrungen und ihrem gewachsenen familiären Verbund. Keiner würde sich jemals darum kümmern.

Und dann kommst du daher und wirfst alles durcheinander! Lass die doch und verabschiede dich endlich von allem, was war. Das Leben, auch deines, ist hier und jetzt. Schau endlich hin und nimm es an, wie es ist!«

Walter hört Samir, doch er folgt ihm nicht. Sein Gegenargument ist eben gerade der starke Drang, den er verspürt, eben gerade hier und jetzt. Der Drang fühlt sich nicht nur nach Auflehnung gegen die Kränkung an, sondern wie eine echte Aufgabe. Sie wäre zu erledigen, und nachdem Gerda sich weigerte, ihren Beitrag zur Aufklärung zu leisten, muss Walter das tun, so denkt er zumindest: Den Sohn finden, ihn über seine Existenz aufklären, ihn mit dem väterlichen Teil der Familie bekannt machen und es dann ihm überlassen, ob er weiterhin den Kontakt pflegen will.

Selbst wenn Walter Gerda dazu brächte, mit ihm Frieden zu schließen, denkt Walter, würden ohne die Information des Kindes das Ungleichgewicht und die Unklarheit bestehen bleiben. Seiner Meinung nach gibt es keinen anderen Weg für einen Ausgleich zwischen Gerda als »Täterin« und Walter bzw. dem Sohn als »Opfer«. Denn der Sohn bleibt der, über dessen Kopf hinweg seine Identität verfälscht wurde, auch wenn Gerda ihn noch so gut behandelt. Sie hat ihm seine wahre Identität vorenthalten und damit ein Grundrecht genommen. Daran ist nicht zu rütteln. Und das wird sie niemals zugeben wollen. Mit allen Mitteln wird sie darum kämpfen, ihr Unschuldsszenario aufrechtzuerhalten. Es scheint also keinen »Täter-Opfer-Ausgleich« zu geben außer in der Aufklärung über die Identität.

Und der Sohn wird vermutlich lange brauchen, wenn er es überhaupt jemals schafft, die Verantwortung seiner Mutter zu sehen. Zu sehr ist er über die Jahre in dieses System eingeflochten worden. Zu viel hat auch sie von ihrem Selbst in die damalige Entscheidung hineingelegt und fast den Zeitraum einer Generation darauf verwandt, in einer völlig anderen Welt, mit anderen Beziehungen zu beweisen, dass sie recht hatte. Wird er den Konflikt, den die Information bei ihm erzeugen wird, nicht zwangsläufig so lösen müssen, dass er zuallererst den Frieden mit der Familie anstrebt, in der er aufgewachsen ist?

Was also gewinnt Walter wirklich, wenn er für das »Kind« die Information erzwingt? Gewiss, er selbst hätte dann etwas erledigt, was ihn lange Zeit unterschwellig Kraft gekostet hat und was jetzt, da die ganze Sache wieder hochgekommen ist, noch viel mehr an innerer Aufmerksamkeit absorbiert. Walter fragt sich aber, ob es denn nicht eine andere Form gibt, diese wieder aufgebrochene Wunde zu heilen, als die, den Kontakt zu erzwingen? Gerda mit ihrer Verantwortung voll zu konfrontieren, um dann, da die Fehler nicht rückgängig zu machen sind, auf den Kontakt zum Sohn zu verzichten? Das würde bedeuten, Walter müsste sich von diesem Sohn verabschieden, ohne dass er ihn überhaupt kennengelernt hat. Gäbe das den Frieden in diesem System von nicht anerkannten Beziehungen?

Ist dieses Vorgehen weniger missbräuchlich als ein erzwungener Kontakt, durch den ein alter Missbrauch durch einen neuen gerächt wird? Die Idee ist ihm höchst unbehaglich, doch er will sich in Gedanken mit dem Abschied ohne Begegnung auseinandersetzen, so als würde er zu seinem Sohn sprechen, den er gehen lässt, ohne ihn kennengelernt zu haben.

Walter weiß längst, dass er Gefahr läuft, sich in diesen Kampf zu verbeißen und dabei das aus dem Auge zu verlieren, worum es wirklich geht. Er sieht die Gefahr und zu seiner Ehrenrettung kann er sagen, dass er ja wirklich noch kaum gehandelt hat, sich sehr viel Zeit gegeben hat, alle Aspekte gründlich auszuloten, bevor er in dieser oder jener Weise zu handeln beginnt. Aber es stimmt, der innere Kampf ist ihm inzwischen auch irgendwie vertraut geworden. Die Vorstellung, sich jetzt davon einfach zu verabschieden, wäre für ihn unbefriedigend. Damit bliebe wieder etwas unerledigt, was seit zwei

Jahren zum Abschluss drängt. Ein Drang, der ihn dermaßen erfasst hat, so als wäre er nicht von ihm gemacht, so als würde er aus einer Wesenheit entstehen, die ihn als Individuum einbezieht, aber erheblich überragt.

Wäre der Abbruch der Aktion dann nicht so, dass Walter sich wieder mit guten, vernünftigen Argumenten vor einer Verantwortung drückt, die er zu übernehmen hat? Eine, die er früher, als sich Gerda samt Familie versteckt hielt, nicht übernehmen konnte? Jetzt aber, seit die wesentlichen Informationen vorliegen, ist er mitverantwortlich. Wenn er nicht handelt, wird er zum Komplizen. Und wie soll er sich von dem real lebenden Sohn verabschieden, wenn er noch nichts über ihn weiß?

Paradoxerweise fühlt sich Walter in dem Maße, in dem seine Sicherheit zur Kontaktaufnahme mit dem Sohn wächst, innerlich mehr und mehr bereit, notfalls auch diesen Abschied zu akzeptieren. Allerdings erst dann, wenn sie sich begegnet sind. Will Alf dann den Kontakt nicht, könnte Walter das als Ausdruck seines Willens gut akzeptieren. Und trotz allem, Walter müsste einfach noch viel mehr von ihm wissen, bevor er ihn endgültig gehen lassen kann.

Dennoch drängt ihn sein Cousin Samir, den Abschied einfach einmal durchzuproben. Er schlägt vor, dass Walter in einem fantasierten Abschiedsgespräch versuchsweise den Sohn direkt anspricht. Einfach, um zu sehen, wie es ihm dabei geht. Walter stellt sich also vor, der junge Mann, von dem er nicht einmal weiß, wie er aussieht, wie er denkt, was er für eine Person ist, sitzt ihm gegenüber auf dem Stuhl, und Walter beginnt ihn direkt anzusprechen.

Virtueller Abschied

»Du bist ein eigener, selbstständiger und jetzt, da du erwachsen bist, umso mehr eigenverantwortlicher Mensch. Dennoch fühlt es sich in mir an, als wärest du ein Teil von mir, ein Teil, den ich selbst nicht kenne. Ich habe eine fremde, eine unentdeckte Seite in meinem Wesen, weil ich dich als zu mir gehörig erlebe und gleichzeitig nicht kenne.

Ich bin traurig darüber, dass wir unser Leben nicht gemeinsam führen konnten, und bis heute habe ich immer noch gehofft, das irgendwann einmal nachholen zu können, dass wir uns über unsere Erlebnisse aussprechen und auf diese Weise eine ganz archaische Trennung wieder rückgängig machen, eine Lücke in der Kette des Lebendigen schließen.

Ich weiß, dass das wohl ein unerfüllter Traum bleiben muss, denn so wichtig die Kinder für die Eltern bleiben, so unabhängig richten die Kinder ihren Blick in die Zukunft, vergeuden ihre Kraft nicht damit, Verlorenes nachholen zu wollen.

Aus dem Wunsch nach einer sich nachträglich noch etablierenden Bindung wird nun wohl nichts mehr. So beginne ich mich dem Gedanken zu nähern, dass ich dich, mit dem ich jetzt seit über zwei Jahren in einer Art ständigem inneren Dialog stehe, ohne dir wirklich begegnet zu sein, wieder in dein Leben entlasse.

Ich konnte dich nicht beim Aufwachsen begleiten und die verlorene Zeit lässt sich auch nicht nachholen. Heute, da du praktisch erwachsen bist, werden wir, sofern wir uns überhaupt jemals begegnen, das als erwachsene Menschen tun müssen. Mit wohl kaum jenem Risiko an Offenheit für seelische Berührung, die uns verbunden hätte, wäre ich der väterliche Begleiter deines Lebens von der Geburt bis zum reifen Mann gewesen.

Deine emotionale Entwicklung ist so gut wie abgeschlossen. Du wirst mit dem, was du in dieser Entwicklung erfahren hast, dein Leben im Wesentlichen bestreiten müssen. Ich war nicht mächtig genug, um den Kontakt zu dir früh zu erzwingen. Mag sein, dass ich auch nicht geschickt und strategisch genug war, das zu tun. Mag sein, dass ich in deinen Augen zu früh resigniert habe, um meine Wunden zu heilen, um mich neuen Beziehungen zuzuwenden. Dieses Versäumnis tut mir leid.

Jetzt aber, nachdem ich mit dir als Vorstellung mit einer zugleich realen Existenz fast zwei Jahre lang in meinem Bewusstsein eine sehr intensive Auseinandersetzung führte, die auch meine Träume mit gestaltete, will ich versuchen, dich in dein Leben zu entlassen. So wie ich einen erwachsen gewordenen Sohn ins Leben entlassen muss, so will ich versuchen, auch dich jetzt gehen zu lassen. Als Kind, das du mir nicht sein konntest, lasse ich dich jetzt los. Ich werde dich mit meinen Wünschen nicht mehr verfolgen, dich noch kennenzulernen, um das, was wir nicht gemeinsam haben konnten, noch irgendwie nachzuholen.

Es ist mir so, als müsste ich unsere unerfüllte Beziehung an eine neue Instanz weiterleiten. Eine Instanz, die mit einer anderen Qualität von Verbindung als der auf der Ebene der Gefühle zu tun hat. Diese Verbindung zwischen uns besteht, ist nicht störbar durch Informationen, Meinungen oder Einstellungen: Ich bin dein Vater und bleibe es, auch wenn du nichts davon weißt. Aber von dir als Kind, von deiner Kindheit, von meinem nicht gelebten Anteil an deiner Kindheit will ich mich jetzt verabschieden. Vielleicht werde ich noch irgendeine Vorkehrung treffen, damit du die Spur finden kannst, falls du eines Tages selbst auf die Suche nach mir gehst.

Ich aber werde von meiner Seite aus diese Suche jetzt einstellen, lasse dich und damit auch deine Mutter, ihren Mann und deine Geschwister in den Lebensbedingungen und den Überzeugungen ruhen, in denen ihr bisher gelebt habt. Sollte das Schicksal uns zusammenführen, so steht dir meine Tür gewiss offen. Aber von dem Sohn, mit dem ich mich über viele Jahre wieder zu vereinigen hoffte, von den Wünschen, die an ihn geknüpft waren, versuche ich mich jetzt zu verabschieden.

Gehe zurück in deine Welt, in der du groß geworden bist, in der dein Wertesystem entstand. Ich wünsche dir für dein weiteres Leben gute Beziehungen und einen guten Kontakt zu deiner inneren Führung. Ich wünsche dir auch, dass dein Leben eine Klarheit und eine Freude bekommt, von der ich befürchte, dass sie dir unter den Umständen deiner Kindheit nicht zugänglich war. Ich hoffe, es gelingt dir, dieses subtile Trauma abzuschütteln, mit dem falschen Vater aufgewachsen zu sein, ohne es zu wissen. Ihm hast du dein offenes Kindvertrauen entgegengebracht, das er, musste er dich doch belügen, kaum in der gleichen Weise erwidern konnte. Möge dir die kindliche Offenheit des Herzens, die Bereitschaft, Beziehungen mit ganzem Herzen zu riskieren, bewahrt und damit deine Lebendigkeit dennoch erhalten bleiben bzw. wieder zugänglich werden.

Ich akzeptiere es, dass ich mein Leben, selbst nur geliehen, in dir nicht weiter mitgestalten und so mit einem Teil meines Lebens nicht in Kontakt sein konnte. Schweren Herzens akzeptiere ich, dass ich deine Kinder, so sie dir beschert sein werden, möglicherweise nie zu Gesicht bekommen werde. Die existenzielle Verbindung aber, durch die wir wie unsichtbar aneinandergeknüpft sind, bejahe ich und bin mir darin sehr sicher. Wir leben zwar nicht miteinander, sind zwar nicht gefühlsmäßig aneinander gebunden, aber wir stehen auf einer anderen Ebene in Verbindung. Sollte eines Tages die Zeit reif sein, dass diese Verbindung auch manifest hergestellt wird, dann werden wir ein riesiges Fest feiern. Sollte dieser Tag nie kommen, werde zumindest ich dieses Faktum der Trennung von dem in einem existenziellen Sinne Geliebten, dem ich nie begegnete, zur Kenntnis nehmen und versuchen zu akzeptieren. Die existenzielle Liebe töten würde ich deshalb gewiss nicht. Ich wünsche dir ein gutes Leben.«

Samir nickt, auch wenn dieser Abschied ihm unecht vorkommt, scheint er zufrieden. Walter hat sich immerhin auf diese Denkvariante erst einmal eingelassen, hat den Verzicht auf den Kontakt zumindest einmal »als ob«, gewissermaßen stellvertretend, virtuell durchgespielt. Walter hingegen ist gar nicht zufrieden. Je schöner und glatter seine eigenen Worte kommen, desto schaler fühlt sich ihr Inhalt für ihn an. Und zuletzt stellt sich eine resignierte Traurigkeit ein. Stillstand.

Eine Erfahrung in diesem Gedankenexperiment ist Walter immerhin neu gewesen, nämlich die Sicherheit, dass gewisse Fakten ihrer Beziehung unveränderbar sind, egal ob sie anerkannt werden oder nicht. Plötzlich scheint die Anerkennung dieser Beziehung durch die anderen beteiligten Personen, besonders seine Mutter, nicht mehr entscheidend zu sein.

Paradoxerweise fühlt sich Walter nach dem »Abschiedsversuch« sicherer darin, dass die Begegnung stattfinden muss. Er braucht sie, muss sie aber nicht mit Kraft und gegen die Bedingungen und Kräfte durchsetzen, die dort gegenwärtig am Wirken sind. Es ist eher so, als könnte er jetzt abwarten, bis die Zeit wirklich in jeder Hinsicht reif ist, um die Begegnung stattfinden zu lassen. Seine Besessenheit aus der Anfangsphase dieser Entwicklung ist wie weggeblasen.

Im Augenblick erlebt er sich in seinem Fühlen, Handeln und der ganzen Wahrnehmung seines Selbst sogar deutlich autonomer als die Monate zuvor. Er empfindet sich nicht mehr so stark von der Kooperationsbereitschaft der Mutter seines Sohnes abhängig. Die Verantwortung für die objektiv nicht mehr zu rechtfertigende Verheimlichung kann er ihr zuschreiben. Die Konfrontation der Mutter mit ihrer Schuld ist eine Sache, um die er sich nicht mehr kümmern will. Der Kontakt zum Sohn ist ein anderes Kapitel. Und beide Vorgänge können unabhängig voneinander gesehen werden und das eine kann auch unabhängig vom anderen durchgeführt werden.

Das innere Bild von Gerda wird für Walter subjektiv kleiner. Er sieht sie, eingespannt in ihre Zwänge, mit beschränkter Handlungsfähigkeit und sehr viel Angst. In diesem System ist einfach kein Platz für die Weitherzigkeit, die das Aufnehmen des Kontaktes mit einem schwierigen Konflikt erforderlich macht. Walter sieht jetzt besser, wie sie relativ starr in ihrem klischeehaften Lebensprogramm festgezurrt ist. Aber es ist nicht mehr seine Aufgabe, sie daraus zu befreien. War sie es denn überhaupt jemals? Er hat sich schon auch für sie verantwortlich gefühlt. Jetzt nicht mehr. – Auch eine Art von Abschied.

Walter verabschiedet sich von der Hoffnung, mit Gerda gemeinsam die zerstörte Verbindung zwischen ihm und dem Sohn herzustellen. Er verabschiedet sich auch von der Hoffnung, dass sie seine

Position in ihrem gemeinsamen Schicksalstanz würdigt. Und konfrontieren will er sie, wenn überhaupt, erst dann, wenn das andere Projekt durchgeführt und abgeschlossen ist.

Walter hat ihr damals garantiert, dass er sie für den Rest ihres Lebens in Frieden lassen würde, wenn sie die Verbindung zu seinem Kind herstellt. Ein Friedensangebot nach Herstellung eines Ausgleiches von zuvor verursachtem Unrecht. Sie hat ihm darauf nicht geantwortet. Es scheint so, als könne der Frieden mit Gerda erst gelingen, wenn sie die Blockade zwischen Walter und Alf auflöst. So weit ist es aber noch lange nicht.

Clinch ohne Ende?

Walter nutzt sein Stimmungshoch und will die Lage noch einmal mit Gerda besprechen. Quasi mit offenen Karten spielen. Er ruft also bei Gerda an und versucht sie noch einmal in sein Boot zu holen.

Der Anruf wird wieder ein Desaster. Sie hatten immerhin mehr als ein halbes Jahr nicht miteinander gesprochen, doch sie beginnt gleich, ihn am Telefon zu beschimpfen und versucht ihn zum Verrückten zu stempeln. Walter kommt überhaupt nicht recht zu Wort, sie kanzelt ihn regelrecht ab. Der Auslöser dafür ist, dass er es gewagt hat, sie darauf hinzuweisen, dass er notfalls ja auch einen Alleingang machen könne.

Nach dem Telefonat ist Walter nicht so deprimiert wie damals, als er den ersten Kontaktversuch startete. Diesmal ist er vor allem richtig empört, lehnt es ab, sich in dieser Weise behandeln zu lassen. Als er ihr das sagen will, legt sie auf. Walter ist erschrocken angesichts dieser destruktiven Kommunikation. Dann aber versinkt er nicht wieder in jenen halb depressiven Zustand, mit dem er damals reagierte, als er fast bereit war, einfach alles bleiben zu lassen.

Diesmal bleibt er innerlich stehen, hält stand, erkennt aber, dass er die Verantwortung für sein Handeln in dieser Angelegenheit nicht verteilen kann, dass es offensichtlich nur den Alleingang geben wird oder gar nichts.

Im Gegenteil, bei der Vorstellung, alles abzusagen, fühlt er sich wie ein Verräter an dem Sohn, wirft sich vor, nicht wirklich alle Möglichkeiten auszuschöpfen, um die Sache ins Lot zu bringen.

Wahrscheinlich weiß Gerda, dass hinter Walters Bitte um Kooperation ein ebenso knallharter Vorwurf lauert, den sie nicht an sich heranlassen will: Du hast den Sohn um den Vater betrogen! Dagegen trifft sie Vorkehrungen. Wenn es ihr gelingt, Walter zum Verrückten zu stempeln, ist sie das Problem los. Aber anstatt sich über sie zu ärgern, will Walter versuchen, sie direkt »anzudenken«. Wenn Gerda die direkte Rede in der Realität auch verweigert, in seinen Gedanken muss sie diese zulassen.

Abschied von Gerda

»Wenn ich dich jetzt anspreche und mir vorstelle, du hörst das in der Realität, ist meine erste Sorge, dass du mich entweder wieder überrumpelst oder das Gespräch abbrichst, sobald ich irgendetwas sage, was nicht völlig zu deiner Sicht unserer Situation passt. In der Realität bräuchte ich eine Art Vereinbarung mit dir, dass du mir jetzt nicht in der üblichen Weise ausweichst oder abbrichst, sondern dass du mir zuhörst und wirklich versuchst, auf das einzugehen, was ich dir sage. So schwierige Dinge können nicht unter ständiger Drohung des Kontaktabbruchs verhandelt werden. Du musst gewisse Spannungen aushalten, nicht bei jeder Irritation panisch reagieren.

Ich bitte dich also, jetzt im Kontakt zu bleiben, deinen Beitrag zur Sicherung des Dialogs zu leisten. Dieses Gespräch ist für uns alle sehr wichtig. Auch wenn du sagst, du brauchst von mir nichts. Dein Leben könnte sehr gut auch so wie bisher weitergehen. Ich glaube, dass das so nicht richtig ist. Höre auf, den Kopf in den Sand zu stecken. Auch für dich ist der Kraftaufwand zu groß, dieses ganze Versteckspiel aufrechtzuerhalten. Du weißt ganz genau, dass dieses ewige Familiengeheimnis für unseren Sohn, für deine anderen Kinder und auch für dich nicht gut ist.

Manchmal habe ich den Eindruck, du wartest nur darauf, provozierst mich förmlich, dass ich wirklich den Alleingang wähle. Dann kannst du mich endgültig als charakterlosen Störenfried abstempeln, bist die Verantwortung für die Folgen los und hast zudem das Geheimnis gelüftet bekommen. Du kannst dann weiter blockieren und hast deinem Mann gezeigt, dass du nicht mit mir für die Folgen, zumindest nach außen hin, zuständig bist – du warst ja passiv.

Ich habe meine Schwächen wie andere auch. Aber dieser Umstand berechtigt dich nicht, mich wie einen Aussätzigen zu behandeln. Mag sein, dass ich auch im Umgang mit dir Fehler machte und weiterhin mache; das tut mir leid. Aber das gibt dir nicht das Recht, dich zum Richter aufzuspielen.

Und bist du denn so frei von Fehlern? Heute versuchst du, unsere damalige Beziehung so darzustellen, als wäre ich derjenige gewesen, der dich in die Falle lockte, dir falsche Versprechungen machte, worauf du dann naiv und gutgläubig hereingefallen bist. Allerdings erst, nachdem du dich entschlossen hattest, dein Leben an der Seite des anderen Mannes zu führen.

Ist das nicht ein bisschen einfach, wie du diesen Konflikt zu lösen versuchst? Wie du mich damals rasiermesserscharf, ohne wirkliche Chance auf einen Dialog, ohne wirkliche Chance, irgendetwas mitzugestalten, wie mit dem Skalpell aus deinem Leben ausgeschnitten und dann weggeworfen hast. Das ist der eine Missbrauch, den ich dir vorwerfe.

Dass du heute mit dieser Zeit so umgehst, als wärest du allein das Opfer, das ist der zweite Missbrauch. Und dass du heute noch über unseren Sohn verfügst wie über eine Marionette und dabei ihm und mir Grundrechte vorenthältst, das ist der dritte Missbrauch.

Wie kommt es, dass du selbst so ein gespanntes Verhältnis zu deiner eigenen Verantwortung und deinen eigenen Fehlern hast? Ist es nicht menschlich, wenn wir uns den Salat, den wir beide angerichtet haben, gemeinsam anschauen? Ist unsere Lösung wirklich darin zu suchen, dass wir uns auf die Fehler des jeweils anderen konzentrieren müssen?

Ich merke, dass ich von dir an dieser Stelle wirklich sehr enttäuscht bin. Ich will dieses verleugnende, verdrängende, dich von unserem Konflikt abspaltende Verhalten nicht hinnehmen. Irgendwo hatte ich immer noch die Illusion, dass du ein großzügiger und großherziger Mensch bist. Ich fühle mich von dir in all den Versuchen, den Kontakt wiederherzustellen und dieses seit Langem schwelende Problem der Aufklärung unseres Sohnes zu lösen, im Stich gelassen. Ich bin es, der die Anläufe machen muss. Wenn dabei ein Wort fällt, dass dir nicht passt, legst du einfach auf. Ich bin wirklich enttäuscht auch darüber, dass du deinen Konflikt und deinen Anteil an der Schuld unserer jetzigen Lage zu übertünchen versuchst, indem du das alles mit meiner Unzuverlässigkeit rechtfertigst.

Ich vermisse es vor allem, dass du es honorierst, dass ich dir gegenüber offen bin. Du bestrafst mich für meine Offenheit mit Kontaktabbruch, so, als wolltest du mich zwingen, dich zu belügen.

Dabei vergisst du, dass es wirklich auch deine Pflicht ist, mir bei der Herstellung des Kontaktes zu helfen. Hast du völlig verdrängt, dass du mir das damals versprochen hattest?

Indem ich meine Enttäuschung über dich zum Ausdruck bringe, merke ich, wie ich beginne, mich von dem Zwang zu lösen, von dir eine Erlaubnis zu bekommen, mit meinem Sohn in Kontakt zu treten. Sicher will ich nach wie vor, dass die ganze Angelegenheit einvernehmlich bewältigt wird, aber nicht mehr um jeden Preis. Ich will mich nicht mehr abschütteln lassen von dem, was ich als wirklich berechtigten Anspruch anerkenne, nämlich den Kontakt zwischen Vater und Sohn.

Ich merke, dass ich auch Angst davor habe, dass du plötzlich ins andere Extrem kippst und mich doch wieder in den Kreis der Guten aufnimmst. Dein Kreis der Guten ist mir suspekt. Im Prinzip ist er nicht mehr wert als der Kreis deiner Aussätzigen, der Kreis derer, denen du die Hölle wünschst. Diese Bilder sich wohlverhaltender, deine Kriterien erfüllender Hülsen, denen du die Plakette ›gut‹ verleihst, können meiner Vorstellung nach eher nur Rudimente wirklicher Menschen sein.

Sind wir nicht alle damit geprüft, den Kampf zwischen Gut und Böse in uns auszutragen, unsere bösen, destruktiven, hinterhältigen Seiten kennenzulernen, um sie besser kontrollieren zu können, um sie nicht mehr unreflektiert ausagieren zu müssen? Ich will dir ganz offen sagen, dass ich nicht bereit bin, hier mitzuspielen, um dann vielleicht eines Tages vor dir Gnade zu erlangen und damit die Kriterien zu erfüllen, um meinen Sohn kennenlernen zu dürfen.

Doch wenn ich mir vorstelle, dass er selbst diesem Zulassungsritual sein Leben lang ausgeliefert war, dass du, indem du mich rausgeschmissen hast, auch ihm den Anwalt für seine Mangelhaftigkeit, was heißt, für die Akzeptanz der erbärmlichen Seite seiner Existenz genommen hast, dann steigt mir wirklich heute noch die kalte Wut hoch.

Ich kann es mir schwer vorstellen, dass der andere Mann, der sich bereiterklärt hat, mit dir dieses Versteckspiel mitzumachen, wirklich geeignet war, ihm dieser Anwalt zu sein. Du sagtest mir einmal am Telefon, er war ihm ein guter, aber strenger Vater.«

Hier wird Walter etwas ruhiger, aber sehr klar und bestimmt. Seine Stimme wird weich, während er in seiner imaginierten direkten Rede fortfährt:

»Und wie war es mit seiner Wärme und seiner Herzlichkeit? Wie hat er es gehalten mit dem Verstehen, dem Sicherkennen in der Not, im Elend, in der Einsamkeit, in der Schlechtigkeit, im Schuldigwerden meines Kindes? Hat er Erziehung so verstanden, dass er versucht hat, ihm die Integration dieser Teile auszutreiben? Hat er es auf diese Weise vielleicht geschafft, ihn zu einem angepassten, die ›Erfolgsgeneration‹ mitkonstituierenden Menschen ohne Seele und Herz zu machen, der bei allem, was er tut und denkt, nur mehr aus Klischees und Hülsen heraus agiert?

Ist es nicht so, dass ich hier vielleicht doch noch eine Aufgabe habe, die darin besteht, dem Sohn zu helfen, zu sich zurückzufinden? Ist es nicht so, dass er mich, den du ablehnst, braucht, um Teile, die du an ihm ablehnst bzw. als gar nicht existent definierst, für sich akzeptieren und integrieren zu können? Wie kannst du erwarten, dass jemand zu einer reifen Persönlichkeit wird, den du dazu erziehst, dass er die Teile, die er von seinem leiblichen Vater geerbt hat, wenn auch unbewusst, ablehnt?«

Walter nimmt die doch recht pointierten Aussagen im nächsten Anlauf dann doch wieder etwas zurück, formuliert seine Anklage etwas moderater:

»Vielleicht sehe ich das alles zu polemisch, aber die Art, wie du mit mir umgehst, jetzt und wie du mich in der Vergangenheit ausgegrenzt hast, macht mich wirklich stutzig. Ich beginne darüber nachzudenken, dass ich hier noch eine Aufgabe habe. Wenn du schon nicht bereit oder in der Lage bist, für dich und deine Kinder jene Menschlichkeit zuzulassen, die im Akzeptieren der abweichenden, nach den üblichen Klischees unschönen Seiten der Persönlichkeit liegt, so erfülle ich eine Aufgabe, für die ich deine Erlaubnis nicht mehr brauche. In dieser Hinsicht kann ich ihm Vater sein, gerade indem mein Versuch scheitert, mit dir zu harmonisieren, wo es keine Harmonie gibt.

Ich möchte ihm von den dunklen Seiten meines Lebens erzählen, von den Phasen, wo ich mich schwach, hilflos und ohnmächtig fühlte, dass mir gerade die gestörte Verbindung zu ihm diese Ohnmacht, diese Hilflosigkeit exzessiv gespiegelt hat.

Ich möchte meinem Sohn zeigen, wie ich damit lebte – nicht sagen, wie man damit leben soll. Ich will ihn auch meine Traurigkeit sehen lassen, meine Angst, dass ich als Vater für ihn nicht so attraktiv bin, will mit ihm über die Episoden sprechen, in denen ich beruflich versagt habe, wo ich im Kontakt mit anderen Menschen schlecht abschnitt und weit unter dem Ideal eines Helden geblieben bin.

Ich möchte mit ihm aber auch über meine Träume von der Wertschätzung und der fundamentalen Akzeptanz eines jeden Menschen sprechen. Ich wünsche mir, Auge in Auge mit meinem Sohn darüber sprechen zu können, dass ich im Grunde über das Wesen der menschlichen Existenz nicht mehr sagen kann, als dass wir keine andere Wahl haben, als die nicht nur schönen Facetten dieser Existenz zu leben, zu erfahren. Indem wir das Erleben unserer Einsamkeit einander mitteilen können, können wir erfahren, wie sie sich zumindest für Augenblicke aufzulösen beginnt. Ich wünsche mir, Gelegenheit zu bekommen, meinem Sohn die Erfahrung vermitteln zu können, dass das Leben jenseits der Klischees, dort, wo alles von dem, was wir glauben, dass es das Leben konstituiert, zusammengebrochen ist, dass dort ein neuer Anfang ist, ein gesunder, zutiefst humaner, der die unschätzbare Kostbarkeit des menschlichen Kontaktes in den ihm gebührenden Vordergrund rückt.

Denn alles wirkliche Leben ist Begegnung. Wie willst du dagegen ankommen? Du weißt, dass ich im Grunde immer so gedacht habe und der Satz dir damals immer Angst gemacht hat. Liegt hierin vielleicht die tiefe Ursache, warum wir kein Paar werden konnten?

Vielleicht hast du Angst, der Sohn entdeckt im Kontakt mit mir diese Seite in sich und ist dann für dich verloren? Unsere Wege sind verschieden, unsere Vorstellungen von dem, was das Wesen der menschlichen Existenz ausmacht, klaffen weit auseinander. Aus meiner Sicht ist das kein Grund, unsere Begegnung nicht zu riskieren. Vielleicht wäre sie anders, als du denkst. Wir wissen nicht wirklich, wohin der andere sich entwickelt hat. Stattdessen haben wir eigenartige Bilder vom jeweils anderen in unseren Köpfen sitzen, die sehr leicht so geformt werden, dass sie unseren eigenen Abwehrversuchen, nicht aber der Wirklichkeit des anderen entsprechen. Ich glaube, es wäre gut gewesen, ein Treffen zu riskieren, um alles zu besprechen. Leider kam es dazu nicht mehr. Wir haben es verpasst. Dabei hätten wir den Versuch machen können, einander wahrzunehmen, um von Neuem festzustellen, wer der andere wirklich ist, bevor jeder von uns Entscheidungen trifft, wie er, ob allein oder kooperativ, in der Angelegenheit unseres Sohnes weiter fortfahren will.«

Und dann noch einmal fast versöhnlich werdend:

»Ist es nicht so, dass wir hier wirklich ein gemeinsames Problem zu lösen hätten, an dem auch wir beide noch wachsen können, bei dem wir aber auch unser Seelenheil endgültig verlieren können? Wenn wir jetzt Fehler von früher wiederholen, verlieren wir dann nicht endgültig die Chance, unseren inneren Frieden zu finden? Warum bist du so vernagelt, so ohne jede Zwischenstufen, immer nur Schwarz oder Weiß sehend, niemals Graustufen zulassend?

Gewiss, das Kind entstand, ohne dass wir vorher in dieser Hinsicht wirklich explizit alles geklärt hätten, passiert manchmal so. Dennoch, auch dazu gehören immer zwei. Du hast dich gerächt, indem du mir Mehrfaches genommen hast, unter anderem meine Vaterschaft, die dir nie gehörte. Du hast auch dem Kind seinen Vater genommen. Steht dir das zu? Wie kannst du darüber hinwegsehen, dass hier auch von deiner Seite massive Übergriffe vorlagen?

Wer fragte schließlich das Kind, ob es mit der Transaktion seiner Identität einverstanden ist? Es nachher zu fragen, nachdem es durch diese Sozialisation durchgegangen ist, ist müßig, denn es musste die Bindungen nehmen, die ihm präsentiert wurden.

Der Schutz deiner Familie vor Verletzung durch mich ist dir wichtiger als die Fairness mir gegenüber. Diese Angst kann ich respektieren. Tief drinnen hast auch du eine Sehnsucht nach Frieden, ebenso wie ich. Aber es fehlt dir der Glaube daran, dass wir unsere Verletzungen und die Verlockung, uns zu rächen, so bezähmen können, dass wir nicht in dem Moment, wo wir in Kontakt treten, wieder mit offenen Messern übereinander herfallen. Du hast wirklich Angst, es kracht alles zusammen, wenn wir wieder aufeinander zugehen. Deshalb bleibst du bei der alten Strategie der Ausgrenzung.«

Und dann, sich der Beziehung zum Kind zuwendend:

»Vielleicht ist es sogar auf einer anderen Ebene richtig, dass wir keine Kooperation zustande bringen, sondern bis zuletzt kämpfen. Das zwingt mich, allein auf unseren Sohn zuzugehen. Damit setze ich ihm auch ein Signal, wie wichtig es mir trotz dieser Hindernisse ist, ihm zu begegnen. Wie wichtig er mir ist. Es wird Zeit, den direkten Kontakt zu planen.

Es ist mir noch immer nicht egal, ob du die Verbindung zu meinem Sohn blockierst, herstellst oder dich einfach passiv verhältst, aber ich mache mein Handeln in seiner Sache nicht mehr von dir abhängig. So oder so entlasse ich dich aus dem inneren Kontakt mit mir. Dass du die Art unserer Beziehung nicht zu würdigen vermagst, dass du über die Jahre Angst davor hattest, dass diese unerledigte, totgeschwiegene Geschichte plötzlich wieder lebendig wird und leibhaftig an deine Tür zu klopfen beginnt, das bleibt jetzt deine Sache. Ich, die Leiche in deinem Keller, stehle mich aus deinem Bann. Wieder lebendig werdend bewege ich mich auf den Sohn zu.«

Zumindest im Augenblick fühlt sich Walter ruhig, ein wenig traurig, innerlich aber irgendwie stark und ganz. Er verspürt Lust und Kraft, sich wieder dem Leben zu widmen, das ihn hier umgibt. Er fühlt sich frei und offen, die Menschen, die mit ihm leben und das bejahen, wieder wahrzunehmen, anstatt einem Phantom nachzujagen, das ihn zudem verleugnet.

Er hat es satt, ständig diese Frau zwischen sich und den Sohn zu holen, wie ein Gespenst, das seine Erlösung verweigert. Er hat auch wirklich Lust, mit den Menschen, mit denen er jetzt hier gegenwärtig lebt, in Kontakt zu treten, sich wieder auf Begegnungen einzulassen, die Schönheit ihrer und seiner Lebendigkeit in diesen Kontakten zu spüren. Und er ist es leid, weiterhin so viel Energie in Gerdas Verweigerung zu investieren.

Es ist so, als würde eine Last, die er lange Zeit nicht bemerkte, die aber doch ständig präsent war, von ihm zu weichen beginnen. Der Schatten, der Jahrzehnte auf ihm lag, beginnt sich zu verziehen. Sein inneres Bild von Gerda, durch ihre Kontaktsperre ins Übergroße aufgeblasen, sinkt auf eine ganz natürliche und gewöhnliche Größe zurück. Was Walter wirklich braucht, so denkt er, hat sie nicht, kann sie ihm auch nicht mehr geben. Was er wirklich braucht, ist ein Gefühl der Sicherheit, dass das Leben, so wie es sich ereignet, schon seine Richtigkeit hat. Die Fehler der Vergangenheit werden zwar zu keinen Glanzpunkten seines Lebens, sie erhalten aber eine neue Bedeutung, da sie ihm Gelegenheit gibt, etwas über sich selbst und über das Leben an sich zu erfahren.

Natürlich, so meint Walter, können wir Menschen unsere Fehler nicht ungeschehen machen, doch können wir lernen, sie zu akzeptieren und die Konsequenzen zu tragen versuchen, die sich aus diesen Fehlern ergeben.

Doch je länger er darüber nachdenkt, beschleicht ihn doch so etwas wie Angst vor der Verantwortung. Nun, kurz vor der Entscheidung, spürt er die Last der vollen Verantwortung, die ihn doch wieder niederdrückt. Er wünscht sich Sicherheit, eine Art von Supervision. Eine Sicherheit, in der auch die vermeintlich katastrophalen Erfahrungen langfristig ihren Sinn bekommen, indem sie das Wachstum dieser Wesen provozieren und damit fördern. Vom Verstand her weiß er, dass es diese Sicherheit nicht gibt, es ja gerade unsere zutiefst menschliche Aufgabe ist, sich der Unsicherheit des Lebendigen zu stellen, sie anzunehmen und die volle Verantwortung für unser Handeln zu tragen. Vom Gefühl her hätte er aber gerne einen Halt.

Zum Glück hat Walter seinen Cousin Samir. Der ist zwar im Augenblick nicht da, steht aber als innerer Diskussionspartner jederzeit zur Verfügung. Während Walter dabei seine Wünsche artikuliert, die Verantwortung für seine Lebensentscheidungen an ein imaginäres höheres Wesen abzugeben, zeigt ihm der innere Samir schlichtweg nur den Vogel. Ausdruck völligen Unverständnisses.

Walters »innerer« Samir holt Walter zurück auf den Boden seiner Tatsachen: Du bist verantwortlich für das, was du tust, die anderen sind verantwortlich für das, was sie tun. Keine spirituellen Ausflüchte, kein Wegducken vor der Verantwortung, keine beschwörenden Litaneien, ergo auch kein Ablegen der Schuld auf andere, wenn etwas schiefgeht. Basta.

Walter, sonst gar nicht so ein Freund militärischen Gehabes, salutiert innerlich vor Samir, richtet sich wieder etwas auf, nimmt gleichsam »Haltung« an und entschließt sich, die nächsten Schritte zu gehen, eigenverantwortlich.

Es ist ihm, als würde für einen Augenblick die Zeit still stehen, die gefühlte Intensität des Lebens wird plötzlich irgendwie dichter. Walter spürt eine Freude, die aus dem Nichts zu kommen scheint, spürt ein Ja zu dem, was zu tun ist. Er hat plötzlich wieder Lust am Leben, sich auf andere Menschen einzulassen, mit ihnen die Welt zu explorieren, zu gestalten. Er ist wieder neugierig auf das, was ist, kann wieder wahrnehmen, endlich!

Eine unverhoffte Ermutigung

Doch dieser angenehme Zustand hält nicht lange an. Je näher die Entscheidung zum direkten Handeln rückt, desto deutlicher spürt Walter den schweren Konflikt, in dem er sich befindet. Dennoch fühlt er sich sonderbar gestärkt. Da lernt er über eine Bekannte einen Mann kennen, der als Kind adoptiert worden war. Peter erklärte sich bereit, mit ihm über seine Erfahrungen zu sprechen, vor allem darüber, wie er sich damals als Sohn fühlte, als er den Kontakt mit den leiblichen Eltern zu suchen begann. Er hat Walter Mut gemacht, ja ihn förmlich gedrängt, auch in seinem Fall unbedingt aktiv zu werden:

»Meine Lebensgeschichte wird dir weiterhelfen. Mit sechzehn Jahren stöberte ich in Dokumenten meiner Eltern und fand Hinweise auf einen Adoptionsvorgang. Ich war ziemlich erschrocken, erkundigte mich bei meinen Eltern, und es stellte sich heraus, dass sie meine Adoptiveltern sind. Ich war ziemlich geschockt, vor allem aber ab diesem Zeitpunkt enorm interessiert, meine leiblichen Eltern kennenzulernen. Da meine Adoptiveltern große Angst hatten, mich zu verlieren oder als Eltern zweitrangig zu werden, kämpften sie vehement dagegen, dass ich meine Eltern zu suchen begann.

Ich tat das dann auch nicht, bis ich 24 Jahre alt war. Und auch dann wagte ich es nur heimlich. Da meine Adoption damals offen war, meine Adoptiveltern die leiblichen Eltern auch kannten, fand ich heraus, dass meine Eltern, die nicht verheiratet waren, sich noch vor meiner Geburt wieder getrennt hatten. Meine Mutter gab mich dann angesichts einer Fülle von Schwierigkeiten zur Adoption frei. Sie war mittlerweile verstorben. Mein Vater aber lebte noch, war allerdings schon über 70. Ich bemühte mich, seine Spur zu finden, und als mir das gelungen war, rief ich nach einigem Zögern dort an, sagte, wer ich wäre, und brachte mein Anliegen vor. Ich wurde mit großer Freude willkommen geheißen. Als ich ihn besuchte, hat er stundenlang erzählt, und wir waren beide unglaublich glücklich.

Das alles habe ich im Alleingang und heimlich gemacht. Erst zwei Jahre später wagte ich es, meinen Eltern – so nannte ich meine Adoptiveltern weiterhin – von dem Kontakt zu meinem Vater zu erzählen. Anfangs sehr zögerlich, schließlich aber akzeptierten sie meinen Schritt. Sie besuchten ihn sogar und haben seither einen recht positiven Kontakt.

Zu unser aller Überraschung gestaltete sich die Beziehung zu meinen ›Eltern‹ respektive Adoptiveltern seither besonders tief und liebevoll. Ich war ihnen so dankbar, dass sie mich damals bewusst zur Adoption nahmen, mich also ganz klar bejaht haben. Ihre Leistung für mich kann ich erst jetzt so richtig würdigen. Und irgendwie ist unsere Beziehung entlastet von einem Druck, der da war, ohne dass wir uns dessen bewusst waren. Sie brauchten nicht mehr wie ›echte‹ Eltern zu erscheinen, brauchten nicht mehr bei jeder Schwierigkeit Schuldgefühle entwickeln, sie wären als Eltern nicht gut genug oder mussten beweisen, besser zu sein, als meine leiblichen Eltern es hätten sein können. Jetzt war alles klarer geworden. Wir konnten zueinander die Personen sein, die wir füreinander tatsächlich sind.

Mit meinem leiblichen Vater ging es nach dem ersten Honeymoon erst mal erheblich schwerer. Nach der Euphorie des Findens, als eine unterschwellig stets präsente Lücke in meiner Ahnenreihe geschlossen war, als er mir viel über die Schicksale und Talente meiner Vorfahren erzählt hatte, ging ich erst einmal auf Distanz. Ich entwickelte Gefühle des Zorns und der Verachtung dafür, dass er mir keine Familie hatte bieten können oder wollen. Und warum hatte *er* mich nicht gesucht?

Ich ließ den Kontakt dann wieder einige Jahre ruhen, und erst als ich dann selbst eine Familie gründete und Vater wurde, wollte ich wieder mehr Nähe zu ihm. Als ich merkte, wie schwer es ist, Vater zu sein, konnte ich seine damaligen Entscheidungen, vor allem auch auf dem Hintergrund einer chaotischen Zeit, besser verstehen. Allmählich versöhnte ich mich mit ihm. Wir kamen uns dann nochmals sehr nahe, und bald darauf starb er dann.

Ich hatte ein unglaubliches Glück, dass ich diese Verbindung noch herstellen konnte, auch um einige der typischen Schwierigkeiten zwischen Vater und Sohn mit meinem damals immerhin schon greisenhaften Vater noch durchzumachen. Ich fühle mich heute innerlich reich und sehr ganz, wie ich mich all die Jahre meiner Kindheit und Jugend nie gefühlt hatte.

Wäre es mir nicht gelungen, diese Lücke in meiner Identität zu schließen, ich glaube, ich hätte mein Leben lang eine gewisse Zerrissenheit zu tragen gehabt, eine Unechtheit, von der mir nie klar geworden wäre, woher sie kommt.

Aus meiner Erfahrung kann ich dich absolut ermutigen, den Kontakt mit deinem unbekannten Sohn aufzunehmen. Ich bin sicher, er wird dir, vielleicht nach einigen Wirren, sehr dankbar dafür sein. Und die Beziehung zu seinem Stiefvater wird sich auch weiterhin durchaus positiv gestalten.«

Diese so positive Erfahrung stärkt Walter den Rücken. Es ermutigt ihn zu hören, wie wichtig dem Bekannten der späte Prozess der Auseinandersetzung mit seinem Vater ist. Allerdings sind die Dinge bei Walter noch etwas komplizierter: Sein Sohn hat angeblich noch keinen blassen Schimmer davon, dass sein »Vater« nicht sein Vater ist. Und seine Mutter, vermutlich auch sein Stiefvater, stemmen sich mit aller Macht gegen seine Aufklärung.

Wenn Walter ihn jetzt, da er fast 25 Jahre alt ist, direkt anspricht, wird er neuerlich von außen, also fremdbestimmt. Er hat ja nicht die Wahl, ob er Walter suchen will oder nicht – der kommt ja auf ihn zu. Und dessen Handlung würde nicht nur ihn, sondern das ganze System dieser Familie durcheinanderschütteln. Dazu wieder Walters Bekannter:

»Ich erkenne es wirklich an, dass deine Lage sehr schwierig ist. Aber bedenke, dass diese ganze Familie auf einer Lebenslüge aufgebaut ist. Das kann auf Dauer ohnehin nicht gut gehen. Die müssen doch so viel verdrängen, dass es früher oder später kracht, und dann aber ganz gewaltig. Wenn du für deinen Sohn hier früher eingreifst, kannst du vielleicht sogar für ihn eine Katastrophe abwenden. Denn sie haben damals seine Interessen den ihren nachgeordnet, und sie tun es jetzt wieder. Wenn es noch konfliktreicher wird, werden sie vermutlich wieder ihn die Hauptlast tragen lassen. Du bist für die Familie des Stiefvaters nicht verantwortlich, obwohl ich zugebe, dass du natürlich als der dann aktive Teil in dem System von ihnen die Verantwortung übergestülpt bekommen wirst, wenn irgendetwas schiefgeht.

Aber was soll wirklich passieren? Ich war in meinem Fall so fasziniert von dem, was es alles zu erfahren gab, dass ich gar keine Zeit hatte, um depressiv zu werden. Und wenn du meine Geschichte als Beispiel nimmst, so wird auch bei deinem Sohn nach einiger Zeit die Beziehung zu dir und auch zu seiner anderen Familie letztlich besser und klarer, als sie es im jetzigen Zustand jemals sein kann.

Und ich glaube einfach nicht, dass er keine Ahnung hat. Auf irgendeiner Ebene seines Bewusstseins weiß er, was los ist, und sobald hier Klarheit geschaffen ist, wird er sehr erleichtert sein. Vielleicht werden seine Mutter und sein Stiefvater noch eine Zeit lang grollen, aber nach einigen Monaten werden sie merken, dass sie ihn nicht verlieren. Und dann wird er erst richtig frei sein dafür, mit dir und deiner Familie hier so richtig Kontakt aufzunehmen.

Und du sagst, du lässt ihm keine Wahl, wenn du auf ihn zugehst. Denke daran, dass ich meinem Vater ja besonders heftig vorgeworfen habe, dass er das nicht getan hat. Ich glaube, ich wäre sehr froh gewesen, wenn mein Vater auf mich zugegangen wäre, um den Kontakt zu mir herzustellen. Leider musste ich es tun.

Aber der Kontakt mit dem unbekannten leiblichen Vater machte auch so mein Leben erst vollständig. Das wird für euch beide auch gelten. Und auch seine Mutter wird dir irgendwann danken, dass du praktisch für sie ihre Lebenslüge beendet hast. Du wirst sehen, es wird nicht so schlimm, wie du es dir in deinen Katastrophenfantasien vorstellst. Nimm ruhig deinen Mut zusammen, stelle die Verbindung her. Noch ist es schwierig, aber am Ende winkt euch die Versöhnung. Es ist höchste Zeit. Oder willst du, dass er es durch jemand Fremden erfährt?«

Der Schritt ins Leere

Walter hat sich entschlossen anzurufen.

Er setzt sich ans Telefon und geht noch einmal in Gedanken seine Position durch: Er akzeptiert Gerdas Definition der Umstände nicht, vor allem nicht ihre Sicht der Verhältnisse von damals, als alles entstand.

Er ist nicht der Ansicht, dass der Sohn die Information über seine Herkunft nicht braucht. Vor allem ist er nicht der Ansicht, dass er keinen Anspruch darauf hat, die Verbindung zu ihm, Walter, herzustellen. Vielmehr denkt er, dass der Sohn wirklich das Recht hat, ihn und seine Verwandten hier kennenzulernen.

Es wäre schön, hätte das gemeinsam mit Gerda geschehen können. Doch einen letzten Brief, gestartet als Versuch, eine Gesprächsbasis zu schaffen, hat sie ungeöffnet zurückgehen lassen. Danach war Walter wirklich frei.

Walter ist schon klar, dass seine Handlung ein immenser Eingriff in das Leben anderer ist, dass er eine Lebenslüge zerstört, ohne dass zumindest einer der Beteiligten, Gerda, zustimmt. Ihm ist auch klar, dass auf seinen Sohn eine sehr harte Zeit zukommt. Eine Zeit voller Risiken, mit einer Erschütterung seiner bisherigen Identität und dem mühsamen Aufbau einer neuen. Vielleicht wird er nicht zufrieden sein mit dem, was er bei Walter vorfindet, vielleicht wird er sich wünschen, dass alles beim Alten geblieben wäre. Aber es wird nicht mehr rückgängig zu machen sein. Walter entschloss sich, ihn diesem Schock auszusetzen. Schließlich ist er sein Sohn.

Es ist Zeit, dass er weiß, wer er ist, auch wenn es ihn durcheinanderbringt. Wenn er alles weiß, kann er wählen, ob er Kontakt will. Lehnt er ihn ab, würde Walter es respektieren.

Walter legt sich vor dem Anruf zurecht, was er sagen werde. Zuerst will er fragen, ob Alf seinen Namen kenne – man kann ja nie wissen, was dort mittlerweile stattgefunden hat. Dann will er sich vorstellen, aber ohne ihm schon zu sagen, worin ihre Beziehung bestehe und warum er anrufe.

Und dann will er ihn einladen, ihn zu besuchen. Denn er wolle mit ihm einige Fragen besprechen, die besser nicht am Telefon behandelt werden sollten. Wenn Alf dann nachfragt, wird er vermutlich doch mit der entscheidenden Information herausrücken müssen.

Mit diesem Gedanken greift Walter zum Hörer, wissend, dass das, was jetzt kommt, nicht rückgängig gemacht werden kann und ihrer beider Leben verändert.

Das Herz klopft ihm bis zum Hals, als er Alfs Nummer wählt, hört das fremd klingende Läuten und dann eine Stimme vom Band. Anrufbeantworter.

Walters Affekt verpufft. Erleichtert lauscht er dem Tonfall und dem kurzen Text. Ein erstes direktes Lebenszeichen, wenn auch auf Band. Der existenzielle Moment – noch einmal kurz angehalten durch den Anrufbeantworter. Solche Trivialitäten sind gesegnet, lockern die gesteigerte Spannung. Walter muss lachen.

Wie froh ist er diesmal, dass es diese zwar nützlichen, aber nicht sonderlich beliebten Maschinen gibt. Es ist so, als hätte er schon ein wenig Bekanntschaft gemacht. Und als hätte er einen ersten festen Grund nach einer langen Zeit des Schwimmens im Ozean.

Natürlich spricht er nicht auf das Band, er hört nur sehr aufmerksam zu. Dort ist also tatsächlich ein realer Mensch, der bisher nur Vorstellung war.

Walter kommt sich damit etwas lächerlich vor, doch es ist tatsächlich so, dass dieser erste Vorkontakt seine größte Angstbarriere gelockert hat. Er hat in dieser absolut existenziellen Situation eine winzig kleine Hilfestellung bekommen. Die Hauptarbeit wartet noch auf ihn, aber jetzt ist der Karren ins Rollen gekommen. In zwei Stunden würde er es wieder versuchen.

Als es dann so weit ist und sich am anderen Ende der Leitung ein junger Mann meldet, vergewissert Walter sich zuerst, ob er tatsächlich der Gesuchte sei, Mr. Alf Soundso, geboren in … Der so Angesprochene bejaht erstaunt – Yes, indeed. Walter sagt ihm, wer er sei, von wo er anrufe und fragt gleich, ob er mit seinem Namen in irgendeiner Weise vertraut sei. Der junge Mann verneint.

Dann holt Walter tief Luft und bittet ihn, nicht gleich einzuhängen, denn seinem Anruf liege ein Wunsch zugrunde, der ihn gewiss verwundern werde. Der junge Mann wird neugierig und ermuntert Walter fortzufahren. Also beginnt Walter, ihm etwas mehr über sich zu erzählen, wo er wohne, über seine Arbeit und noch einige weitere Basisinformationen. Dann wagt er den nächsten Schritt voran:

»Aus Gründen, die ich Ihnen jetzt noch nicht eröffnen kann, würde ich Sie gerne kennenlernen. Am liebsten würde ich Sie dazu in meine Stadt einladen, doch wenn Ihnen das zu umständlich ist, könnte ich Sie auch gerne an Ihrem Ort aufsuchen. Ich weiß, es ist eine verrückte Sache, Sie einzuladen, ohne dass ich Ihnen bekannt bin und ohne dass ich meine genaueren Beweggründe preisgebe. Aber im Moment kann ich nicht anders und bitte Sie, das Angebot trotz dieser Verrücktheit zumindest zu prüfen. Ganz sicher führe ich nichts Gefährliches im Schilde. Ich bin kein Agent oder so etwas Ähnliches.«

Alf sagt, dass er beruflich mit kuriosen Vorfällen zu tun hätte und von daher einiges gewöhnt wäre. Er sei Journalist. Außerdem würde Walter nicht bedrohlich auf ihn wirken, und das Angebot, nach Europa zu kommen, würde ihn schon recht reizen. Auch hätte er nach dem bisherigen Gespräch den Eindruck, dass Walter auf alle Fälle ein interessanter Typ sein müsste. Er sei recht angenehm angeregt von Walters Vorschlag – excited – und würde eher dazu tendieren, das Angebot anzunehmen.

Entwarnung, Jubel, geschafft? In diesem Augenblick kolossaler Erleichterung wird Walter für einige Augenblicke unachtsam. Vermutlich wird auch seinem Sohn bewusst, dass er sich gegenüber einem Unbekannten, der ihn auf so eigenartig direkte Weise kontaktiert, doch etwas weit vorgewagt hat. Alf beginnt zu fragen:

»Würde es Ihnen etwas ausmachen, wenn ich über Sie Erkundigungen einholen würde?«

Natürlich kann Walter ihm das nicht verwehren, im Gegenteil. Alles, was seiner Sicherheit dient, ist willkommen!

Doch es geht weiter:

»Würde es Ihnen etwas ausmachen, wenn ich bei meinen Verwandten in Europa etwas über Sie nachfragen würde? Würden die Ihren Namen kennen?«

Jetzt wird es heiß! Schafft Walter den Absprung noch rechtzeitig? Er beschließt, das Gespräch laufen zu lassen, schließlich will er ja nicht, dass es vorzeitig abgebrochen wird: »Nein, ich habe nichts dagegen, und ich vermute, dass einige von denen dort mich kennen«, antwortet Walter also.

Es entsteht eine Pause im Gespräch. Warum, so hadert Walter mit sich, hat er an dieser Stelle nicht doch den letzten Ausweg gesucht und das Gespräch vorerst beendet? War er zu glücklich, ganz einfach viel zu froh?

Er will ihn nicht mehr von der Strippe lassen, die Sekunden auskosten, so lange es geht. Das rächt sich jetzt, denn der Sohn spricht in die Pause hinein weiter: »Natürlich werde ich mit meinen Eltern über Ihre Einladung sprechen. Würden meine Eltern Ihren Namen kennen?«

»Ja«, antwortet Walter, »aber ich fürchte, sie werden davon abraten, die Einladung anzunehmen.«

Wieder eine Pause. Dann sagt Alf, hörbar schwer atmend, dass jetzt er es wäre, der plötzlich sehr nervös geworden sei. Denn das Einzige, woran er gerade denken könnte, sei, dass er vor der Heirat seiner Eltern empfangen worden wäre. Und dann bricht es aus ihm heraus:

»Ich vermute also, Sie denken, Sie sind mein Vater!?«

Walter stammelt etwas in die Muschel, dann gibt er sich einen Ruck und sagt, das sei tatsächlich der Grund, warum er ihn treffen möchte und ihn jetzt angerufen hätte. Er bittet ihn dringend, nicht aufzulegen, schiebt nach, dass es ihm sehr leidtäte, dass diese Information jetzt via Telefon herauskommt und nicht in einer Situation, in der sie einander direkt Auge in Auge gegenüberstehen würden.

Walter kämpft weiter: Seit seiner Geburt, eigentlich sogar schon früher, sei er stets entschlossen gewesen, irgendwann den Kontakt zu ihm zu suchen. Er bedauere es sehr, dass sie einander nicht würdiger begegnen könnten, aber seine Versuche, ihm zu begegnen, hätten von der Seite seiner Eltern leider keine Unterstützung erfahren. Er bedauere es, ihn jetzt mit diesem Schock allein lassen zu müssen, ein Umstand, der ja für ihre Beziehung im Grunde symptomatisch sei. Er hoffe, dass er jetzt Freunde habe, an die er sich wenden könne, die ihn in dieser Stunde unterstützten.

Alf bejaht: Der Schock im Augenblick sei groß. Er habe keinen blassen Schimmer gehabt, nicht einmal daran gedacht, dass sein Daddy nicht sein Vater sein könnte. Jetzt möchte er sich zurückziehen, morgen mit den Eltern telefonieren. Und dann kommt etwas Unglaubliches von Alf in etwas holprigem Deutsch:

»Ich bin wirklich sehr froh, dass du mich angerufen hast. Ich finde es sehr mutig von dir, dass du es gemacht hast. Ich danke dir dafür!«

Walter kann wieder durchatmen. Und er hat »du« gesagt. Ganz zuletzt meldet sich doch noch seine Neugier: »Habe ich Geschwister? Ja? Wie alt sind sie, wie heißen sie? Bist du verheiratet? Wie lebt ihr?«

Erfreulich viele Fragen. Als Walter ihn darüber informiert, ist er wieder ganz »excited«. Alf sagt, Walter soll ihn morgen um dieselbe Tageszeit wieder anrufen. Dann beenden sie das Gespräch.

Das ist der Durchbruch! Und wie gut ist das alles gegangen, wie leicht im Grunde der Kontakt war! Er geht die einzelnen Stationen wieder und wieder durch – pure bliss! Diese reine Freude ist der Beweis: nicht Rachsucht war das Motiv, sondern die Sehnsucht nach dem Verlorenen.

Am nächsten Tag ist Walter glücklich! Es ist gelungen und so, wie es aussieht, hat Alf es zumindest am Anfang auch recht gut aufgenommen. Ist es nicht erstaunlich, wie schnell er herausbekam, worum es ging? Obwohl er selbst als Kind nie auch nur im Geringsten daran gedacht hatte. Das Tabu hatte offensichtlich gut gewirkt. Bei wirklich starken Familientabus darf man auch das Offensichtliche nicht einmal denken – und hält sich unbewusst auch daran.

Natürlich muss Walter damit rechnen, dass Gerda versuchen wird, auf Alf ganz im Sinne ihrer bisherigen Strategie einzuwirken, ihn dahingehend präparieren wird, die Einladung abzulehnen. Doch irgendwie hat er das sichere Gefühl, dass es zur ganz großen Katastrophe jetzt nicht mehr kommt. Hat er vorher auch oft die Sorge gehabt, er könnte sich in der ersten Panik etwas antun, jetzt ist diese Angst verschwunden.

Am nächsten Tag erzählt Alf, dass er mit Gerda gesprochen habe, sie habe ihm ihre Beweggründe gesagt, und er habe sie akzeptiert. Aber er schien nicht wieder entfremdet, im Gegenteil. Er habe Verständnis dafür, dass sie, er meinte Walter und Gerda, in einer solchen Situation nicht gleich geheiratet hätten. Alf will mehr über Walters Familie, sein Leben in Deutschland erfahren. Es wird noch einmal ein langes, sehr anregendes Gespräch, das damit endet, dass Alf die Einladung grundsätzlich annimmt, sich aber noch mit Kollegen bezüglich des Urlaubs absprechen will.

Seine Mutter will ihn am Wochenende besuchen, um mit ihm ausführlicher zu sprechen, und sie verbleiben so, dass Alf in einer Woche zur selben Zeit noch einmal anrufen werde. Sollte es für ihn schwierig werden, so bittet Walter ihn, es doch vorher schon zu tun.

Die Woche wird Walter lang. Endlich kommt der befreiende Anruf. In zwei Monaten hätte Alf Urlaub und möchte dann Walters Einladung gerne annehmen.

Die Zeit danach ist für Walter ruhig. Er fühlt sich sehr zufrieden, schickt ihm einige Bilder und Informationen von seiner Familie, auch einen Bildband über die Stadt. Die Zeit vergeht wie im Flug. Die Spannung ist zuerst einmal weg. Der Vorfreude auf die bevorstehende Begegnung liegt eine völlig andere Art von Anspannung zugrunde, als sie ihm bisher beschieden gewesen war, eine freudige Erregung eben.

Walter beginnt, sich mit der Situation auf dem Flughafen zu beschäftigen. Sollen sie alle hin, oder er alleine? Auch seine Familie ist sehr aufgeregt, denn schließlich wird ja nicht nur Alf von ihnen beäugt, sondern auch andersherum. Wird Alf mit ihnen zufrieden sein? Wird es Missverständnisse geben? Wird er am Ende sogar vorzeitig abreisen?

Dennoch, wie immer das Abenteuer seines Besuches ausgeht, es ist etwas ganz Wesentliches bereits erledigt. Daran kann jetzt nicht mehr gerüttelt werden. Die Verbindung ist hergestellt, und sie hat geklappt. Eigentlich war das erst einmal das Wichtigste. Alles andere hat Zeit, wird sich so oder so schon entwickeln. Walters Grundstimmung ist einfach glücklich.

Er entschließt sich, allein zum Flughafen zu fahren. Die erste Begegnung überhaupt, sie gehört ihnen beiden. Die erhofften Bilder von Alf waren nicht angekommen. Kleinere Anzeichen von Ambivalenz, Versuche, sich abzugrenzen? Alf darf seine Grenzen gerne behalten!

Soll Walter ein Schild machen, damit sie sich leichter erkennen? Nein, er lässt es darauf ankommen. Er denkt, er wird seinen Sohn erkennen, auch wenn er ihn noch nie gesehen hat.

Joint Venture LH und AA

Am Flughafen ist ein eigenartiges Durcheinander. Mit derselben Maschine wird eine Schauspielerin erwartet, und dieses seltsame Völkchen der TV-Reporter hat die Empfangshalle in ihr improvisiertes Studio umfunktioniert. Sie versuchen die Passanten wegzuschieben, probieren verschiedene Einstellungen, sind sich ungeheuer wichtig und können das entsprechend inszenieren.

Während dieser Zirkus sich ausbreitet, lässt Walter die letzten Tage noch einmal Revue passieren. Sie verliefen erstaunlich ruhig. Vorfreude, leichte Erwartungsspannung ja, aber dramatische Emotionen, die er sich in der Fantasie oft ausgemalt hatte, sind ausgeblieben. Das Drama scheint zu Ende zu sein, noch bevor die letzte Etappe anbricht. Was war da nicht alles an heftigen Gefühlen abgelaufen in den letzten zwei Jahren! Jetzt aber ist Walter erstaunlich zentriert, ja nüchtern.

Nur auf der Fahrt zum Flughafen hatte er noch einige Zwangsvorstellungen: Was, wenn das Auto zusammenbricht? Dreht Alf wieder um, wenn Walter bei der Begrüßung ein falsches Wort sagt? Abrupte Fetzen zerstörerischer Gedankenblitze. Hat Walter Angst? Will er heimlich, dass im letzten Moment noch etwas dazwischenkommt? Bewusst sicher nicht, aber Angst ist da.

Nur wovor? Der Inhalt ist gut versteckt: Kann er als Vater bestehen, oder wird Alf sich mit Grauen von ihm abwenden und sich seinem Stiefvater zuwenden?

Das muss Walter wohl Alf überlassen. Verstecken, verstellen, sich in einem besseren Licht darstellen, das wird er deshalb gewiss nicht tun. Wenn irgendwann im Leben, dann ist das jetzt der allerletzte Augenblick, in dem etwas vorgegaukelt werden darf!

Wird Alf plötzlich mit seiner Mutter durch die Absperrung kommen? So in etwa, wie er es vor zwei Jahren geträumt hat? So sehr Walter sich so eine Situation vielleicht einmal gewünscht haben mag, ja, jetzt wäre ihm dieses Szenario ein Gräuel. Er will sich auf Alf konzentrieren, Gerda soll ihn in Ruhe lassen, endlich.

Die Schauspielerin ist angekommen. Scheinwerfer, Blumensträuße, gekünsteltes Gekreische. Während sich der Pulk langsam verzieht, löst sich aus ihm ein Wuschelkopf. Die Haltung, die Bewegung, der Blick – Lächeln, Erkennen, natürlich auch ohne Fotos.

Willkommen in Europa!

Freundliche, etwas zögerliche Begegnung. Kurzes Händeschütteln, Blicke wechseln, noch keine Umarmung. Berührt, aber nicht gerührt. – »Du siehst müde aus« – »Ja, ich habe nicht geschlafen. Mein Nachbar sprach Deutsch mit mir, ich wollte es wieder üben.«

Routine auf dem Weg zum Auto. Parkgebühr einlösen, Koffer, Lift. – »Hier ist mein Auto.«

Scheue Blicke. Stillschweigende Übereinkunft, auf Small Talk zu verzichten. Walter ist glücklich, was braucht Alf jetzt? Walter erklärt ihm, wo ungefähr sie sich in der Stadt bewegen, wo sie wohnen. Orientierung, das ist es wohl, was er jetzt braucht. Einige Worte zur Wohnung und den Erwartungen der »neuen« Geschwister. Dazwischen Ruhe, Gegenwart, Loslassen.

Kein Wort über die Eltern.

Walter hatte ihm per Telefon die Möglichkeit offen gelassen, auch im Hotel zu wohnen, falls ihm die Intimität der Familie vorerst zu groß wird, machte ihm aber doch klar, dass er ihn viel lieber bei sich hätte. Er hat sich entschieden, mit Walter und seiner Familie zu wohnen.

Ankunft zu Hause, Begrüßung durch Walters Frau, die Kinder. Die beiden Großen sind noch nicht da, kommen einzeln nach, etwas scheu. Doch rasch bricht bei allen das Eis. Alf ist so müde, dass er nicht schlafen kann, wohl auch nicht will. Walter hatte sich vorgenommen, vorerst keine Problemgespräche zu führen, ihn vor allem ankommen, vertraut werden zu lassen. Das war wohl auch Alfs Interesse, erst einmal wahrnehmen und sehen, wie er mit seinen neuen Verwandten zurechtkommt. Überhaupt, er wollte seinen Blick klar in die Zukunft der neuen Beziehung richten, nicht in die Vergangenheit. Doch das gelingt den beiden natürlich nicht. Viel zu schnell gingen sie an die neuralgische Stelle zurück, die Bedingungen zum Zeitpunkt seiner Zeugung und was danach kam: Schwangerschaft, Abtreibungsgespräch, innerer Rückzug, traumatische Trennung. Alf ist voll informiert. Gerda hatte offensichtlich nichts ausgelassen – außer dem, was sie verdrängt.

Doch die Gespräche sind behutsam angelegt, sie tasten sich langsam in verletzliche Bereiche vor, nicht zu weit. Dazwischen wahrnehmen, möglichst viel von seiner Präsenz einatmen, Versäumtes wenigstens ansatzweise nachholen. Gemeinsames Frühstück, Späße, dazwischen Einübung im Da-sein-Lassen; nur kein Reden um des Pausenfüllens willen! Es wäre schade um die Zeit.

Es folgen Tage mit kleinen Ausflügen – Besteigen eines Kirchturms mit Blick auf die Innenstadt. Alf beginnt sich zu öffnen, spricht darüber, wie sehr er sich als Europäer fühlt, als Einziger seiner Familie. Die jüngeren Geschwister sind begeisterte Amerikaner. Er hingegen fühlt sich eher in Europa zu Hause.

Dann erzählt er, dass er trotz sehr guter Beziehung zu den Eltern – »Eltern«, diesen Sprachgebrauch halten sie einvernehmlich aufrecht – und auch zu den jüngeren Geschwistern in der Familie sich dennoch stets als Außenseiter, als anders gefühlt habe. Nicht abgelehnt, aber so, als würde er in dieses geschlossene System nicht hineingehören. Dennoch war ihm nie der Gedanke gekommen, es könnte mit vertauschter Vaterschaft zu tun haben. Die Barrieren für diesen Gedanken waren offensichtlich sehr sorgfältig verschweißt, da hatte er keinen blassen Schimmer.

Walter geht es einfach gut in dieser Woche. Er erkennt mit Verwunderung, dass sie, wenn auch gar nicht so sehr im äußeren Erscheinungsbild, so doch in vielen anderen Bereichen ähnlich sind. Das gilt zum Beispiel für den gesamten körperlichen Habitus. Darüber hinaus entdeckt er, dass offensichtlich viel mehr vererbt wird als die Morphologie des Körpers und die Physiognomie. Er findet bei Alf ähnliche Gesten und Bewegungen, ähnliche Haltungen gegenüber Mitmenschen, ja sogar ähnliche Werthaltungen und politische

Ansichten! Vor allem aber scheint die allgemeine Linie der Lebensführung sehr ähnlich zu sein.

Die Position in der Familie, die Art, sich aus ihr zu lösen, die enorme Bedeutung früher Selbstständigkeit und Unabhängigkeit, die allgemeine Richtung der Berufswahl. Und, wenn Walter das, ohne anmaßend zu sein, denken darf, ein im Grunde freundliches und wohlwollendes Wesen, ein Hang zum leicht ironischen Humor.

Vielleicht gelingt es Alf besser als ihm, denkt Walter, sich in Situationen abzugrenzen, ohne den Kontakt abbrechen zu müssen. Zumindest hat er ihn recht sicher im Umgang mit seinen Grenzen erlebt, Gott sei Dank! Die Umstände ihrer Begegnung bergen ohnehin eher die Gefahr, dass einem alles zu viel wird. Walter staunt, wie er das überhaupt schafft! Alf unternimmt viel mit den »neuen« Geschwistern, so viel, dass Walter manchmal untätig herumsitzen muss. Doch er ist nicht eifersüchtig, es ist ihm sogar recht, etwas aus dem Zentrum der Aufmerksamkeit herauszutreten. Er ist selig, dass Alf da ist – er muss sich jetzt nicht dauernd mit Walter beschäftigen.

Im Kontakt mit den Geschwistern kann Alf unverfänglich Informationen einholen, sich mit ihnen entspannen. Walter gegenüber bleibt eine leichte Befangenheit. So, als dürfe er ihm nicht zu nahe kommen, um seiner Mutter und seinem »Dad« nicht untreu zu werden. Er spricht davon, wie sehr Gerda darunter leidet, dass er hierherkam. Sie hat die Reise bis zuletzt zu vereiteln versucht, und er hat jetzt, da er sich durchgesetzt hat, Schuldgefühle. Er denkt, dass sie nicht schlafen kann, solange er hier ist. Walter versucht, ihn zu trösten, verweist darauf, dass er jetzt keinerlei Hassgefühle auf seine Mutter habe und sicher ist, dass jetzt allmählich alles gut wird. Was Walter Alf nicht sagt, ist, dass er findet, Gerda würde sich nach wie vor eher sonderbar verhalten, etwas arg störrisch und dass er es unverantwortlich findet, jetzt, da die Schranken zwischen Walter und Alf gefallen sind, immer noch dagegenzuarbeiten.

Es tut Walter gut, als Alf sagt, dass Gerdas europäische Verwandte seinen Schritt unterstützen, dass sie aufatmeten, nachdem dieser Bann endlich auch von ihnen genommen ist. Immerhin kann Alf Walter sagen, dass er traurig darüber ist, dass er nicht offenen Herzens nach Hause zurückkehren kann, um seiner Mutter und den anderen zu berichten, was er hier erlebt.

Es ist wirklich schade, ergänzt Walter, wenn Gerda jetzt immer noch zu mauern versucht. Alf stimmt Walter zu, meint aber, dass Gerda durch die Ereignisse der letzten zwei Jahre sehr mitgenommen sei. Er bittet Walter auch, zumindest für einige Zeit, keinen Kontakt zu ihr anzustreben. Das kann Walter ihm leichten Herzens zusichern. Er denkt, er ist jetzt wirklich fertig mit Gerda. Ihre Macht über ihn erlosch endgültig an dem Tag, an dem er erstmals mit dem Sohn sprach. Ob ihre Macht über Alf ebenso geschwächt ist, ist eine andere Sache und vermutlich erst nach einiger Zeit festzustellen.

Ein unglaublicher Spannungsaufbau, der sich über zweiundzwanzig Jahre im Untergrund hielt, dann zwei Jahre lang wild an die Oberfläche stürmte, kommt jetzt für Walter zu einem friedvollen Abschluss.

Die Beziehung zu Gerda ist nicht harmonisch geworden, doch er kann sie jetzt wirklich und endgültig gehen lassen. Das »Unterpfand« ist frei, Walter ist frei, sie ist frei. Warum nur hat sie sich so lange mit so viel Kraft dagegen gewehrt? Es ist doch gut so, wie es jetzt ist!

Alf sagt zum Abschied, dass es ihm hier gut gefallen habe, dass er froh sei, Walter und seine Familie kennengelernt zu haben. Er freut sich jetzt über die vielen Geschwister. Er dankt Walter immer noch, dass er den Weg zu ihm gesucht und den Kontakt hergestellt hat. Er glaubt allerdings nicht mehr wie am Anfang, dass alles beim Alten bleibt, er nur jetzt eben zwei Väter hat. Im Gegenteil, er hat erkannt, dass sich für ihn alles verändert, dass er seine ganze Lebensgeschichte neu schreiben muss und dass ihm da noch harte Arbeit bevorsteht.

Für den Augenblick aber ist er mit seinen Erfahrungen hier sehr zufrieden. Er verspricht, in Kontakt zu bleiben.

Walter sagt ihm zum Abschied, dass er sehr glücklich ist, ihn jetzt endlich kennengelernt zu haben. Er wünscht ihm viel Kraft bei der Bewältigung dessen, was ihm jetzt bevorsteht, vor allem Frieden mit seiner Mutter und seinem Stiefvater:

»Ich finde, dass es sehr gut ist, so wie du geworden bist. Du bist ein sehr sympathischer, tüchtiger, aufgeweckter junger Mann. So wie du bist, bist du in Ordnung, ich stehe voll hinter dir. Ich liebe es, wie du in der Welt bist, wie du die Welt annimmst und sie meisterst. Ich bin glücklich.«

Der Kontakt zwischen Walter und Alf war in dieser einen Woche nicht im üblichen Sinne intensiv. Zwar haben sie vieles miteinander besprochen, was die Basis ihrer beider Existenz berührt, aber vieles blieb noch offen. Es muss ja auch nicht beim ersten Mal alles erledigt werden. Sie waren eher damit beschäftigt, ein Gefühl füreinander zu entwickeln, es entstehen zu lassen. Kontakt ohne Worte, eher ein Miteinandersein als ein Gegenübertreten.

Als Alf geht, hat Walter eine Ahnung davon, wie sich Frieden anfühlen kann – nach dieser langen Zeit, die bestimmt war von Bedrängtheit und Verwirrung.

Nichts bleibt, wie es war, und nichts bleibt, wie es ist, für alle Beteiligten, alle Eltern, alle Kinder, alle Verwandten, Vorfahren und Nachkommen.

Für Walter ist dieser Kampf zu Ende, etwas Versehrtes, Zerrissenes ist heil geworden, durchströmt ihn wie ein unaufdringliches, sanftes Fließen. Das Gefühl, das sich in seinem Körper ausbreitet und anhält, ist meilenweit entfernt von jeder Art von triumphbegleitendem Ausbruch einer Siegesstimmung.

Einfach ein ruhiges, stimmiges Sein. Frieden, geht so Frieden? Walter erlebt sich wohltuend leicht, er nimmt dankbar an, was ist.

Walter und Samir – 20 Jahre später

Das Stück Weg, nur 200 Meter zur Wehrkirche hin, schaffen die beiden noch recht passabel, obwohl er doch etwas steil ansteigt, vom Gasthof herauf. Es ist Kirchtag im Bergdorf, das noch einmal etwa 500 Höhenmeter oberhalb des Hofes liegt, auf dem Samir jetzt schon etliche Jahre lebt. Sie haben, um besser reden zu können, nach dem Essen den Kirchtagstrubel in der Wirtschaft verlassen und sich hier oben auf die Holzbank gesetzt, die nach Westen gerichtet, neben dem Eingang der Wehrkirche in der Abendsonne steht. Obwohl sie schon recht tief steht, hat man hat von da, aus etwa 1400 Metern Seehöhe, einen klaren Blick über das Land.

Samir erzählt von seinem Leben auf dem Hof, wie es sich verändert hat mit Frau und zwei Kindern. Er sieht jetzt eine neue Situation auf sich zukommen, da seine beiden Kinder intelligent und in der Schule recht erfolgreich sind und jetzt in die Stadt wollen, auf die höhere Schule. Trennungen deuten sich an.

Dann erzählt er, dass seine Schwester Amina ihm zwei Jahre nach dem Tod seines Vaters wieder einmal einen Besuch auf dem Hof abgestattet habe. Sie kam in dieser Zeit öfters, diesmal aber hatte sie ihn mit einer Bitte bedrängt. Sie würde gerne zur Hadsch fahren, sagte sie, nach Mekka und Medina, darf das aber nur in Begleitung eines Mannes, den sie als unverheiratete Frau nicht hat, oder eines männlichen Verwandten. Samir sei ihre einzige Chance, nur er kam infrage.

Samir hatte die geflüsterten Worte des alten Gefährten seines Vaters noch im Ohr, der ihm nach Abu Samirs Begräbnis von dessen Wunsch berichtete, Samir möge für ihn die Hadsch machen.

Samir hatte damals längst keine innere Verbindung zur Religion seines Vaters mehr, spürte auch nicht wirklich den Ruf zur Pilgerfahrt in sich. Doch Amina entkräftete seine Sorgen, dass er, obwohl geborener Muslim, jetzt aber mit sehr profanem Lebenswandel, dort sofort auffallen und im Handumdrehen als Ungläubiger geköpft würde. Sie lachte ihn aus, versprach, alles vorzubereiten, und ein Jahr später fuhren sie tatsächlich mit einer kleinen Reisegruppe, meist Mitglieder der alten syrischen Gemeinde aus ihrer Stadt, los.

Die Hadsch hat nicht wirklich einen klassischen Gläubigen aus Samir gemacht, aber er hat die rituellen Verrichtungen, die auf der Hadsch vorgesehen sind, angemessen erfüllt, für die Seele seines Vaters Abu Samir.

Auf dem Weg dorthin, sie machten einen Zwischenstopp in Amman, stieß eine kleine Gruppe Jordanier zu ihnen, unter ihnen eine junge Frau, die Samir bald wichtiger wurde als sämtliche religiösen Verrichtungen. Kurzum, ungeachtet der Sprachprobleme und Religionswächter, begannen Selma, so hieß die junge Jordanierin, und Samir, Zeit miteinander zu verbringen. Als sie nach der sehr anstrengenden Hadsch in Mekka und Umgebung noch nach Medina fuhren, fragte er Selma, ob sie sich vorstellen könne, ihn in Deutschland zu besuchen.

Keiner weiß, was sie sich dabei wirklich vorstellte, aber sie sagte Ja, fügte aber nach leichtem Zögern hinzu, dass das allerdings praktisch nur in Verbindung mit Heiraten möglich wäre. Samir fackelte nicht lang. Auf dem Rückweg wurde in Amman geheiratet, na ja, quasi islamische Notheirat, und erst ein Jahr später erfolgte bei Samir auf dem Hof der Großeltern die offizielle, standesamtliche Heirat. Das war ein Fest! Das ganze Dorf war auf den Beinen, eine stattliche Delegation aus Jordanien war angereist, Samirs Schwester Amina mit ihrer Mutter, Samirs Mutter natürlich und die gesamte Verwandtschaft von Samir und Walter waren dabei. Cem war übrigens Trauzeuge und Abu Samirs alter Gefährte Brautführer.

Die Bevölkerung war begeistert. Man kennt und liebt Sami, wie sie ihn nennen, der schon als kleiner Bub bei den Großeltern auf dem Hof war, und freut sich, dass er endlich eine passende Frau gefunden hat.

Entsprechend wurde beim Fest aufgetragen – Festessen, Blasmusik, Feuerwehr in Festuniform und der indische Pfarrer hat die beiden Hadschis sogar mit Weihwasser bespritzt!

Seither lebt Selma mit Samir auf dem Hof. Sie gebar zwei gesunde Kinder und scheint glücklich zu sein in diesem Land weitab der Wüste. Sie und Samir passen sich gut der heimischen Lebensart an, verachten zwischendurch auch einen guten Schweinsbraten nicht, tanzen auf dem Kirchtag zum Landler und »zischen« manchmal ein kühles Bier.

Als Samir die Entwicklung seine Lebens in den letzten Jahren rekapituliert hatte und beide sich eine Pause im Gespräch gönnten, quasi um ein wenig zu »sein« und zu schauen, erzählt Walter von sich.

Walter hat nach den Turbulenzen um den Besuch von Alf einige sehr ruhige Jahre erlebt. Zwei Mal hatte er noch persönlich Kontakt zu Alf, als sie sich anlässlich beruflicher Reisen in Amerika trafen. Später besuchten noch zwei von Walters Kindern Alf.

Doch etwa drei Jahre nach Alfs Besuch bei Walter und seiner Familie in Europa reagierte Alf unvermittelt nicht mehr auf Kontaktangebote. Das ließ wieder viel Platz für Spekulationen. Vielleicht hatte Alf selbst nach einiger Zeit mehr als genug davon, zwei Väter zu haben. Vielleicht aber hatte Gerda, seine Mutter, ihre Drohung wahr gemacht und von ihm verlangt, sämtliche Kontakte zu Walter und dessen Familie einzustellen. Schließlich hatte sie Alfs Geschwister auch drei Jahre später nicht über den familiären Hintergrund ihres älteren Bruders informiert. Das heißt, die Heimlichkeit in der Familie dort ging weiter.

Bis zum Versiegen des Kontaktes hatte sich Alf sehr positiv über die Aufklärung seiner Identität geäußert. Nachdem sich damals die erste Aufregung etwas gelegt hatte, betonte Alf wiederholt, dass er immer noch froh wäre, dass Walter das Risiko auf sich genommen und den Kontakt zu ihm gesucht und hergestellt habe. Doch sein Leben, so berichtete er noch, habe sich seither erheblich verändert. War Alf zuvor schon eine Art integrierter Außenseiter in seiner Familie gewesen, habe sich das seither verstärkt. Nach seiner Rückkehr aus Europa sei es gewesen, als würde er wieder in das Energiefeld von Gerdas Familie eintauchen, die ja auch Alfs Familie sei.

Er fühle sich manchmal schuldig, weil er etwas für sich getan habe, das zumindest von seiner Mutter als gegen sie gerichtet empfunden worden sei. Seither war Alf bestrebt, sie wieder zu versöhnen. Er machte das, indem er ihr gegenüber öfter als sonst seine Nähe und Loyalität versicherte, mehr als sonst alles unterließ, was sie kränken könnte. Er betonte ihr und seinem Daddy gegenüber auch seine Dankbarkeit, die er auch tatsächlich empfand.

Seine Priorität bestand damals darin, sich um die Familie zu kümmern, in der er aufgewachsen und die ihm nach all den Veränderungen irgendwie noch näher gerückt war.

Und nachdem er nicht beides gleichzeitig konnte, sich auch nicht um zwei Familien gleichzeitig bemühen wollte, hatte er sich nicht mehr gemeldet. Zuletzt war es so, dass Alfs innerer Kontakt zu Walter eigentlich recht gut war, er brauchte nicht zusätzlich gehätschelt zu werden. Alf fühlte sich Walter nicht sonderlich nahe, aber in einer guten Beziehung stehend, die ihn stärkte. Hätte er Walter näher kommen wollen, fürchtete er, zwischen den Fronten wenn schon nicht zerrieben, so doch aufreibend hin und her gezerrt zu werden. Das wollte er damals sicher nicht.

Alf sprach in der Zeit viel mit Freunden über seine Situation. Auch beschäftigte ihn die enorme Auswirkung der damaligen Entscheidung der Eltern für Dritte, von ihm selbst einmal abgesehen: Keines seiner Geschwister würde leben, wenn Walter und Gerda ein Paar geworden wären! Was für ein Gedanke! In gewisser Weise verdankten sie ihr Leben dem Umstand, dass Alf nicht mit seinem richtigen Vater aufwachsen durfte! Sein Opfer war ihr Segen. Wenn er so dachte, entstand in ihm ein neues Gefühl für Zusammenhänge von Schicksalen, von der Verwobenheit unser aller Existenz.

Wenn er weiterdenkt, erfasst die Abhängigkeit natürlich auch ihn. Hätte sein Daddy damals seine Mutter nicht verlassen und sie in Unsicherheit gehalten, wie es mit ihnen weitergehe, wäre Walter nicht zum Zug gekommen. Dann gäbe es auch Alf nicht. In gewisser Weise hat er durch seine Existenz und indirekt sogar Walter diese beiden zusammengebracht. Ohne die Schwangerschaft hätte es dieses Drama nicht gegeben, und wer weiß, ob Alfs Daddy dann jemals zu Gerda zurückgekehrt wäre.

Nachdem sie, wie es scheint, glücklich sind miteinander, verdanken sie das in gewisser Weise Alf und Walter – na ja, auch Alf und Walter, denn die haben sie schließlich zusammengebracht.

In den Monaten nach dem Besuch in Europa war Alf manchmal sehr hin- und hergerissen, er wusste nicht mehr recht, wer er eigentlich ist. Trotz allem aber wuchs von der Basis her ein neues Gefühl für ihn selbst. Es war ihm, als würde er sich noch einmal neu aufrichten, langsam, Zentimeter für Zentimeter. Und in diesem Prozess der inneren Re-Formierung fühlte er sich, trotz aller Schwierigkeiten, mehr und mehr ganz. Und das war, sobald es spürbar wurde, für ihn ein wunderbares Gefühl, nichts Dramatisches, einfach solide und leicht zugleich und tief drinnen angenehm ruhig. Ruhiger als zuvor, als er von alledem nichts ahnte. Er hatte den Eindruck, etwas Schweres, Wichtiges erledigt zu haben.

Walter respektiert Alfs Schweigen, meint aber auch das Muster von Kontaktabbrüchen von Alfs Mutter wiederzuerkennen. Manchmal schießt Walter der Gedanke durch den Kopf, ob Gerda nun doch gleichsam nachgeholfen hat, dass Alf sich von ihm wieder zurückgezogen hatte. Undenkbar wäre es nicht, bei allem, was vorher so stattgefunden hat. Doch das war nicht mehr Walters Problem.

Es wäre aber gelogen, würde er sich nicht wünschen, Alf von Zeit zu Zeit zu sehen und sich mit ihm über den Verlauf seines Lebens, über seine Welt auszutauschen.

Oder ist alles anders?

Als Walter mit seiner Erzählung fertig ist, will Samir, der ursprünglich die zündende Frage gestellt hatte, der damals ja immer skeptischer gegenüber Walters Such-Phase wurde, jetzt, zwanzig Jahre später wissen, ob sich die ganze Aktion nun gelohnt hätte. Und wenn ja, für wen.

Walter, der untergehenden Sonne nachblinzelnd, sagt, er kann das nur aus seiner Perspektive beurteilen. Und von der aus scheint das Ergebnis in vieler Hinsicht gut ausgefallen zu sein.

Alf habe damals wiederholt betont, dass die Zeit für ihn nach der Information, die er über seine Herkunft erhalten hat, sehr schwierig gewesen sei, dass er es aber keine Sekunde bedaure, dass Walter vorgeprescht sei. Er fühlt sich seither freier, hat auch einen neuen beruflichen Weg eingeschlagen und scheint sein Leben längst fern dem Haus seiner Mutter zu gestalten.

Walter selbst schätzt sich seither als zufrieden ein. Sein Sohn weiß, wer er ist, und kann wählen und selbst verantworten, was er tun will.

Doch Samir fragt nach:

»Mag sein, dass es für dich, Walter, vielleicht letztlich auch für Gerda, jetzt leichter geworden ist. Aber kann man wirklich sagen, dass dein Vorgehen modellhaft sein soll für ähnlich gelagerte Fälle? Gibt es nicht auch andere Wege, mit so einer familiären Konstellation umzugehen? Vor allem, wie sollten denn die Menschen vorgehen, denen diese Öffnung alter Geheimnisse nicht gelingt?

Wie ist es Menschen wie Sonja, über die du mir berichtet hast, oder Martha und Gerd ergangen? Was sollen sie tun, um mit ihrer Situation Frieden zu schließen?«

Walter zuckt mit der Schulter und meint, dass sein Fall zwar einen Weg aufzeigt, den die Menschen meist nicht mehr wagen, wenn sie oder eines ihrer Kinder einmal mit falschen Identitäten leben, dass er mit seinem Vorgehen aber in erster Linie eben seine Situation klären wollte. Ob er damit Modell für andere sein kann, sei dahingestellt. Schließlich wäre sein Vorgehen eben nur eine mögliche Variante, die er zur Diskussion stellt.

Sein Beispiel zeigt, dass durch Aufklärung biologischer Elternschaft eine Veränderung erreicht werden kann, dass sie in mancherlei Hinsicht sogar als positiv gesehen werden kann, dass er damit aber natürlich keine neue Norm dafür schaffen wollte, wie Menschen mit ähnlich gelagerten Situationen umzugehen hätten. Der enorme emotionale Aufwand, den dieser Prozess auslöst, scheint ihm aber schon ein Indikator zu sein dafür, dass es sich um ein sehr wichtiges Ereignis handeln würde.

Ob sich dann jemand mit ähnlich gelagerten Familienverhältnissen daran orientieren würde, muss jedem selbst überlassen bleiben. Das Risiko und die Verantwortung für die Folgen könne man nicht abwälzen.

Doch er versteht auch, dass manche der betroffenen Kinder vor einem kaum lösbaren Problem stehen. Man denke nur an nach künstlicher Befruchtung mittels anonymer Samenspender Geborene oder Menschen, die als Folge z. B. von Vergewaltigungen empfangen wurden.

Kürzlich habe der Bundesgerichtshof in Karlsruhe erfreulicherweise das Recht von »Spenderkindern« gestärkt und die Rechte der anonymen Samenspender und auch der Eltern beschnitten: Kinder haben grundsätzlich und ohne bestimmtes Mindestalter ein Recht darauf, frühzeitig den Namen ihres biologischen Vaters zu erfahren, heißt es in dem Urteil.

In Deutschland wird die Zahl derer, die davon betroffen wären, zurzeit auf 150 000 geschätzt.

Samir zuckt nun ebenfalls mit der Schulter und verfolgt das letzte Aufflackern der untergehenden Sonne: »Ein sehr erfreuliches Urteil, gewiss. Es ist gut, denn es schützt die Kinder und respektiert deren Wünsche zu wissen, von wem sie abstammen.«

Samir öffnet eine Bierflasche, nimmt einen kräftigen Schluck und setzt seine Überlegungen fort: »Dennoch, geht das nicht vielleicht auch ganz anders? Lassen wir uns nicht zu sehr von den Inhalten unseres Denkens, unserer Vorstellungen lenken? Wer wir sind, unsere Identität, ist das nicht letztlich eine Art Gerüst, ein festgefügtes Bild von uns selbst? Wir sind, die wir sind, und nicht die, als die wir uns denken, oder?

Und brauchen wir, um zu erkennen, wer wir wirklich sind, eine vorgegebene gedankliche Struktur? Eine Denkschablone?

Identität in diesem Sinne wäre ein letztlich lebensfeindliches Korsett, das uns bequem Vorstellungen von uns selbst wiederholen lässt: ›Ich bin der und der und heiße so und so und habe diese Geschichte und Verdienste.‹ Aber so fixierte Identität begrenzt die Möglichkeiten, uns in der jeweiligen Gegenwart unbelastet, unbefangen zu erleben. Und in gewisser Weise zu entwerfen.

Und wenn wir oder andere uns ständig vorsagen, wer wir sind, mit welchen Eigenschaften, Vorlieben und Fähigkeiten, dann erfüllen wir vielleicht diese Vorgaben aus Bequemlichkeit, denken dann, dass wir das auch tatsächlich sind und so wollen – und drücken uns so vor der Verantwortung, in jeder neuen Lebenssituation uns und damit unsere Begegnungen, letztlich auch unser Gegenüber neu zu formieren.«

Während Samir immer noch auf die Bergzacken in der Ferne schaut, hinter denen die Sonne jetzt endgültig verschwunden ist, legt er noch einmal nach: »Begegnungen sind dann möglich, wenn wir uns auf das Neue der Situation einlassen, indem wir nicht ständig damit beschäftigt sind, uns zu erinnern, wer wir sind und demnach auch jetzt in der Begegnung vermeintlich sein müssten. So als würden wir uns mit unsichtbaren Orden, Wappen und Urkunden beladen, mit denen wir unsere Persönlichkeit panzern, uns dahinter verstecken, schwer beladen und manövrierunfähig in Begegnungen schleppen. So arg lebendig dürften diese Begegnungen dann vermutlich kaum ausfallen.«

Walter fragt ernst nach: »Woher deine tiefschürfenden Gedanken, Samir? Mit deinem Zweifel an der Bedeutung wahrer Identität rüttelst du an den Fundamenten unserer Gesellschaft, ja unserer Kultur? Was im Kleinen das Ringen um die wahre Identität ist, wird im Großen dann zum Ringen um unsere Geschichte, um die sozialen Gefüge unserer Gesellschaft, um das schriftliche und damit begriffliche Festhalten an Gefügen wie Nation, Religion, Heimat? Im Grunde alles, worauf die Menschen so stolz sind? Nicht zu vergessen die hierarchische Organisation sämtlicher Lebensbereiche durch Kammern, Berufsverbände, Parteien oder Vereine? Und was hat das, was du da sagst, mit der Aufklärung von Alf und dem möglichen Vorgehen in ähnlich gelagerten Fällen zu tun?«

»Wir können das alles, im Grunde die hierarchische Organisation unseres Denkens, natürlich nicht auf einen Schlag abschaffen«, antwortet ihm Samir, »darum geht es nicht. Die Strukturen unseres Denkens sind zu tief in unserem Bewusstsein verankert, klar. Aber wir sollten die tönernen Füße sehen, auf denen das alles steht. Ich bin vielleicht durch meine Orientreise etwas beeinflusst, als ich als einer von zwei Millionen Menschen, alle nur mit zwei weißen Tüchern bekleidet, die dem Pilger auf der Hadsch vorgeschriebenen Wege durchwanderte. So unwichtig wie damals möchte ich mich im Grunde für den Rest meines Lebens fühlen. Ein winziges Menschlein mit der wunderbaren Fähigkeit, sich auf Erden, im Universum zu erleben und das Leben zu erfahren, unwichtig sein, nur Zeugnis vom Sein ablegen und sich dabei völlig stimmig zu fühlen. Sich unwichtig fühlen, so paradox dir das vorkommen mag, vermittelt ein wunderbares Gefühl von Lebendigkeit.

Das wirkliche Annehmen unserer Endlichkeit, nicht einfach nur so hingesagt, sondern die individuelle Endlichkeit wirklich als Realität akzeptieren, kann einen Freiraum schaffen für gegenwärtige Begegnungen. Und die schwierigen Erlebnisse, um die es bei Gerda, Alf, Felix, Lukas, Günther und wie sie alle heißen, ging, lösen sich vielleicht auf, würden sie sich der Endlichkeit ihres Lebens, ›ihrer‹ Welt wirklich stellen. Dabei entsteht eine Chance, die Kostbarkeit lebendigen Begegnens nicht erstarrendem Festhalten an Selbstbildern zu opfern.«

»Und noch einmal«, insistiert Walter, »was hat das mit Alf zu tun?«

Samir dreht sich direkt zu ihm hin und schaut ihn ruhig an: »Hättest du damals, kurz nach seiner Geburt, den Unfall nicht durch Zufall überlebt, wäre nichts mehr geschehen. Er wäre das vermeintliche Kind von Gerdas Mann geblieben und niemand hätte je etwas bemerkt.

Deine Aktion hat das Leben aller Beteiligten in neue Bahnen gelenkt, aber nur hinsichtlich der bis dahin fixierten Strukturen ihrer Identitäten, also der Vorstellungen, die sie sich von sich und ihren Angehörigen machten.

Nach deiner Aktion mussten sie vermutlich die Ideen davon, wer sie sind, ihre Identitäten neu gestalten. Aber es sind vermutlich wieder ebenso fixierte Schablonen daraus geworden, Selbstklischees gewissermaßen.

Das Leben, das lebendige Sein der Menschen, ist davon im Grunde nicht berührt. Wie schön wäre es, wenn wir uns im Prozess des Denkens über uns diesem lebendigen Sein selbst nähern könnten, anstatt es durch immer wieder neue Bilder davon zu ersticken. Das wäre wirklich etwas Neues.

Als sie aufstehen, berührt Walter seinen Cousin Samir zärtlich am Arm, jenen Mann zwischen den Welten, der sich anschickt, in sich Orient und Okzident in sanfter Weise zu verbinden. Er, dessen sonderbares Schicksal ihn zum Bauern auf einem Berg in den Voralpen machte und der vor Jahren Walters Suche ausgelöst hatte. Und der für Walter dennoch im weiteren Verlauf der Suche, ein stets stützender und aufmerksam begleitender, doch immer wieder schonungslos kritisierender Gefährte war.

»Danke«, sagt Walter, während sie sich auf den Weg zurück zur Wirtschaft machen.

Ob vielleicht die, die zwischen den Welten leben, die wirklich Lebenden sind?

Nachwort
Klarheit im eigenen Leben finden

Die geschilderten Ereignisse sprechen für sich? Es war nicht die Absicht dieses Buches, den Menschen, die in ähnlichen Bedingungen unklarer Identität leben, neue Soll-Vorschriften, neue Normen vorzusetzen: So und so musst du dich in dieser Lage verhalten.

Jede/r ist verantwortlich für das, was sie/er tut, und kann die Handlungen nur so setzen, wie sie oder er es vor dem Hintergrund ihrer/seiner Entwicklung und ihres/seines Wertsystems ertragen kann.

Wohl aber war es ein Anliegen, Menschen mit der Schilderung dieser Schicksale zu sensibilisieren: für das nach wie vor heftig tabuisierte oder oft ins Lächerliche gezogene Thema der persönlichen Identität.

Die Berichte zeigen, wie wichtig es für die betroffenen Kinder und ihre Eltern ist, zu wissen, wer sie sind und woher sie kommen. Der emotionale Aufwand vor und während der Aufklärung ist enorm und für den nicht Betroffenen unvorstellbar. Die Erleichterung danach, die Klarheit, die Reife im Angesicht der Fakten des eigenen Lebens sind überzeugend.

Meist – und zu Recht – ist von den Auswirkungen auf die Kinder gesprochen worden. Hier wird aber zudem die These vertreten, dass auch die persönliche Entwicklung der Eltern behindert ist, die ein Kind verloren haben, indem sie es verleugnen, den Kontakt zu ihm abbrachen oder vom Kontakt ferngehalten wurden.

Ähnlich wie dem Kind in seiner Seele die Repräsentanz der Eltern fehlt, so fehlt dem Vater oder der Mutter in ihrer Seele die Repräsentanz ihres Kindes. Erst wenn die Verbindung wieder hergestellt, die real existierende Beziehung bestätigt, anerkannt wird, schließt sich diese Lücke, wird nun auch die elterliche Seele »ganz«.

Dabei geht es nicht um die Aufnahme von emotionalen Bindungen, die dürfen und sollen ruhig bei den Zieheltern bleiben. Es geht darum, einander zu sehen und zu bestätigen: Ja, du bist mein Kind. Ja, du bist mein Vater, meine Mutter. Und du, Ziehvater, bist genau der, mein guter Ziehvater.

Vielleicht reicht es, wenn diese Sätze ein einziges Mal im Leben gesagt werden.

Oft aber ist dieses Gegenüberstehen real nicht mehr möglich, weil etwa die Person, die es angeht, schon verstorben ist. Dann bleibt der Weg über den Dialog in der Vorstellung. Auch dabei kann die reale Beziehung bestätigt werden, so als würde man zu dem anderen direkt sprechen. Ein Ersatz zwar, aber immerhin ein Weg.

Spinnt man diesen Gedanken weiter, so können auf diese Weise alle Arten von Beziehungen, die verleugnet oder tabuisiert wurden, wieder anerkannt und gewissermaßen in die Familie und damit in die Repräsentanz der eigenen Psyche »heimgeholt«, d.h. integriert werden. Das betrifft vor allem auch Kinder, deren Leben sich nicht voll entfalten konnte und wo die Umstände ihres Todes es verhinderten, dass sie in einem angemessenen Trauerprozess in die Familie aufgenommen wurden: früher, oft tragischer Tod, Fehlgeburt, Abtreibung.

Diejenigen, die da sein können, sind durch diejenigen, die nicht da sein können, betroffen – und fühlen sich in der Regel auch unbewusst in deren Schuld. Wer dies anzuerkennen vermag und die Ausgeschlossenen, die »Platz machen mussten«, wieder »aufnimmt«, schafft persönlichen Frieden. Auch zerstörte oder fragmentierte Familien können wieder ganz werden, wenn die Abgespaltenen, die verlorenen Mitglieder anerkannt, eben wieder gefunden werden. Das entspannt die realen Beziehungen der verbliebenen Mitglieder, vor allem aber auch ihre Befindlichkeit. Sie finden inneren Frieden nach langer Zeit der chronischen, subjektiv oft gar nicht mehr wahrnehmbaren Anstrengung, deren Ursachen ihnen verborgen geblieben waren.

Energie, die zum Schutze des Tabus verwendet wurde, wird frei für gegenwärtiges Leben. Der Bann unerledigter vergangener Konflikte erlischt.

Nicht Gleichschaltung, nicht Unterdrückung von Verschiedenheit ermöglicht reife Formen der Begegnungen und damit auch von Harmonie, sondern die Fähigkeit, den, der anders ist, anzuerkennen, in seiner Existenz zu bejahen.

Die Erfahrung vieler Beispiele zeigt, dass es so etwas wie einen immer intensiver werdenden Erregungsaufbau hin zum Re-Identifizieren ausgeschlossener oder verlorener Familienangehöriger gibt. Gelingt die Schließung der Lücke im Familiensystem, fällt die intensive Erregung wieder in sich zurück. Die Aufgabe scheint erledigt.

Es soll hier aber doch auch noch einmal die im Schlusskapitel von Samir angedeutete radikal andere Form der Bewältigung unerledigter Identitätsprobleme abschließend gewürdigt werden. Dass nämlich, nachdem der Mensch sich um die Klärung seiner Identität bemüht hat und darin auch Erfolg hatte, er im weiteren Verlauf seines Lebens die Fixierung auf diese Identität allmählich lockern kann. Nachdem er so etwas wie eine systemische Heimat gefunden und stabilisiert hat, kann er sie wieder verlassen. Er tut das, indem er sich der Frage widmet, wer er denn eigentlich ist, wenn die »Selbst-Markierung« durch Zuschreibungen mithilfe von Allianzen, Familienbindungen und Zugehörigkeitsüberzeugungen zurückgelassen wird und die reine Existenz ins Visier der Betrachtung kommt. Der nach innen gerichtete Blick stellt fest, wie »ich« gemacht wird, ständig: Who are you?

Diese innere Reise, die nicht die eine Identität gegen die andere austauschen will, sondern Identitätskonstruktionen an sich betrachtend infrage stellt, den Prozess des Identifizierens quasi life erkennt und entschärft, gefährdet, wie schon von Walter befürchtet, scheinbar festgefügte gesellschaftliche, politische und religiöse Gefüge.

Genauso ist es: Sie entmachtet Systeme der Kontrolle! Und zwar im Einzelnen ebenso wie im Gesellschaftlichen.

Sie relativiert damit auch die eher auf die Organisation des praktischen Lebens gerichteten religiösen Offenbarungstexte, die sich zu dem Thema der Identitätsfindung bzw. Identitätsstiftung äußern. Ein Beispiel aus der muslimischen Offenbarung etwa, das für Samir vermutlich eher schmerzvoll sein dürfte:

»(…) Und Gott hat keinem Menschen zwei Herzen in seinem Inneren gegeben (…) noch macht er eure Adoptivsöhne zu euren wirklichen Söhnen. Dies ist nur eine Rede in eurem Mund (…). Nennt sie nach ihren wirklichen Vätern! Denn das ist gerechter vor Gott.« (Al Qur'an al Karim)

Samir würde hier auch dem Buch, das seinem Vater noch oberste Autorität gewesen war, einen zweifelnden Blick zuwerfen, einige skeptische Bemerkungen über die systemstabilisierende Funktion von Offenbarungen von sich geben und sich ansonsten seinen täglichen Verrichtungen zuwenden, die da wären:

Kühe melken, Dachrinne reparieren, Heu trocknen, Traktor ölen, Speck selchen.

Und zwischendurch, so viel Zeit muss sein, würde er seiner jordanischen Frau im Dirndl einen zärtlichen Blick zuwerfen …